Der DFB im Dritten Reich

Satz: AGON Sportverlag, Kassel
Einband: Werkstatt für creative Computeranwendungen Bringmann, Lohfelden
Druck: Fuldaer Verlagsagentur, Fulda

ISBN 3-89784-151-7

Karl-Heinz Schwarz-Pich

Der DFB im Dritten Reich

Einer Legende auf der Spur

Vorwort

Der Deutsche Fußball-Bund blickt auf 100 Jahre seines Bestehens zurück. Zu achtundachtzig dieser 100 Jahre steht der DFB. Es sind alles in allem gute Jahre. Am 28. Januar 1900 trafen sich in Leipzig im „Mariengarten" fünf Dutzend Idealisten, die sich mit Leib und Seele dem Fußballspiel verschrieben hatten. Damals ahnten wohl selbst die kühnsten Optimisten unter ihnen nicht, dass sie mit dem DFB den dereinst größten Einzel-Sportfachverband der Welt aus der Taufe gehoben hatten. Es waren aufopferungsvolle Anfangsjahre im Kaiserreich, verbunden mit vielen Anfechtungen und Widerständen gegen dieses sportliche Treiben in knielangen Hosen, quer durch alle Klassen und Schichten der Wilhelminischen Gesellschaft. Nach dem Ersten Weltkrieg gelang dem Fußball dann der Durchbruch zum Volkssport. Die Männer an der Spitze des DFB führten ihr Boot letztendlich erfolgreich durch die von politischen und wirtschaftlichen Krisen erschütterte Weimarer Republik. Und nach dem Zweiten Weltkrieg der erfolgreiche Wiederaufbau: Dreimal wurde die DFB-Auswahl Weltmeister, nur einmal weniger als Rekord-Weltmeister Brasilien. Die drei Buchstaben „DFB" sind vielen geläufiger als das Kürzel BRD für Bundesrepublik Deutschland. Aber auch jenseits von Rhein und Oder und selbst noch in Übersee kennt man den DFB und schätzt den Fußball „made in Germany" als Ausdruck deutscher Wertarbeit. Das alles lässt sich vorzeigen. Nur die zwölf Jahre von 1933 bis 1945 bereiten dem Deutschen Fußball-Bund Probleme. Diesem Teil seiner Geschichte geht der DFB nun schon seit mehr als fünfzig Jahren bewusst - wenn auch mit schlechtem Gewissen - aus dem Weg. Damit steht er nicht allein da. Das Wort „Verdrängen" dürfte im Umgang mit diesem Abschnitt unserer Geschichte die zutreffendste Vokabel sein.

Die Notwendigkeit der Aufarbeitung seiner nationalsozialistischen Vergangenheit wurde auch beim DFB immer wieder angemahnt. Am nachdrücklichsten tat dies der renommierte Rhetorikprofessor Walter Jens aus Tübingen, den sich der DFB 1975 zum 75. Jahr seines Bestehens als Festredner ins Haus geladen hatte. Für einen Moment gab es betroffene Gesichter, als ihnen Jens mitten in die feierliche Stimmung hinein die Leviten las. Bis zum 100. Geburtstag hatte man damals immerhin noch 25 Jahre Zeit.

Doch es blieb dabei: Die zwölf Jahre wurden weiterhin so behandelt, als gehörten sie zu einem anderen Lebenslauf. Ein großer Verband wie der DFB jedoch, eine gesellschaftliche Institution von Rang, kann sich weder partiell noch vorübergehend in eine graue Maus verwandeln. Die Kritik am Umgang mit den zwölf Jahren unter dem Hakenkreuz setzte bereits zu einem Zeitpunkt ein, als die Festschrift zum 100. Geburtstag konzeptionell gerade einmal zu Ende gedacht war. Insider spotteten, der DFB wolle zum Kapitel „Der Deutsche Fußball-Bund im Dritten Reich" der Öffentlichkeit 16 blütenweiße Seiten präsentieren. Wie auch immer, auf 16 Seiten Text lassen sich zwölf Jahre DFB im Dritten Reich nicht abhandeln. Dabei wäre der 100. Geburtstag eine gute Gelegenheit gewesen, nun auch mit diesem Teil der eigenen Geschichte ins Reine zu kommen.

Natürlich lässt sich aus der Sicht des DFB einwenden: Ein Fußball-Verband ist weder eine historische Fakultät noch eine Geschichtswerkstatt. Er hat vor allem dafür zu sorgen, dass der Ball rollt. Geschichte aufzuarbeiten ist eine Arbeit von Wissenschaftlern, relevante historische Themen aufzugreifen gehört dazu. Von den heutigen DFB-Funktionären hat kein einziger das Dritte Reich bewusst, wenn überhaupt, erlebt. Ihnen fehlt schon deshalb das Wissen von damals, und sie tragen für die Geschehnisse im Nationalsozialismus keinerlei persönliche Verantwortung. In den Jahrbüchern des DFB und in den Jubiläumsschriften zum 50- und 60-jährigen Bestehen wäre es noch möglich gewesen, dieses Kapitel eigener Geschichte selbst zu behandeln oder zumindest zu dokumentieren. Da waren sie fast alle noch an Deck, die einst (meist sogar in der gleichen Funktion) im Dritten Reich im Fachamt Fußball tätig gewesen waren. Sie schwiegen, weil es ihnen opportun schien. Oder wie es der einstige Reichs- und spätere Bundestrainer Seppl Herberger mit sicherem Instinkt für angepasstes Verhalten sich und seinesgleichen angeraten hatte: „Ganz klein machen!" Die Funktionäre von einst hatten kein Interesse an der Aufarbeitung, da war zuviel persönliche Geschichte mit dabei. Heute sind sie tot und können nicht mehr befragt werden. Sofern sie uns überhaupt Akten hinterlassen haben, fehlen in der Regel die Seiten zum Dritten Reich.

Der jetzigen DFB-Führung wäre eigentlich nichts anderes übrig geblieben, als eine Arbeit in Auftrag zu geben. Vermutlich wurde das auch erwogen. Daraus hätte jedoch auch ein klassisches Eigentor werden können. Die Wertungen in der Fachliteratur über das Wirken des DFB im Dritten Reich ließen nichts Gutes erwarten. Dann lieber eine Schelte für ein Versäumnis einstecken, als sich die Geburtstagsfeier verderben zu lassen.

Aber warum haben sich die Historiker des Themas nicht angenommen? Aus Anlass des 100. Geburtstags des DFB diese Lücke zu schließen, bot sich geradezu an. Doch erstaunlicherweise wird an den deutschen Universitäten Sportgeschichte nicht nur als Stiefkind behandelt. Es fehlt an den elementaren strukturellen Voraussetzungen und am politischen Willen, diesen Bereich an den deutschen Universitäten zum Gegenstand von Forschung und Lehre zu machen. Und die beiden Lehrstühle für Sportgeschichte an der Sporthochschule Köln sind erst bei der Antike und im alten Ägypten angekommen. Selbst wenn der DFB mutig den Sprung ins kalte Wasser gewagt hätte, wäre es nicht so leicht gewesen, einen Auftragnehmer für eine solche Arbeit zu finden. Andererseits ist bekannt, dass ein namhafter Historiker dem DFB seine Dienste angeboten hat.

Zwar ist die Geschichte des DFB im Dritten Reich noch nicht aufgearbeitet, aber an drastischen Wertungen, für die anerkannte Wissenschaftler verantwortlich bzw. mitverantwortlich sind, fehlt es nicht. Diese Werturteile lassen auf eine braune Vergangenheit schließen. Was fehlt, sind Beweise. Die hätte man jetzt gut nachreichen können, was jedoch nicht erfolgt ist. Die Auseinandersetzung mit diesen Werturteilen nimmt deshalb in diesem Buch einen breiten Raum ein. Dies erwies sich schon deshalb als notwendig, weil diese unbewiesenen Behauptungen zu einem manifesten Bestandteil unseres Geschichtsbildes über das Wirken des DFB im Dritten Reich geworden sind.

Die Idee zu dem vorliegenden Buch entstand während meiner Arbeit an der 1996 erschienenen Herberger-Biographie „Der Ball ist rund." Herberger erwies sich auch als ein Glücksfall für die Forschung. In seinem Nachlass fanden sich 361 Ordner, darunter mehrere Dutzend prall gefüllt mit Materialien aus der Zeit des Dritten Reichs: Eigene Aufzeichnungen, Briefe, Zeitungsartikel, Anweisungen des Fachamts Fußball, des Reichssportamts, des Reichssportführers u.a.m. Dies ist zwar kein Ersatz für das im Krieg verlorengegangene Archiv des DFB, doch in bezug auf den Fußball in der Zeit des Nationalsozialismus eine einzigartige Quelle. Hinzu kam der schriftliche Nachlass von Herbergers Vorgänger im Amt des Reichstrainers, Prof. Dr. Otto Nerz.

Als wichtige zeitgenössische Quelle erwiesen sich erwartungsgemäß, trotz eingeschränkter Pressefreiheit in der Zeit des Nationalsozialismus, die beiden Fußball-Fachzeitschriften, der „Kikker" und die „Fußballwoche", sowie die Jahr- bzw. Jubiläumsbücher des DFB und die Personenakten aus dem Dritten Reich (Documente Center, Berlin). Dazu kamen als wichtige Quelle die Akten aus den in den ersten Nachkriegsjahren unter Aufsicht der Besatzungsmächte durchgeführten Entnazifizierungsverfahren.

Dem Generalsekretär des DFB, Herrn Horst R. Schmidt, bin ich zu persönlichem Dank verpflichtet, weil er mir die Benutzung der DFB-Bibliothek bzw. des Archivs ermöglicht hat. Herrn Goetz Eilers, Direktor des DFB und Geschäftsführer der Sepp-Herberger-Stiftung, gilt der gleiche Dank für die Erlaubnis zur Benutzung des Herberger-Nachlasses. Ebenso danke ich Herrn Anton Kehl aus München, der auch seinen Teil zum Gelingen dieses Buches beigetragen hat. Ein herzliches Dankeschön dem Berliner Fußballverband und dem Südwestdeutschen Fußballverband in Ludwigshafen, die mir ihre Bibliothek zur Benutzung überlassen haben.

Von den Zeitzeugen seien hier neben dem inzwischen verstorbenen ehemaligen Nationalspieler Fritz Buchloh (VfB Speldorf) weiterhin Willy Simetsreiter (Bayern München), Mitglied der Nationalmannschaft in den Jahren zwischen 1935 und 1937, Werner Sottong (Bonn), Reichs- bzw. Gausportlehrer für Fußball - mit 92 Jahren der älteste Zeitzeuge - und Karl Ziegler (Mannheim), Bundestrainer a.D. des Bundes Deutscher Radfahrer, genannt.

Bedanken für ihre Gesprächsbereitschaft möchte ich mich bei Dr. Franz Begov (Tübingen), Prof. Dr. Erich Beyer (Karlsruhe), Dr. Jürgen Buschmann (Köln), Dr. h.c. Karlheinz Gieseler (Neu-Isenburg), Prof. Dr. Karl Lennartz (Köln), Prof. Dr. Dieter Steinhöfer (Bochum), Prof. Dr. Hans Joachim Teichler (Potsdam), Prof. Dr. Horst Ueberhorst (Bonn), Dr. Joachim Wendt (Halle a. d. Saale) und Prof. Dr. Günter Wonneberg (Dresden).

Mannheim, den 27. März 2000

Karl-Heinz Schwarz-Pich

Kapitel 1

Der Ball kennt keine Klassen

Der DFB vom Kaiserreich bis zum Untergang der Weimarer Republik

> *Das allgemeine Bild der deutschen Entwicklung, wenn sie auch historisch noch nicht restlos und zufriedenstellend erforscht ist, der Weg, den das deutsche Volk etwa von 1870 bis heute zurückgelegt hat, steht in Grundzügen klar vor uns. Aber die innere Entwicklung des deutschen Menschen sehen wir nur in äußerst verschwommenen Umrissen.*
>
> *Georg Lukács*

In wenig mehr als zwanzig Jahren hatte die Industrialisierung in Deutschland nach 1870 zu einer tiefgreifenden Umgestaltung der Sozialstruktur der Gesellschaft des Kaiserreichs und zu einer umfassenden Veränderung der Lebensverhältnisse geführt. Dazu gehörte das Entstehen des Proletariats als Klasse. Tausende von Tagelöhnern, die vom Land in die Städte zogen, wurden über Nacht Proletarier. Mit ihren Fabriken und den dazugehörigen Arbeitersiedlungen an der Peripherie schienen die Städte ins Uferlose zu wachsen. Die Arbeits- und Lebensbedingungen der neuen Klasse des Proletariats waren miserabel. Von Ausnahmen abgesehen, wurden die Arbeiter nicht anders als Maschinen fast ausschließlich unter den Verwertungsbedingungen des Kapitals betrachtet und dementsprechend behandelt. Im Zuge dieser Veränderungen vollzog sich aber auch eine Machtergreifung des Sach- und Zweckmäßigkeitsdenkens. Mit dem einher ging eine Relativierung der Bedeutung der humanistischen Bildung. Damit gehörte dieser Teil des Bildungsbürgertums zu den Geschädigten und Verlierern der sich herausbildenden Gesellschaftsformation, die Karl Marx als Kapitalismus definiert. Aus diesem Kreis kamen die Pioniere des Fußballsports.

Die meisten von ihnen hatten ein Hochschulstudium mit Promotion vorzuweisen und beherrschten oft mehrere alte und neue Sprachen. Dabei dominierten Lehrer, die an höheren Schulen unterrichteten. Viele hatten sich zu Studienzwecken oder beruflich als Lehrer im Ausland aufgehalten. Walter Bensemann (1873 - 1934), einer der Vorkämpfer des Fußballsports in Deutschland, unterrichtete in England an höheren Schulen alte Sprachen. Er gehörte zu den treibenden Kräften bei der Gründung des DFB, dessen Namensgeber er wurde, und beeinflusste später als Gründer und Herausgeber des „Kicker" mit seinen Glossen maßgeblich die Entwicklung des Sportjournalismus. Prof. F. W. Nohe (1864 - 1940), von 1904 bis 1905 Vorsitzender des DFB, lehrte in London an einer Militärschule moderne Sprachen. Prof. Dr. Ferdinand Hueppe (1853 - 1938), der erste Vorsitzende des DFB, war zum Zeitpunkt seiner Wahl als Professor an der Universität Prag tätig. Und auch Dr. Konrad Koch, der als Vater des Fußballsports in Deutschland in die Geschichte einging, unterrichtete alte Sprachen in seiner Heimatstadt Braunschweig.

Sie waren aufgeklärte Männer, Intellektuelle, deren Weltbild weit über das für Deutschland typische Stammtischdenken hinausreichte. Sie dachten national, aber sie hegten keinen bornierten Nationalismus. Ihre Schriften sind frei von den damals üblichen Hasstiraden gegen andere Nationen und Völker und auch frei von Antisemitismus. Walter Bensemann, einer der wichtigsten Männer bei der Gründung des DFB, war Jude. Nationales Denken gehörte im Kaiserreich fast durchgängig zur geistig-politischen Grundausstattung der Gesellschaft, selbst die Arbeiterschaft war national gesinnt. Insgesamt war diese Epoche von nationalem, aber auch nationalistischem Denken geprägt. Das galt nicht nur für Deutschland. Doch hier erhielt der Nationalismus durch den Sieg über Frankreich im deutsch-französischen Krieg von 1870/71 und der damit verbundenen Reichseinheit von oben eine besondere Ausprägung.

In einer Zeit, als alles, was nicht deutschen Stallgeruch aufwies, verpönt war, brachten die Pioniere des Fußballsports den Mut auf, das Ballspiel aus England samt Regeln und englischer Ausdrücke in Deutschland einzuführen. Das entsprach durchaus nicht dem Geist der Zeit. England war damals der Hauptfeind im Kampf um Märkte und Kolonien und die große Herausforderung im Kampf um eine führende Stellung in der Welt. Von reaktionärer Seite kam deshalb prompt der Vorwurf des „Verrats am Vaterland". Die Einführung eines englischen Spiels empfanden alle im Reich mit einer rechten deutschen Gesinnung als Provokation und nationale Schande. Deshalb spielten reaktionäre und chauvinistisch eingestellte Kräfte weder bei der Propagierung des Spiels in den achtziger Jahren noch in der Zeit der Vereinsgründungen in den neunziger Jahren eine Rolle.

Im Gegenteil - sie gehörten zu den erklärten Widersachern des Fußballs, den sie auch aus sittlichen Gründen ablehnten, weil ein rechter deutscher Mann nicht am helllichten Tag in knielangen Hosen einem Ball hinterherjagt. Und weil das Spiel vom erklärten Feind kam, musste es natürlich auch besonders brutal sein. Auch das sprach gegen seine Einführung. Die völkisch angehauchte Deutsche Turnerschaft tat sich bei der Diffamierung des Fußballspiels besonders hervor. Das althergebrachte Turnen beharrte auf seine bis dahin unangefochtene Monopolstellung auf dem Gebiet der Leibesübungen und wollte keine anderen Sportarten neben sich dulden. Deshalb war den Turnern jedes Argument recht, wenn es gegen die Fußballer zu Felde ging. Dabei hätte es schon genügt, wenn sie den Männern, die für eine Reform der Leibesübungen und seine Erweiterung um das Sportspiel eintraten, aufmerksam zugehört hätten. Denn was diese vortrugen, war sachlich begründet und hatte mit „Engländerei" nur soviel zu tun, als das sie etwas übernahmen, was sich dort bereits als richtig erwiesen hatte. Dabei lag ihren Überlegungen zwar eine Idee, aber keine Ideologie zugrunde.

Als die Wegbereiter des Fußballsports, wie der Braunschweiger Gymnasiallehrer Prof. Dr. Konrad Koch (1846 - 1911), sich in den siebziger Jahren des letzten Jahrhunderts darum bemühten, den Schülern an den höheren Schulen, also den Söhnen des Bürgertums, das in England bereits weit verbreitete Fußballspiel nahe zu bringen, verfolgten sie damit zwei Ziele: Zum einen ging es ihnen um die Erziehung der heranwachsenden Generation, und zum anderen um die Volksgesundheit. Kochs Mannheimer Kollege, Prof. Karl Bühn, schrieb rückblickend im Jahr 1925: „Der Sport in seiner modernen Ausprägung ist eine Begleiterscheinung der

Industrialisierung, ja sogar ihr notwendiges Gegengewicht; denn es ist gewiss kein Zufall, dass gerade England, das erste Industrieland der Welt, lange vor dem noch gegen Ende des 19. Jahrhunderts mehr landwirtschaftlich ausgerichteten Deutschland Spielfelder angelegt und Sportspiele mit festen Regeln und durchgeistigter Technik geschaffen hat. Die Jugendjahre der älteren unter uns Rasenspielern fallen in jene folgenreiche Zeit, wo in unserer Vaterstadt sich gerade die Ansätze zur modernen Industrie zeigten." Koch selbst wird noch etwas deutlicher, wenn er 1900 schreibt: „Je weiter sich unter dem Einfluss von Großindustrie und Großhandel unsere Städte ausdehnen, um so ungünstiger werden alle Lebensbedingungen für deren Bewohner." Koch, der geistig weit über dem Durchschnittsintellektuellen seiner Zeit steht, sieht hierin nicht nur die Ursache für negative Auswirkungen auf die Gesundheit der Menschen, sondern auch auf „Geist, Seele und Charakterbildung" der Heranwachsenden. An den höheren Lehranstalten der damaligen Zeit herrschte „Schüler Liederjan". Die Söhne reicher Eltern bereiteten sich schon während der Schulzeit auf das zukünftige Studentenleben vor und gründeten Burschenschaften, in deren Mittelpunkt das fröhliche Zechen stand. Pädagogen der damaligen Zeit beklagten, dass viele ihrer Schüler mehr Zeit in Kneipen als in der Schule verbrachten. Auf Gruppenbildern von Schülerverbindungen werden Bierkrug und Tabakspfeife stolz zur Schau gestellt. Für das sittliche Verhalten fühlte sich der Pädagoge Koch gewissermaßen berufsmäßig zuständig, denn Männer wie Koch haben sich als Lehrer immer auch als Erzieher und nicht nur als bloße Stoffvermittler verstanden.

Der Gelehrte Koch wusste natürlich vom fußballerischen Treiben in England und seiner Entstehungsgeschichte. Zuerst war an höheren Schulen gekickt worden. Koch, selbst ein Turner im Jahnschen Geiste, erkannte die Mängel des deutschen Schulturnens, wo unter dem Kommando gestrenger Turnlehrer kaum Begeisterung aufkommen konnte. Doch das allein war es nicht, was das Sportspiel aus pädagogischer, aber auch hygienischer Sicht, dem herkömmlichen Turnen überlegen machte. Das Fußballspiel vereinte, wie auch bei anderen Mannschaftsspielen, in sich Eigenschaften, die selbst das reformierte Turnen nicht erbringen konnte. Dieses Spiel verband Kooperation mit einem hohen Maß an individuellem Freiraum und Eigenverantwortung, aber es verlangte auch Unterordnung unter die Entscheidungen des Schiedsrichters, Anpassung und Selbstdisziplin sowie couragierten Körpereinsatz. Das als Erziehungsmittel zu nutzen, hatten Pädagogen wie Koch im Auge. Unterstützt wurden sie dabei argumentativ, aber auch in der Praxis, von aufgeklärten Medizinern bzw. Hygienikern, die die mit der industriellen Entwicklung einhergehende Verschlechterung des gesundheitlichen Zustands großer Teile der Bevölkerung sorgenvoll beobachteten und statistisch festhielten. Damit erweckten sie insbesondere die Aufmerksamkeit des Militär. Denn aus dessen Statistiken über den körperlich-gesundheitlichen Zustand der Wehrpflichtigen konnten die Generäle von Jahrgang zu Jahrgang beobachten, wie die Wehrtauglichkeit der jungen Männer, insbesondere in den Städten, abnahm. Ihnen leuchteten die Argumente der Mediziner und auch der Pädagogen zuerst ein. Den Wert der körperlichen Ertüchtigung durch Sport für das Militär zu erkennen, lag auf der Hand. Kluge Generäle wussten längst, dass die moderne Kriegsführung sehr vielseitigere Eigenschaften des Soldaten voraussetzte, als zu Zeiten, da die Infanterie noch mit Vorderladern in die Schlacht zog. Viele Eigenschaften des Fußballspiels waren auf die neuzeitlichen militärischen Bedürfnisse direkt übertragbar. Deshalb fand das Sportspiel auch ihre Unterstützung.

Es verwundert auch nicht, dass mit Konrad Koch ein Pädagoge als Vater des Fußballsports in die Geschichte einging und ein Mediziner, nämlich der Hygieniker Professor Dr. Ferdinand Hueppe - als junger Mann Assistenzarzt bei dem weltberühmten Arzt Dr. Robert Koch - im Jahr 1900 zum ersten Präsidenten des DFB gewählt wurde. Und mit Kronprinz Friedrich Wilhelm von Preußen gehörte ein Sportler in Uniform mit großem Einfluss zu den Förderern des Fußballspiels. Der adlige Spross schnürte auch selbst die Fußballstiefel und mischte sich in kurzen Hosen zum Entsetzen seiner adeligen Standesgenossen unter das Fußball spielende Volk. Insgesamt aber standen der Staat mit seinen Behörden und Einrichtungen inklusive der Schulen, die Kommunen, aber auch die Kirchen und Elternhäuser, gleich welcher sozialen Schicht, dem Fußball weitgehend reserviert oder ablehnend gegenüber. Das gilt auch für die Presse. Die Pioniere des Fußballsports mussten sich manches böse Wort gefallen lassen. Gelegentlich griff auch die Polizei ein und pfiff das Spiel auf ihre Weise ab. Aber

Männer wie Koch und Specht blieben dabei, mit dem Werben für dieses Sportspiel einen richtigen Weg zur Verbesserung der Volkserziehung und zur Hebung der Volksgesundheit eingeschlagen zu haben.

Den Buben waren die hehren Absichten ihrer Lehrer zunächst einmal gleichgültig. Mit dem übergeordneten Zweck werden sich die meisten von ihnen erst wieder als Vereins- und Verbandsfunktionäre nach ihrer Zeit als Aktive beschäftigen. Zunächst faszinierte sie dieses Spiel selbst. Das war etwas anderes als das stupide Turnen, das man wie eine langweilige Unterrichtsstunde lustlos absolvierte. Der Fußball erwies sich als ein im höchsten Maße verführerisches Spiel, deshalb bedurfte es auch bald keiner Aufforderung mehr, sich im Freien und in der Freizeit bei Wind und Wetter stundenlang mit dem Ball zu beschäftigen. Damit war ein wichtiges Ziel erreicht, denn Pädagogen wie Koch wussten natürlich, dass man mit autoritären Maßnahmen hier nicht zum Ziel kam, zumal sich die Schüler nach ihrem Abgang von der Schule außerhalb der erzieherischen Reichweite ihrer Lehrer befanden. Die Lust am Spiel war geweckt, darauf kam es zunächst an.

Aber Konrad Koch hatte bei seinen pädagogischen Bestrebungen durchaus nicht nur die Söhne des Bürgertums im Auge. Der nachfolgende Satz könnte ein Zitat aus dem Buch „Die Lage der arbeitenden Klasse in England" von Friedrich Engels sein, wenn Koch schreibt: „Die Großindustrie hat das ganze Leben für viele Angehörige unseres Volkes grau gefärbt; der großen Klasse der Arbeiter ist die rechte Freude an ihrer Arbeit genommen, in dem ungesunden, einförmigen und ideallosen Fabrikleben entziehen sich ihm die Grundelemente des Menschenglücks, und sie empfinden es nur allzu leicht, dass, um ihnen einen Anteil daran zu verschaffen, wenig oder nichts geschieht, dass sie wesentlich als ein Produktionswerkzeug betrachtet und zum Mittel für die Erzeugung materieller Dinge erniedrigt werden." Koch war jedoch alles andere als Marxist. Er gehörte zu den glühenden Verehrern von Reichskanzler Bismarck. Humanistisch gebildete und human denkende Männer wie Koch schockierten die Folgen der raschen Industrialisierung für das gesellschaftliche Gefüge der Kaiserzeit. Aber sie zogen andere politische Schlüsse als die Marxisten. Sie wollten keine Revolution, sondern Reformen: Die Einsicht bei den Unternehmern zu fördern, mit ihrer Arbeiterschaft pfleglicher umzugehen, um letztlich die - die gesamte Gesellschaft bedrohende - Frontstellung zwischen Kapital und Arbeit zu beseitigen. Im Sportspiel wie dem Fußball sahen sie einen möglichen Beitrag zur Überwindung des Klassenkampfs, aber nicht der Klassen, so weit gingen sie nicht. Koch schrieb dazu: „Der Spielplatz kann und soll eine soziale Einigung schaffen, …soll auch beim lustigen Spiel sich die Jugend aller Gesellschaftsklassen auf demselben Plane zusammenfinden zu gemeinschaftlichem Tun. Dort werden die heute sonst so schroff trennenden Standesunterschiede am schnellsten vergessen." Damit wäre eine Parteinahme zugunsten einer bestimmten Klasse oder politischen Richtung unverträglich gewesen. Aber bis das Proletariat den Ball aufnimmt, vergehen noch einige Jahre. Zunächst wurde Fußball nur an oder im Umfeld von höheren Schulen gespielt, an denen fortschrittliche Pädagogen unterrichteten. Es waren die Söhne des Bürgertums, die zuerst am Ball waren. Die Bemühungen solcher Männer wie Koch und Specht in Mannheim waren erfolgreich, aber die Entwicklung nahm dann einen Verlauf, der nicht unbedingt nach ihrem Geschmack war. Koch hatte dieses Ballspiel und andere sportliche Spiele als moderne Form der Leibesübungen für die Schulen konzipiert und nicht als vereinsmäßig betriebenen Sport. Aber aus Buben werden junge Männer. Die Schülermannschaften wurden Anfang der neunziger Jahre zum Ausgangspunkt für die Gründung von Fußballvereinen. Die Mannschaften sind meist auch zugleich identisch mit der Zahl der Mitglieder plus dem Lehrer von einst. Sie bestehen aus ehemaligen Schülern der Schulen, an denen Fußball gespielt wurde. Mit den Vereinsgründungen beginnt die eigentliche Geschichte des Fußballsports. Bald wird es um Punkte, Auf- und Abstieg, um Meisterehren und Berufungen der besten Spieler in Städte-, Verbands- und Landesauswahlen gehen, der Fußball wird in der Spitze zum Leistungssport. Damit hatte das Spiel seine Unschuld verloren. Andererseits entsprach das Leistungsdenken jenseits aller Wertungen dem Trend der Zeit.

Etwa zehn Jahre nach den vereinsmäßigen Anfängen des Fußballsports unter bürgerlicher Führung entdeckte auch die Arbeiterjugend den Fußball für sich als Freizeitvergnügen. Sie hatte dieses faszinierende Spiel den Söhnen des Bürgertums abgeschaut. Seinen Einzug hielt der Fußball in den Industrierevieren kurz nach der Jahrhundertwende als von Kindern organisiertes Straßenspiel. Dem folgte die Gründung zunächst „wilder Vereine". Dann entwickelten sich die Dinge ähnlich wie bei den bürgerlichen Kikkern. Aus Kindern wurden junge Männer, die vom Ball nicht lassen wollten, obwohl ihre freie Zeit nun sehr viel knapper bemessen war. So kam es auch in den Arbeitervierteln zu Vereinsgründungen. Doch eine Selbstorganisation des Proletariats war das nicht. Die Arbeiterschaft lehnte dieses Fußballspiel zunächst ab. Die Buben sollten Schulaufgaben machen, statt müßig stundenlang vom frühen Nachmittag bis in die Dunkelheit hinein dem Ball hinterher zu rennen. Und dass erwachsene Männer, die wochentags von 6 bis 18 Uhr und samstags von 6 bis 15 Uhr in der Fabrik oder im Schacht malochten, auch noch Zeit und Muße fanden für ein solches Treiben, war schon gar nicht vorstellbar. Doch die Arbeiterbuben focht das nicht an. So wurden aus Straßenmannschaften Vereine. Als Initiatoren und Führer der Vereine in den Fabrikstandorten betätigten sich ebenfalls Vertreter des Bürgertums, die als Angestellte oder Fabrikdirektoren in unmittelbarer Nähe der Arbeitersiedlungen wohnten. Dazu kamen als Teil der sich herausbildenden Infrastruktur mittelständische Gewerbetreibende wie Handwerker, Kaufleute, Wirte sowie Ärzte, Lehrer oder sonstige Beamte. An der Spitze dieser Vereine standen fast durchweg Vertreter des Bürgertums. Diese Vereine wurden Mitglieder der Landesverbände des DFB.

Die der SPD nahestehende Arbeitersportbewegung beobachtete diese Entwicklung mit großem Misstrauen. Die Funktionäre sahen darin Versuche des Bürgertums, ihren Nachwuchs in die bürgerliche Sportbewegung zu integrieren und damit vom Klassenkampf abzuhalten. Damit hatten sie nicht unrecht. Verhindern konnten sie den Marsch der fußballbegeisterten männlichen Arbeiterjugend in diese Vereine allerdings nicht. Unter dem gemeinsamen Dach des DFB gab es nun sogenannte „bürgerliche" oder „neutrale" Vereine und sogenannte „Arbeitervereine". Dabei verstanden sich die „bürgerlichen" Vereine selbst als politisch und weltanschaulich neutral und bezeichneten sich deshalb auch nicht als „bürgerliche", sondern als Volksvereine. Mit dem Begriff „bürgerliche Vereine" wurden sie von den Ideologen der Arbeitersportbewegung belegt, worauf dann die bürgerlichen Sportführer ihrerseits sich genötigt sahen, um die Sache aus ihrer Sicht richtig zu stellen, ihre Vereine bzw. Verbände als „neutral" zu bezeichnen. Die Arbeiterschaft verkürzte die Sache soziologisch, nachdem sie den Fußball als Teil der klassenmäßigen Identifikation für sich ausgemacht hatte, auf den Begriff „Arbeiterverein". Erstaunlicherweise hat sich dieser Begriff bis heute gehalten. Um die Bezeichnung „Arbeiterverein" sauber von den Vereinen, wie sie als Teil der Emanzipationsbewegung der Arbeiterschaft entstanden waren, abgrenzen zu können, wurde dann wissenschaftlich exakt zwischen „Arbeitervereinen" und „sogenannten Arbeitervereinen" unterschieden.

Doch der Streit wurde nicht nur theoretisch geführt, er fand seine Fortsetzung auch auf dem Spielfeld. Die sogenannten Arbeitervereine spielten sich mit ihrem schier unerschöpflichen Potenzial an guten Fußballern von Klasse zu Klasse stetig nach oben, bis sie die bürgerlichen Vereine im Kampf um die Vorherrschaft herausforderten. In Mannheim, der Heimatstadt der ersten beiden Trainer der deutschen Fußball-Nationalmannschaft, Otto Nerz und Seppl Herberger, hieß die klassenmäßige Paarung mit Beginn der zwanziger Jahre VfR Mannheim gegen den SV Waldhof. Die VfRler, die Bürgerlichen, bezeichnen noch heute die Waldhöfer als die „Proleten vom Waldhof", und für echte Waldhöfer ist und bleibt der VfR der „Geldverein". Solche feindlichen Brüderpaare standen sich bald überall gegenüber, wo die Industrie am Rand der Städte heimisch war. Mit dem Vorstoß der Fußballer aus dem Proletariat in die Spitze hängt auch der Durchbruch des Fußballs nach dem ersten Weltkrieg zum Volkssport und damit auch zum Zuschauersport zusammen. Als die Zuschauer in Scharen herbeiströmten, lag es nahe, Zäune um die Spielfelder zu ziehen, Kassenhäuschen zu errichten und Eintritt für die fußballerische Darbietung zu erheben. Damit kam das Geld ins Spiel. Und es wurde bald direkt und indirekt in die Spieler investiert. Spitzenspieler wurden trotz der strengen Amateurbestimmungen unter der Hand bezahlt, wechselten die Vereine, wurden über Nacht Inhaber von Zigarrenläden, Kneipen oder Gastwirtschaften und Fuhrunternehmen. Der 1. FC Nürnberg soll in den zwanziger Jahren seinem Nationalspieler Hans Kalb das zahnmedizinische Studium finanziert haben; und Seppl Herberger, ebenfalls Nationalspieler ohne erlernten Beruf, bekam einen Job bei der Dresdner Bank in Mannheim als Portier und Bürogehilfe.

Dafür wechselte er vom SV Waldhof zum VfR Mannheim und wurde daraufhin von der Arbeiterschaft auf dem Waldhof als „Verräter" beschimpft. Die Scheinamateure gehörten fast durchweg der Arbeiterschaft an. Der Kapitalismus, so will es die Ironie der Geschichte, hielt seinen Einzug in den Fußballsport ausgerechnet über die Arbeiterschaft. Aber neu war das nicht. Ähnlich hatte es sich in England vollzogen und dort bei den pragmatisch eingestellten Angelsachsen sehr bald zur Einführung des Berufsfußballs geführt. Auch dort hatte sich der Professionalismus durch die Hintertür in Form von Bestechungen, unerlaubten materiellen Zuwendungen und anderen Verstößen gegen die Amateurbestimmungen eingeschlichen. Am Ende blieb nichts anderes übrig, als den Berufsfußball einzuführen.

Zur selben Zeit beginnt sich auch die Wirtschaft für den Ball zu interessieren. Die Sportartikelindustrie entstand, ebenso die Fußballpresse - der „Kicker" wurde 1920 gegründet. Die Werbung erkannte ihre Chance und schaltete sich dazwischen, allen voran die Zigarettenindustrie. Sehr früh erschien auch die Zahnpastaindustrie mit ihrer Werbung auf dem Markt. Nationaltorwart „Tätsch" Lohrmann von der SpVgg. Fürth, zwischen 1920 und 1922 dreimal im Tor der DFB-Auswahl, stellte seinen Namen sicher nicht nur aus Gefälligkeit der Werbung für die Lederfabrik Hans Hofmann aus Forchheim in Bayern zur Verfügung, die im „Kicker" 1921 für ihren „Lohrmann-Ball" warb. Nach Tull Harder, Mittelstürmer der Nationalmannschaft zwischen 1914 und 1926, wurde sogar eine Zigarette benannt: „Sportler, raucht die neue Tull Harder Cigarette." Als das Geld ins Spiel kam, verlor der Fußball endgültig seine Unschuld. Die weitere Entwicklung war vorgezeichnet und bescherte den Pionieren des Fußballsports bald ihre Midlifecrisis. Denn mit dem aufkommenden „Materialismus" im Sport entfernte sich der Spitzenfußball mehr und mehr von seinem ideellen Ursprung.

Wie die erste, so bekämpfte auch die zweite Generation der Pioniere des Fußballsports diese Entwicklung. Die Gründe, welche die Gegner des Profifußballs vorbrachten, waren durchaus ehrenwert, doch der alles beherrschende Markt erwies sich als stärker und setzte sich durch. Allerdings darf hierbei nicht übersehen werden, dass eine, auch von den Gegnern des Profifußballs gewollte Leistungssteigerung, auf die Dauer mit Freizeitfußballern nicht möglich war. Es gab unter den Befürwortern des Berufsfußballs deshalb auch eine soziale Argumentation. Denn Leistungsfußball wäre nach dieser Meinung dann ein Privileg wohlhabender Leute geworden. Wir wissen, wie lange sich dieser Prozess in Deutschland hinzog, bis er an dem Punkt angelangte, wo Fußballspieler im Monat mehr verdienen als der Bundeskanzler im ganzen Jahr.

Als die Vereine aus den Arbeiterrevieren über die Landesverbände Mitglieder beim DFB wurden, hatte das auch seine politische Seite. Die bürgerlichen Funktionäre an der Spitze des Bundes und der Landesverbände wussten durchaus, was da auf sie zukam. Diese Entwicklung zeichnete sich bereits in den Jahren vor Ausbruch des Ersten Weltkriegs ab. In einem Beitrag im DFB-Jahrbuch von 1912 stellte der Fußballfunktionär Erich Stutzke aus Stettin folgende interessanten Überlegungen an: „Bei weitestgehender Heranziehung der Arbeiterschaft zum Fußballsport macht sich indessen der Deutsche Fußball Bund an eine Aufgabe von außerordentlicher Kompliziertheit und Tragweite. Unser Sport will um seiner selbst willen betrieben und geliebt werden. Alle Bestandteile politischer und konfessioneller Natur hat er seiner Struktur von Anfang an ängstlich ferngehalten, und er muß, will und wird es auch weiter tun. Nun gehören aber weite Schichten der Arbeiterschaft einer politischen Partei an, die es an sich hat, alle Verhältnisse ihrer Anhänger von ihrem einseitigen Parteistandpunkt zu betrachten und zu beeinflussen. Es ist kaum anzunehmen, dass diese Partei die Gewinnung der Arbeiterschaft für eine politisch streng neutrale Sache, für unseren Sport, der die Klassen vereinigen, die Gegensätze ausgleichen will, widerstandslos zulassen wird."

Dies wird sich nach dem Vorwurf in der Gründerzeit von reaktionärer Seite, „Vaterlandsverräter" zur sein, zur zweiten großen politischen Herausforderung für die Fußballer entwickeln. Die Integration der Arbeiterfußballer konnte nur durch einen gelungenen Spagat zum erwünschten Erfolg führen. Die Arbeiterschaft durfte in ihrer politischen Einstellung nicht vor den Kopf gestoßen werden. Der DFB nahm diese Herausforderung an und wurde nicht müde, seine politische Neutralität zu betonen. Aber allein indem er sich bemühte, die Arbeiterfußballer in die Neutralität mitzunehmen, betrieb er aus Sicht der Arbeiterfunktionäre Klassenpolitik. Der DFB hielt dagegen. Dr. Lothar Ludwig Popper, im zivilen Leben Amtsgerichtsrat, ein Fußballpionier der zweiten Generation, brachte das Problem 1920 auf einer Tagung des Süddeutschen Fußballverbands noch einmal auf den Punkt: „Es gibt weder einen bürgerlichen noch einen Arbeiterverband, noch religiöse Absonderungen. Jeder Arbeiter wie Bürger, wie Studierende als auch alle Konfessionen haben gleiche Rechte und Pflichten." Dabei blieb es.

Zu den Konflikten mit der Deutschen Turnerschaft, den selbst ernannten Gralshütern der Leibesübungen in Deutschland, die nach wie vor auf den Führungsanspruch bei den Leibesübungen beharrten, und den sozialdemokratisch orientierten Arbeitersportlern kamen mit dem Entstehen zusätzlicher weltanschaulich ausgerichteter Verbände neue Konflikte hinzu und zugleich eine weitere Zersplitterung des Sports. Die beiden christlichen Kirchen gründeten eigene Sportverbände, wohl auch aus Furcht, sonst ihre jugendliche Klientel an andere zu verlieren. Die Katholiken gründeten 1920 die „Deutsche Jugendkraft" (DJK), die evangelische Kirche 1921 das „Eichenkreuz". Dazu kamen die jüdischen Sportverbände, wie der 1920 vom Reichsbund jüdischer Frontsoldaten gegründete Verband „Schild" und der 1921 entstandene zionistisch ausgerichtete Sportverband „Makkabi". Auch die deutschen Kommunisten bauten am Ende der Weimarer Republik ihren eigenen Sportbetrieb zwecks „Erziehung zur proletarischen Wehrhaftigkeit" auf. Dazu kam die Firmensportbewegung, ebenfalls ein Kind der Weimarer Republik. Auch das „Reichsbanner Schwarz-Rot-Gold", der „Stahlhelm" und der „Kyffhäuserbund" hielten es für geboten, eigenständig Sport zu betreiben.

Gegen Ende der Weimarer Republik soll es bei den Handball-Männern allein elf verschiedene Deutsche Meister gegeben haben. Dass es in einzelnen Sportarten einen katholischen Deutschen Meister gab und einen evangelischen, ist aus heutiger Sicht kaum nachvollziehbar. Damals war es so. Jeder konkurrierte mit jedem, sportlich wie politisch oder weltanschaulich. Mit Beginn der Weltwirtschaftskrise Ende der dreißiger Jahre nahm die Polarisierung in der Politik wie auch im Sport noch schärfere und unversöhnlichere Züge an.

Auch an eigenen Problemen mangelte es beim DFB nicht. Für die gigantisch anwachsende Zahl an überwiegend jugendlichen

Spielern fehlte es an Übungsleitern und Sportstätten und natürlich an Geld. Gegen Ende der Weimarer Republik zur Zeit der hohen Arbeitslosigkeit wären Sozialpädagogen in den Vereinen mindestens ebenso wichtig gewesen wie Übungsleiter. Von den Problemen zwischen dem DFB als Zentralverband und den stark auf die Verfolgung partikularer Interessen ausgerichteten Landesverbänden ganz zu schweigen. Die eigentliche Macht lag bei den Landesverbänden, und wenn die sich uneinig waren, brannte es unter dem gemeinsamen Dach.

Mit erkennbar schlechtem Gewissen schrieb Dr. Paul Albrecht, einer der Pioniere des Fußballsports der zweiten Generation aus Anlass des 25-jährigen Jubiläums des DFB: „Ich bin in diesen Jahren Mitglied des Bundesausschuss gewesen, aber nicht nur ich, sondern auch viele andere haben immer mit einer gewissen Beschämung empfunden, wie wenig ausübende Gewalt der Leitung des Bundes eigentlich eingeräumt war, und dass er mehr oder weniger von dem guten Willen der großen Verbände abhing." Daran hatte sich bis 1933 nur wenig geändert. An der Basis der Vereine sah man das gegen Ende der Weimarer Republik anders. Vielen Vereinen war die DFB-Führung zu selbstherrlich, deshalb wollten sie den Bundestag - das Instrument der Landesverbände - durch ein Bundesparlament ersetzt wissen. Doch die Einführung der Basisdemokratie hätte dem DFB zumindest in den schweren Zeiten der Weimarer Republik mit Sicherheit die Einheit gekostet. Zwangsläufig wäre ein Bundesparlament zu einem Diskussions- und Debattierclub geworden mit Fraktionsbildungen und Konfrontation von Einzelinteressen. Mit Sicherheit wäre der Kurs der politischen Neutralität, insbesondere gegenüber dem Staat, in den eigenen Reihen nicht konsensfähig gewesen. Vielen in den Fußballvereinen war der Kurs der DFB-Führung gegenüber dem Staat zu lasch. Und als das Jahr 1933 in seine entscheidende politische Phase eintritt, wird von unten versucht, die Neutralitätsposition des DFB zugunsten eines offenen Bekenntnisses zum Nationalsozialistischen Staat aufzugeben. Durch diese Stromschnellen der Weimarer Republik musste der DFB sein Schiff mit seinem politisch-weltanschaulichen Neutralitätsanspruch führen.

Mit Felix Linnemann (1882-1948) trat 1925 ein Mann an die Spitze des DFB, der für ein solches Fahrwasser der richtige Kapitän war. Linnemann, Kriminalbeamter von Beruf, spezialisiert auf

Hochstapelei und Scheckbetrugskriminalität, ausgestattet mit einem scharfen analytischen Verstand und zudem ein Meister im Taktieren, wenn die Situation unübersichtlich zu werden drohte, gehörte keiner Partei und keiner Kirche an. Politik war nicht seine starke Seite. Es ist durchaus glaubhaft, wenn Linnemann nach dem Zweiten Weltkrieg in seiner Einlassung im Entnazifizierungsverfahren schreibt: „Weil ich mich um Parteipolitik überhaupt nicht gekümmert habe, blieb mir der Sinn und Zweck der nationalsozialistischen Bewegung vollkommen fremd."

Linnemanns ganze Hingabe galt dem Sport. Als Aktiver hatte er Fußball und Kricket gespielt. Während seiner Studentenzeit spielte er beim FC Bayern München im Tor. Nur wenn es um den Sport ging, betätigte sich Linnemann Regierung und Behörden gegenüber politisch und übernahm Ehrenämter im staatlichen Bereich. Der Kriminalrat war Mitglied des Beirats für Leibesübungen und Jugendpflege im SPD- regierten Preußen im Wohlfahrtsministerium und Mitglied des Beirats für Leibesübungen im Reichsministerium des Inneren. Seit 1919 gehörte er dem Vorstand des Deutschen Reichsausschuß für Leibesübung (DRA), Dachorganisation der bürgerlichen Sportverbände, an. Linnemann war Mitglied im Kuratorium der 1920 gegründeten Deutschen Hochschule für Leibesübungen, wo er sich auch als Dozent im Fach Verwaltungslehre betätigte. Zu welcher Partei er sich (wenn überhaupt) hingezogen fühlte, lässt sich zumindest aus seinen Äußerungen und aus Berichten von Zeitzeugen über ihn nicht einmal erahnen. Immerhin - und das sei dem Jahr 1933 vorausgeschickt - als Vorsitzender des Verbands Brandenburgischer Ballspielvereine (VBB) engagierte Felix Linnemann 1919 den zum linken Flügel der SPD gehörenden Carl Koppehel als Geschäftsführer. Koppehel gehörte der Liga für Menschenrechte, der Deutschen Friedensgesellschaft und dem Bund der Kriegsgegner an. Auch der erste Trainer der deutschen Fußball-Nationalmannschaft, Prof. Dr. Otto Nerz, war Mitglied der SPD und betätigte sich nach dem Ersten Weltkrieg in seiner Heimatstadt Mannheim als Jugendleiter der Partei. Es war Felix Linnemann, der 1926 Nerz für diesen Posten vorgeschlagen hatte. Nach Aussage von Carl Diem, in den zwanziger Jahren Generalsekretär des Deutschen Reichsausschuß und nach 1945 Direktor der Deutschen Sporthochschule Köln, soll auch der geniale Finanzexperte des DFB, Arthur Stenzel, der SPD angehört haben. Er wurde ebenfalls von Felix Linnemann in die DFB-Spitze berufen. Und der erste Generalsekretär des DFB, Dr. Georg Xandry aus Neu-Isenburg bei Frankfurt, auch er ein Protektionskind Linnemanns, war in der Zeit der Weimarer Republik Mitglied der linksliberalen Deutschen Demokratischen Partei (DDP). Ihr gehörte auch der spätere Bundespräsident Dr. Theodor Heuss an und ebenso honorige Männer wie Friedrich Naumann, der Soziologe Max Weber und Walther Rathenau, in den zwanziger Jahren Außenminister unter Reichskanzler Joseph Wirth.

Natürlich hat Linnemann Koppehel, Nerz und andere nicht wegen ihrer Parteizugehörigkeit, sondern wegen ihrer fachlichen Qualifikation auf diese wichtigen Posten berufen. Als Belege für eine Rechtslastigkeit des DFB während der Weimarer Republik lassen sich solche Fakten allerdings mit Sicherheit nicht anführen. Der NSDAP gehörte keiner der führenden Männer des DFB an. Es gibt auch nicht die geringsten Hinweise für Kontakte zur Hitler-Partei oder einer ihrer Unterorganisationen. Auch die Fachliteratur der DDR, die sich ansonsten sehr darum bemüht, den DFB möglichst weit rechts anzusiedeln, liefert trotz gründlichen Quellenstudiums unter Einbeziehung von Zeitzeugen außer der üblichen Klassenkampf-Rhetorik keine Beweise für eine Zusammenarbeit oder Kungelei des DFB mit der NSDAP. Wenn schon politische Kungelei, dann geschah das wohl am ehesten mit der SPD-geführten Reichsregierung bzw. dem SPD-regierten Preußen. Dafür gibt es Beweise.

DDR-Autoren sahen in Linnemann einen der treibenden Kräfte, die auf eine Vereinheitlichung der Leibesübungen unter direkter Beteiligung des Staates abzielten. In seiner Dissertation über den Deutschen Reichsausschuss für Leibesübungen in der Zeit von 1917 bis 1933 zitiert der Autor Horst Weder Felix Linnemann mit einem Satz aus dem Jahr 1929, dass ein organisatorischer Zusammenschluss der Verbände „jetzt wie nie in der Luft liegt." Zu diesem Zeitpunkt stand mit Hermann Müller als Reichskanzler ein SPD-Politiker an der Spitze der Regierung, und das Innenministerium führte der Sozialdemokrat Carl Severing. Severing äußerte sich zum selben Zeitpunkt in gleicher Richtung wie Linnemann und schloss den Arbeitersportverband mit ein, auch wenn er mit einem solchen Konzept in den eigenen Reihen wahrscheinlich nicht auf einhellige Zustimmung gestoßen wäre.

Unter demokratischen Vorzeichen hätte eine solche Entwicklung zur Vereinheitlichung im Sport, die ja nur durch ein freiwilliges aufeinander zugehen der verschiedenen weltanschaulich ausgerichteten Sportverbände möglich gewesen wäre, einen Beitrag zur Stabilisierung der Weimarer Republik bedeutet. Immerhin waren ca. 10 Millionen Menschen in einem Sportverein organisiert. Ein Miteinander im Sport hätte sich zwangsläufig auch auf das politische Umfeld der jeweiligen Verbände und auch gesellschaftlich ausgewirkt. Und nur das hätte letztendlich Weimar vor dem Untergang retten können.

Doch 1930 war die SPD-geführte Regierung des Reichskanzlers Müller am Ende. Die Agonie der Weimarer Republik begann. Schon die nachfolgende Regierung unter Heinrich Brüning markierte mit der Entmachtung des Parlaments den Übergang vom demokratischen zum autoritären Staat. Die Reichskanzler von Papen und von Schleicher standen 1932 schon jenseits der Weimarer Republik, sie gehören zu den Vorboten des Dritten Reichs. Damit änderten sich auch die Vorzeichen für die Bestrebungen zur Vereinheitlichung im Sport. Unter der Papen-Regierung zeichnen sich bereits Eingriffe des autoritären Staates in den Sport ab. Mit Erlass des Reichspräsidenten vom 13. September 1932 wurde ein „Reichskuratorium für Jugendertüchtigung" ins Leben gerufen, bei dem es im Kern um die vormilitärische Ausbildung der Jugend ging. Die einzigen, die dem Beschluss freudig zustimmten, war die Deutsche Turnerschaft. Die anderen murrten.

Eine Parteinahme seitens des DFB hat es in der Weimarer Republik weder für eine Partei noch für eine Weltanschauung gegeben. Das geschah auch im Interesse der klassenübergreifenden Einheit des eigenen Verbandes. Denn an der Basis des Fußballs dominierte mehr und mehr die Arbeiterschaft. Wenn man sie nicht verlieren wollte, musste man sich mehr als alle anderen bürgerlichen Sportverbände politisch neutral verhalten. Aber das entsprach auch durchaus dem Geist aus den Anfängen des Fußballspiels im Kaiserreich.

Als mit Beginn der Weltwirtschaftskrise 1929 und ihren verheerenden sozialen Folgen die politischen Auseinandersetzungen immer radikaler wurden, die Zahl der Arbeitslosen täglich stieg, der Staat finanziell immer mehr ausblutete und finanzielle Unterstützung für den Sport weiter zusammenstrich, blieb der

DFB in seinen kritischen Äußerungen sachlich und frei von jeder Polemik, obwohl gerade die DFB-Vereine mit ihrem hohen Anteil an Jugendlichen aus der Arbeiterschaft von der Arbeitslosigkeit und deren Folgen besonders hart betroffen waren. In Ligamannschaften aus den Industrierevieren sollen 50 Prozent und mehr der Spieler arbeitslos gewesen sein. In einem von Felix Linnemann und Dr. Georg Xandry gezeichneten Bericht für das Jahr 1931 heißt es mehr als gemäßigt: „Seitens der Reichs- und Staatsbehörden haben wir auch im letzten Jahr verständnisvolles Entgegenkommen und Unterstützung gefunden; freilich war gerade die letztere in materieller Hinsicht durch die von der großen Notzeit erzwungenen Einschränkungen aller Haushaltsmittel nur gering. Dankbar erkennen wir jedoch an, dass man für unsere Wünsche und Anregungen, die wir für die Gesamtheit des Bundes, für Verbände oder einzelne Vereine vorbrachten, ein williges Ohr hatte; der großen Not unserer Vereine kann aber auch von dort aus nicht spürbar entgegen gesteuert werden, denn das Haus des Reiches selbst steht unter schwerer Belastung. Es bedarf deshalb keines besonderen Ausdrucks der Verwunderung darüber, dass auch die Staatshilfe für die Leibesübungen im Reich und in Preußen stark herabgesetzt wurde."

Erklärungen, die Felix Linnemann in seiner Funktion als 3. Vorsitzender des „Deutschen Reichsausschuss für Leibesübungen" mit unterzeichnet hatte, sind da schon in einem sehr viel schärferen Ton gehalten. In einem Schreiben des DRA an den Deutschen Reichstag heißt es u.a., „…sehen wir mit tiefster Betrübnis und ernster Sorge, wie bei Reich, Ländern und Gemeinden die ohnehin kümmerlichen Haushaltsposten für die körperliche Ertüchtigung erbarmungslos und vielfach schematisch zusammengestrichen werden."

Der DFB blieb durch die schweren Jahre der Weimarer Republik, die von Krise zu Krise taumelte, nicht nur seiner Position der „politischen Neutralität" treu, sondern zeigte sich am Ende der ersten deutschen Republik, als alles aufeinander einschlug und überall Destruktionspolitik betrieben wurde, im hohen Maße im Staatsinteresse als verantwortungsbewusst. Die DFB-Führung hat sich an der Polarisierung nicht beteiligt und sich wegen ihrer milden Töne gegenüber dem Staat sogar der Kritik aus den eigenen Reihen ausgesetzt. Zu den Gehilfen der Totengräber der Weimarer Republik hat der DFB nicht gehört.

Kapitel 2
Das Jahr 1933
Zwischen Anpassung und Selbstverleugnung

*Einzigartig war nur die soziopolitische
Situation, die ihm seinen Aufstieg ermöglicht.
Unter uns gibt es Hunderte von Hitlern, die
hervortreten würden, wenn ihre historische
Stunde gekommen wäre.*

Erich Fromm

Kurzauftritte von Regierungen gehörten in der Weimarer Republik zum politischen Alltag. 1932 ging es dann Schlag auf Schlag. Auf Heinrich Brüning als Reichskanzler folgte im Juni 1932 Franz von Papen und im Dezember Kurt von Schleicher. Am 30. Januar 1933 nahm Adolf Hitler, seit einem Jahr deutscher Staatsbürger, aus den Händen des gewählten Präsidenten der Weimarer Republik, Generalfeldmarschall von Hindenburg, seine Ernennungsurkunde zum Reichskanzler entgegen. Aus den Wahlen zum 6. Reichstag am 31. Juli 1932 war die NSDAP mit 37,4 Prozent der Stimmen und 230 Sitzen als stärkste Partei hervorgegangen. Diese Position behauptete sie trotz Stimmenverlusten bei den Wahlen zum 7. Reichstag am 17. November 1932 erneut. Dass der 15. Kanzler der Weimarer Republik schon zwei Monate später „Führer des Dritten Reichs" sein wird, wusste man erst hinterher. Eine lange Lebensdauer wurde der Hitler-Regierung nicht vorausgesagt. An Regierungswechsel waren die Deutschen gewöhnt, und mit Notverordnungen hatten bereits Brüning, Papen und Schleicher regiert und sich damit ständig am Rande der Legalität bewegt. Hitler wird schnell abgewirtschaftet haben, war damals eine der gängigen Meinungen.

Noch am 8. Februar 1933 tönte der sozialdemokratische „Vorwärts" vollmundig: „Berlin ist nicht Rom. Hitler ist nicht Mussolini. Berlin wird niemals die Hauptstadt eines Faschistenreichs werden. Berlin bleibt rot!" Ein großer Irrtum, wie sich bald herausstellen sollte. Diesem Irrtum unterlag aber fast die gesamte politische Elite der Weimarer Republik. Mehr Klugheit vom Volk zu erwarten, wäre deshalb etwas zu viel verlangt. Und an Erfahrungen mit einem solchen System hatte es auch gefehlt. Man hatte das Kaiserreich erlebt und die Republik; wie ein nationalsozialistischer Staat aussehen würde, dafür fehlten die Vergleiche. Was bald darauf im Namen Deutschlands geschehen sollte, war eben nicht unbedingt vorhersehbar, und manche Entwicklung war auch nicht zwangsläufig, auch wenn das nach 1945 vielfach anders gesehen wurde. Wie wäre es sonst zu erklären, dass bis auf die SPD - die KPD war zu diesem Zeitpunkt faktisch bereits verboten - alle Weimarer Parteien am 23. Februar 1933 dem Ermächtigungsgesetz zustimmten, das zusammen mit der Reichstagsbrand-Verordnung vom 28. Februar 1933 (am 27. Februar war ein Brandanschlag auf das Reichstagsgebäude verübt worden) die gesetzliche Grundlage für die Errichtung der nationalsozialistischen Diktatur bildete.

Auch der spätere Präsident der Bundesrepublik Deutschland, Dr. Theodor Heuss, Reichstagsabgeordneter der linksliberalen Staatspartei, Dozent für Politik an der Hochschule Berlin und gewiss kein Sympathisant der Nationalsozialisten, stimmte dem Ermächtigungsgesetz zu. Süffisant vertraute der „Mephisto" des Dritten Reichs, Dr. Joseph Goebbels, den Hitler am 13. März zum Reichsminister für Volksaufklärung und Propaganda ernannte, einen Tag nach der Verabschiedung des Ermächtigungsgesetzes seinem Tagebuch an: „Das Zentrum und gar die Staatspartei stimmten dem Ermächtigungsgesetz zu. Es gilt auf vier Jahre und gibt der Regierung alle Handlungsfreiheiten. (...) Jetzt sind wir auch verfassungsmäßig die Herren des Reichs." Fakt ist, dass es für Weimar im Frühjahr 1933 keine Mehrheiten mehr gab. Weimar war am Ende. Zu den 43 Prozent für die NSDAP kam die rechte Deutschnationale Volkspartei mit ihren 8 Prozent. Und die 12 Prozent für die KPD 1932 waren auch keine Stimmen für Weimar. Rechtes Potenzial gab es auch bei den bürgerlichen Parteien. Für Weimar rechnen sich nicht einmal mehr 30 Prozent der Stimmen. Oder anders ausgedrückt: Die absolute Mehrheit des Volkes wollte diese Republik nicht mehr. Mit Sicherheit hätte die Geschichte einen anderen Verlauf genommen, wenn die Weltwirtschaftskrise zum Beispiel schon 1931 oder 1932 zu Ende ge-

gangen wäre. Sie war nicht der einzige Grund für den Aufstieg
der Nationalsozialisten, aber sie hat entscheidend dazu beigetragen.

Die DFB-Führung reagierte auf die Machtergreifung durch die
Nationalsozialisten zunächst überhaupt nicht. Wie sollten sie
auch. Das war Politik und damit Sache der Parteien. Zudem waren die Fußballer im Januar 1933 ganz mit sich selbst beschäftigt.
Es brannte lichterloh unterm eigenen Dach. Die leidige Berufs-
spielerfrage stand wieder einmal ganz oben auf der Tagesordnung.
Der Westdeutsche Spielverband ging diesmal aufs Ganze und
forderte ultimativ eine „reinliche Scheidung" in Amateure und
Profis. Am 22. Januar 1933, wenige Tage vor der Vereidigung Adolf
Hitlers zum Reichskanzler, tagte der Vorstand des Deutschen Fußball-Bundes in Berlin. Vertreter der Landesverbände waren ebenfalls anwesend. Die Männer um Felix Linnemann lehnten die Einführung des Berufsfußballs nach wie vor ab. Andererseits hatte
die Realität den Amateurparagraphen des DFB längst überholt. Es
dürfte damals in Deutschland keinen einzigen Spitzenverein gegeben haben, der sich streng an die Amateurbestimmungen hielt
und auch keinen einzigen Spitzenspieler, der nicht kassiert hätte.
Diese Erfahrungen hatten in anderen Ländern wie in Österreich,
Italien, Portugal, Spanien und der Tschechoslowakei - auch hier
am englischen Vorbild orientiert - längst zur Einführung des Berufsfußballs geführt. Oft bestand der Unterschied allerdings nur
darin, dass die Spieler das, was sie früher unter der Hand erhielten, nun offiziell kassieren durften. Reich wurden dabei die wenigsten. Doch in Deutschland, nicht nur das Land der Dichter
und Denker, gehörten auch Prinzipienfestigkeit und Prinzipien-
reiterei zum Nationalcharakter. Darin erwiesen sich auch die
Fußballfunktionäre als rechte Deutsche. Sie stemmten sich trot-
zig - in ihren Motiven durchaus ehrenwert - gegen eine Entwicklung, die nicht aufzuhalten war. Historisch überliefert wurde von
dieser Tagung im Januar nur das Ergebnis, dass man sich im Mai
wieder zusammensetzen wollte. Wenn es gar nicht anders ging,
war der DFB bereit, letztlich auch um einer möglichen Verselbst-
ständigung des Berufsfußballs oder gar einer Abspaltung von Landesverbänden vorzubeugen, den bezahlten Fußball unter die eigenen Fittiche zu nehmen.

Wie auch immer, im Mai 1933 gab es für den DFB nichts mehr zu entscheiden. Das nahmen ihm die Nationalsozialisten ab. Sie lehnten die Einführung des bezahlten Fußballs kategorisch ab. Für sie hatte der Sport bzw. die Leibesübungen ausschließlich dem Ziel der körperlichen Ertüchtigung der Jugend zu dienen. Hierin gab es weitgehende Übereinstimmung mit vielen bürgerlichen Sportfunktionären, die an der ideellen Einstellung der Pioniere des Fußballsports festhielten, den zunehmenden „Materialismus" ablehnten und ihn auch heftig befehdeten. Der Berufssport als extremste Form des Sports um seiner selbst willen wurde abgelehnt. Von ihm gingen aus nationalsozialistischer Sicht falsche Signale aus. Dem widerspricht durchaus nicht, dass die Nationalsozialisten dort, wo es bereits Berufssport gab, wie bei den Boxern und Radfahrern, diesen nicht verboten. Solchem pragmatischen Denken begegnen wir auch auf anderen Feldern nationalsozialistischer Politik.

Was der Sport von den Nationalsozialisten zu erwarten hatte für den Fall, dass sie länger an der Macht bleiben sollten, darüber ließ sich bestenfalls spekulieren. Auf jeden Fall spielte er für sie erst einmal eine völlig untergeordnete Rolle. Zunächst ging es darum, die ganze politische Macht zu erobern. Aber auch vor der Machtergreifung hatten sich die Nationalsozialisten über den Sport unter ihrer zukünftigen Herrschaft wenig Gedanken gemacht. Das beste Beispiel ist Hitler selbst. In seinen Buch „Mein Kampf", immerhin ein Werk von rund 800 Seiten, behandelt er den Sport nur oberflächlich und ohne mit einem Wort auf den außerschulischen Bereich einzugehen. Insgesamt sind das nicht einmal zwei Seiten. Genau genommen hatten die Nationalsozialisten überhaupt kein Konzept für den Sport. Aber es gab immerhin das Werk des Nationalsozialisten Bruno Malitz „Die Leibesübungen in der nationalsozialistischen Idee.". Die Arbeit war 1932 in der Reihe „Nationalsozialistische Bibliothek", Heft 46, erschienen. Malitz geißelt darin den bürgerlichen Sport als „... liberalistisch, er führt zum Rekordstreben, zum Ungesunden im Sport, zur Vernichtung der sportlichen Gemeinschaft und zum unehrlichen Scheinamateurismus, zum sinnlosen Vereinsfanatismus, der junge Menschen ausnutzt, der noch nicht entwickelte, unausgereifte Menschen in den Kampf schickt, vernichtet damit Ehrauffassung, Anstand, Freundschaft, den Kern der Kultur im Sport." Bei der Schlussfolgerung, die Malitz aus alledem zieht, durfte es den bürgerlichen Sportführern schon angst und bange werden: „Der Sport als Geschäft von Vereins-Unternehmern ist zu zertrümmern." Das ist zwar starker Tobak, dabei ist aber durchaus nicht alles falsch gesehen. Der Applaus vieler altgedienter bürgerlicher Sportfunktionäre dürfte Malitz gewiss gewesen sein. Aber noch auffälliger ist die Übereinstimmung mit Positionen, wie sie von links vertreten wurden. Vieles von dem, was Malitz schreibt, könnte auch aus der Feder von Ernst Grube, dem Leiter der kommunistischen Kampfgemeinschaft für rote Sporteinheit stammen.

Besonders kritisch setzte sich Malitz von nationalsozialistischer Position aus mit dem DFB auseinander. Das liest sich stellenweise wie eine Kriegserklärung. „Die Wichtigkeit sportlicher Verbände werden wir nachprüfen. Wir können beim allerbesten Willen nicht die Berechtigung eines Deutschen Fußball-Bunds einsehen. Wir können nicht einsehen, warum es einen Deutschen Fußballmeister geben soll." An anderer Stelle: „Ich habe nie erkannt, was eigentlich Verbands- und Bundesgeschäftsführer von Sportverbänden für lebenswichtige Arbeit leisten. Es ist doch alles unwichtige Leerlaufarbeit. Man sieht ja, wie der Deutsche Fußball-Bund sich um die Not seiner Vereine kümmert. Nämlich gar nicht. Er legt Gelder auf die „hohe Kante", seine Vereine gehen an großen Lasten zugrunde. Er baut statt dessen große Verwaltungsgebäude. Er veranstaltet Länderspiele, deren Notwendigkeit nicht einzusehen ist, lässt sich als gemeinnützig Steuerfreiheit geben - aber die Arbeitslosenausweise gelten nicht. Es würde, weiß Gott, dem Deutschen Fußball-Bund aber auch gar nichts schaden, wenn er tüchtig Vergnügungssteuer zahlen würde, denn er ist Kapitalist." Für eine besondere Affinität zwischen der NSDAP und dem DFB in der Weimarer Republik spricht das nicht gerade, was Malitz unter besonderer Heraushebung des Deutschen Fußball-Bundes zu Papier gebracht hatte.

Und Otto Nerz, den Trainer der deutschen Fußball-Nationalmannschaft, nimm Malitz bei der Abhandlung des Themas „Länderspiele" auch gleich mit ins Visier: „Ja, wird man uns fragen, wollt ihr denn im nationalsozialistischen Staat keine Länderkämpfe, keine Olympischen Spiele? O ja, antworten wir. Wir halten sie aus internationalen propagandistischen Gründen sogar für notwendig. Nur werden nicht die privaten Verbände im Namen

Deutschlands wirken - und Deutschland blamieren, wie es der Deutsche Fußball-Bund durch eine eigensinnige Politik seines Trainers jetzt schon Jahre hindurch tut. Der Staat wird die Mannschaft aufstellen. Genau wie es einstmals ein Garderegiment gab, so wird es dereinst ein Garderegiment der Sportler geben, aus denen Ländermannschaften gebildet werden." Zwar darf die Arbeit von Malitz, im Gesamtzusammenhang der Geschehnisse betrachtet, nicht überbewertet werden, dafür war er zu unbedeutend. Doch sie spiegelt zumindest wider, was in den Köpfen nationalsozialistischer Sportideologen vorging.

Erkennbare Unruhe kam bei den Funktionären der bürgerlichen Verbände erst nach den Reichstagswahlen am 5. März 1933 auf, bei denen die NSDAP zwar nicht die von ihr angestrebte absolute Mehrheit, aber immerhin 43,9 Prozent der Stimmen erhielt, allerdings schon unter den Bedingungen der Anwendung staatlichen Terrors gegen den politischen Gegner. Die KPD war quasi verboten, und die SPD wurde in ihrer Wahlpropaganda schwerwiegend behindert. Der Terror traf zunächst vor allem die Kommunisten. Nach dem Brandanschlag auf das Reichstagsgebäude am Abend des 27. Februar, der den Nationalsozialisten - gleich, wer die Täter waren - wie gerufen kam, setzten, gestützt auf die Verordnung des Reichspräsidenten „zum Schutz von Volk und Staat", Massenverhaftungen ein. Verfassungsrechtlich verbriefte Grundrechte wie die Unversehrtheit der Wohnung, Versammlungsfreiheit etc. wurden außer Kraft gesetzt. Die ersten Konzentrationslager (Oranienburg und Dachau) entstanden bereits im März 1933. Einen nennenswerten Widerstand gegen die Zerschlagung der Weimarer Republik gab es nicht. Langsam aber sicher mussten sich alle Beteiligten mit dem Gedanken vertraut machen, dass die Regierung Hitler mehr war, als eine zeitlich befristete politische Betriebsstörung. In Konturen begann sich ein neues System abzuzeichnen. Die nationalsozialistische Herrschaft - gleich ob legal, halblegal oder illegal zustande gekommen - wurde zum Träger des Staats, und die Bürger blieben als Staatsbürger auch eben diesem Gebilde gegenüber in der staatsbürgerlichen Pflicht. Ein Widerstandsrecht des Bürgers war in der Weimarer Verfassung nicht verankert. Dem Ermächtigungsgesetz, das am 23. März gegen die Stimmen der SPD beschlossen worden war, und das „grundlegende Prinzipien der Demokratie und des Rechtsstaates außer Kraft setzte", folgte eine Woche später, am 31. März, das Gesetz zur Gleichschaltung. Verbände, Organisationen, Parteien, aber auch der einzelne Bürger wurden auf die Ziele der nationalsozialistischen Politik verpflichtet. Im Prinzip lief das für alle Vereine und Verbände auf eine Satzungsänderung hinaus. Denn letztendlich wurde ihnen damit ein Bekenntnis zum nationalsozialistischen Staat abverlangt.

Der Einzelne konnte sich dem nur entziehen, wenn er aus seinem Verein austrat. Doch das taten die wenigsten. Überall begann nun eine hektische Betriebsamkeit, angefangen bei den Aquarianern über die organisierten Narren bis hin zu den Gewerkschaften, Unternehmensverbänden und den Kirchen. Das Gesetz zur Gleichschaltung zwang zu einer förmlichen Erklärung. Also mussten sie tagen und solche Erklärungen im Sinne des Gesetzes formulieren oder die Selbstauflösung beschließen. Der Gesamtvorstand des Deutschen Fußball-Bundes tagte am 8. und 9. April in Hannover. Am Ende der Sitzung wurde auch hier die unumgängliche Erklärung verabschiedet und an die Presse verschickt. Die Erklärung des DFB trägt den Titel „Richtlinien für die Jugenderziehung im D.F.B und in der D.S.B." In dem ganzen Text gibt es genau genommen nur einen einzigen politischen Satz, der gleich am Anfang steht: „Der Vorstand des Deutschen Fußball-Bundes und der Deutschen Sportbehörde fordert von seinen Vereinen, mit allen Kräften an der nationalen Erneuerung mitzuarbeiten." Die sich daran anschließenden Beschlüsse zur Einführung des Geländesports sind auf den Erlass des Reichspräsidenten vom 13. September 1932 unter Reichskanzler von Papen, also noch zu Zeiten der Weimarer Republik, zurückzuführen. (Dieser Erlass wurde von der bürgerlichen Sportbewegung als Einmischung in die eigenen Angelegenheiten und als Bevormundung empfunden und kritisiert.)

In der Erklärung des DFB vom 9. April kommt weder das Wort „Nationalsozialismus" vor, noch wird Adolf Hitler namentlich erwähnt. Kein einziges Wort der Huldigung. Dabei ging es bei der Nennung des „Führers" ja nicht nur um Personenkult, sondern vor allem um die Anerkennung einer neuen Staatsform, dem Führerstaat. Diese Erklärung dürfte bei den zuständigen Männern der NSDAP für den Sport nicht gerade enthusiastisch aufgenommen worden sein. Unverkennbar tat der DFB nur das Allernötigste. Genau genommen weniger als das. Es fehlt diesem Satz die innere Überzeugung, der Bekenntnischarakter. Das war angesichts der revolutionären Stimmung im Lande fast schon eine Provokation in Form passiver Resistenz. Da gab es ganz andere Stellungnahmen.

So erklärte der Bund Deutscher Radfahrer auf seiner Tagung am 11. April: „Als Gelöbnis seiner Treue zum neuen Deutschland, zum Reichspräsidenten von Hindenburg und zum Volkskanzler Adolf Hitler legt der Bund Deutscher Radfahrer ein Bekenntnis ab. Der Bund begrüßt aus innerster Überzeugung die gewaltige nationale, von glühender Vaterlandsliebe getragene Erhebung des deutschen Volkes und die an der Spitze stehenden Führer". Und der Verband Deutscher Faustkämpfer, die Organisation der deutschen Berufsboxer, beschloss am 6. April: „Sämtliche Juden, auch Getaufte, sind von der Mitgliederliste zu streichen. (...) Allen Juden ist das Betreten der Verbandsräume verboten." Zu ihrem 1. Vorsitzenden wählten sie Herrn Raddam, Mitglied der NSDAP. Der Deutsche Keglerbund begrüßte wortreich „die jetzt lebendig gewordenen Kräfte, die eine nationale Erhebung größten Ausmaßes gebracht haben."

Der Deutsche Schwimmerverband sendete am 18. April von Breslau aus ein Telegramm an Adolf Hitler: „Die im bedrängten Osten auf historischem Boden des Reichs in Breslau tagenden Vertreter der deutschen Schwimmer übermitteln dem Wegbereiter des neuen Deutschland treudeutsche Grüße. Der deutsche Schwimmerverband hat sich nahezu 50 Jahre ausnahmslos nationaler Erziehungsarbeit gewidmet. Er stellt sich auch heute mit seiner tatfrohen Jugend vertrauensvoll und geschlossen hinter Deutschlands Führer." Die Deutsche Turnerschaft, von jeher stramm völkisch, stand den Schwimmern in ihrem aktiven Bekenntnis zum neuen Staat natürlich in nichts nach. Höhepunkt war ein Schreiben der Deutschen Turnerschaft vom 16. Mai an Adolf Hitler, unterschrieben von Edmund Neuendorff, seit April Führer der Turner, in dem es heißt : „Ich bitte Sie darum, mein Führer, dass Sie uns als Turner in dieselbe Front mit SA und Stahlhelm einreihen, und das Sie über uns verfügen." Und die sozialdemokratisch orientierte Zentralkommission für Arbeitersport teilte in der erste Aprilwoche 1933, in der Hoffnung, nicht aufgelöst zu werden, im Namen der 1,3 Millionen Mitglieder ihrer elf Verbän-

34

de mit, dass sie beschlossen habe, den bisherigen Klassenkampf-Standpunkt aufzugeben. Aber auch die evangelische Kirche wollte nicht hinten anstehen. Zu Hitlers Geburtstag schrieb der Präsident des Deutschen Evangelischen Kirchenausschusses, Hermann Kapler: „Die Feier Ihres morgigen Geburtstages trifft zusammen mit einer Schicksalswende des deutschen Volkes. Aus diesem Anlass haben die im Deutschen Ev. Kirchenbund geeinten Landeskirchen in den Gottesdienst des zweiten Osterfeiertages fürbittend den Kanzler des deutschen Volkes, sein Regiment und Werk dem Schutz und Schirm des allmächtigen Gottes befohlen." Der sozialistisch orientierte Allgemeine Deutsche Gewerkschafts-Bund (ADGB) rief seine Mitglieder zur Teilnahme an den nationalsozialistischen Maikundgebungen auf, die SPD entfernte im Mai die Juden aus der Parteiführung und stimmte im Reichstag für das außenpolitische Programm der Nationalsozialisten. Die bürgerlichen Parteien forderten ihre Mitglieder auf, die neue Regierung tatkräftig zu unterstützen und verabschiedeten sich dann im Laufe des Sommers 1933 durch Selbstauflösung würdelos aus der Geschichte, das Volk sich selbst, beziehungsweise den Nationalsozialisten, überlassend. Allerdings - und hier gefriert einem, dem wie dem einstigen Bundeskanzler Helmut Kohl „die Gnade der späten Geburt" zu Teil wurde, das Blut in den Adern - schrieb auch der Vorsitzende des Reichsbund Jüdischer Frontsoldaten am 6. Mai 1933 einen Brief an den Reichskanzler Adolf Hitler, der mit folgenden Worten schließt: „Indem ich bitte, die Versicherung meiner und des Bundes Ehrerbietung und Gelöbnis der Treue für Deutschland geneigtest entgegennehmen zu wollen, habe ich die Ehre, zu zeichnen als des Herrn Reichskanzler ganz ergebener Dr. Löwenstein."

Angesichts des Schicksals der deutschen Juden und später auch der Ostjuden fällt es schwer, ein solches Schreiben zu zitieren. Andererseits zeigt dieser Brief, dass selbst die Juden in Deutschland, um „zu retten was zu retten ist", bereit waren, sich mit dem Antisemiten Hitler, so weit als notwendig, zu arrangieren. Zu diesen Zeitpunkt war bereits das Gesetz zur Wiederherstellung des Berufsbeamtentums mit seinem berüchtigten Arierparagraphen in Kraft, mit dem die Entfernung von Juden aus öffentlichen Ämtern und Ehrenämtern, mit Ausnahme der Frontkämpfer des Ersten Weltkriegs, Gesetzeskraft erhielt. Löwenstein schreibt im Namen des Reichsbund Jüdischer Frontsoldaten e.V. an den Reichskanzler Adolf Hitler aber auch noch folgendes: „Die jüdische Jugend muß genau wie die übrige deutsche Jugend im Sinne des heutigen Staates erzogen werden."

Gemessen an den Bekenntnissen anderer Sportverbände, einschließlich des Verbands der Jüdischen Frontkämpfer, war die Erklärung des DFB vom 9. April aus Sicht der Nationalsozialisten politisch mehr als unbefriedigend. Um sich den Nazis anzubiedern, reichte das nicht aus. Interessant ist auch ein Vergleich der DFB-Erklärung mit der Erklärung des Deutschen Reichsausschuss für Leibesübungen (DRA), dem Dachverband der bürgerlichen Sportverbände, die der DFB-Präsident Felix Linnemann als dessen Dritter Vorsitzender mit unterschrieb. Was der DRA schrieb, war schon etwas politischer, wenngleich sich auch diese Erklärung eher wie eine Verlegenheitsformel liest und weit hinter dem zurückbleibt, was andere Verbände zu Protokoll geben: „Der DRA wird, treu seiner Vergangenheit, alle seine Kraft dafür einsetzen, dass dem gewaltigen Strom nationaler Erneuerung, der heute ganz Deutschland machtvoll und befruchtend durchrauscht, alle Flüsse, Bäche und Quellen der großen Turn- und Sportbewegung zugeleitet werden zur Wahrung deutscher Jugendkraft, Stärkung nationaler Gesinnung, zur Erziehung eines wehrhaften Geschlechts."

Die auffällige Zurückhaltung der DFB-Führung gegenüber dem neuen Staat missfiel jedoch nicht nur den Nationalsozialisten, sondern auch der eigenen Basis. Vereine des Kreises Südbaden des Süddeutschen Fußballverbands, neben dem Westdeutschen Spielverband der einflussreichste Landesverband des DFB, hielten am 12. April eine Tagung ab, auf der sie heftige Kritik an ihren Verbandsoberen übten, die sich der neuen Bewegung gegenüber nach ihrer Auffassung zu passiv verhielten. Deshalb sahen sich die Vereinsvertreter veranlasst, selbst tätig zu werden. So wurde unter anderem beschlossen: „1. Es besteht kein Zweifel darüber, dass sämtliche Vereine dem Gedanken der nationalen Bewegung ergeben sind." Die Vereine verlangten vom Verband außerdem die sofortige Einführung des Arierparagraphen. Darüber hinaus wurde die Presse in Mannheim und Umgebung aufgefordert, jüdische Berichterstatter zu den Veranstaltungen nicht mehr zu entsenden. Und die an den Endspielen um die Süddeutsche Meisterschaft beteiligten Vereine verfassten am 9. April ebenfalls eine Entschließung. Darin hieß es: „Die Vereine stellen sich freudig und entschieden an die Seite der neuen Regierung, die Entfernung der Juden aus den Vereinen wurde gefordert und die Einführung des Wehrsports." Zu den Unterzeichnern gehörte u.a. auch der FC Bayern München. Deren jüdischer Vorsitzender Kurt Landauer war bereits eine Woche vorher von seinem Amt zurückgetreten. Folgt man der zeitgenössischen Presse, dann dürften die Bayern mit der Arisierung der Vereine sogar den Anfang gemacht haben, und dies, bevor der Arierparagraph im Reichstag überhaupt beschlossen worden war.

Paul Flierl, zweiter Vorsitzender des Süddeutschen Fußball- und Leichtathletik-Verbandes und Mitglied des Bundesvorstandes des Deutschen Fußball-Bundes, schreibt rückblickend in dem 1957 erschienenen Buch zum 60-jährigen Bestehen des Süddeutschen Fußball- und Leichtathletik-Verbandes: „So wurden auf verschiedenen Bezirkstagungen der Verband bzw. führende Persönlichkeiten wegen der schon immer proklamierten politischen und rassischen Neutralität schwer angegriffen." Die Verbandsführungen wurden von den Mitgliedern der Vereine unter Druck gesetzt, die Position der politischen Neutralität aufzugeben. Mit Ausnahme des Westdeutschen Spielverbandes dürfte es sich bei den restlichen Landesverbänden, ähnlich wie beim Süddeutschen Fußball- und Leichtathletik-Verband abgespielt haben. Beim Westdeutschen Spielverband setzte sich Dr. Joseph Klein, Reichstagsabgeordneter der NSDAP, gleich im Frühjahr 1933 an die Spitze. Hier musste die Basis keine schärfere politische Gangart von der Verbandsführung fordern. Doch ausgerechnet er geriet dann bei der Gleichschaltung der Landesverbände mit seiner Partei in Widerspruch. Klein trat entschlossen und öffentlich für den Erhalt der Landesverbände ein. Und es war dann ausgerechnet Klein - unter den Spitzenfunktionären des DFB bzw. der Landesverbände das einzige Mitglied der NSDAP vor 1933 -, der seine Ehrenämter verlor. Klein, so wollte es die Ironie der Geschichte, sollte dann auch der einzige Fußballfunktionär sein, der sich dem aktiven Widerstand anschloss und in Gestapohaft saß. Die Entnazifizierungsakte von Dr. Joseph Klein ist vollständig vorhanden. Trotz seiner Aktivitäten für die NSDAP bis 1933 wurde Klein im Entnazifizierungsverfahren in die Kategorie „unbelastet" eingestuft. In der Gegenwartsliteratur wird der zweite Teil der Biographie des Dr. Joseph Klein völlig unterschlagen. Zufall dürfte das nicht sein. Denn Klein musste als Vorzeige-Nazi für den Nachweis einer präfaschistischen Disposition des DFB herhalten. Dabei kann man sich des Eindrucks nicht erwehren, dass die Autoren fleißig die DDR-Literatur zu diesem Thema gelesen haben. Für die DDR-Autoren war die Sache aber im Grundsätzlichen schon klar, bevor sie sich überhaupt an den Schreibtisch setzten. Es musste einmal die klassenmäßige Zuordnung stimmen. So schreibt der DDR-Historiker Horst Weder in seiner Dissertation 1963, die den Deutschen Reichsausschuss für Leibesübungen zum Thema hat, bezugnehmend auf das Jahr 1933: „Zur gleichen Zeit nahmen aber unter Führung der KPD die besten Kräfte des deutschen Sports einen Kampf auf Leben und Tod gegen die faschistische Barbarei auf. Der DRA dagegen hatte der hitlerfaschistischen Diktatur im Sport den Weg geebnet."

Angesichts der politisch und faktisch nichts sagenden Erklärung des DFB vom 9. April 1933 erstaunt es, wenn Sporthistoriker bzw. Publizisten nach 1945, aber explizit seit den siebziger Jahren, den DFB bzw. Felix Linnemann wegen seines Verhaltens im Frühjahr 1933 besonders an den Pranger stellen. Prof. Dr. Hajo Bernett, Spezialist für die Geschichte des Sports im Dritten Reich, schrieb in seinem 1983 erschienenen Buch „Der Weg des Sports in die nationalsozialistische Diktatur": „Der Deutsche Fußball-Bund ist ehrgeizig darum bemüht, nicht hinter den Aktivitäten der Turnerschaft zurückzubleiben. Sein Präsident Felix Linnemann gehört zu den treibenden Kräften der Gleichschaltung." Der Journalist Jürgen Leinemann steht dem in seiner 1997 erschienenen Biographie über Seppl Herberger in nichts nach, wenn er folgendes zu Papier bringt: „Erleichtert wurde dem neuen Mann (Reichssportführer von Tschammer und Osten, Anm. d. Verf.) sein Amt durch den peinlichen Wettlauf der meisten Turn- und Sportverbände um die Gunst der neuen Parteiführer - allen voran der Deutsche Fußball-Bund." Und Dietrich Schulze-Marmeling schreibt 1992 in seinem Buch „Der gezähmte Fußball. Geschichte eines subversiven Sports": „Die Gleichschaltung des DFB verkündete sein damaliger Verbandspräsident und SS-Obersturmbandführer Felix Linnemann." Die Zitate ließen sich fortsetzen. Schulze-Marmeling zu widerlegen, ist am einfachsten. Der Verbandspräsident

Felix Linnemann war 1933 nicht Mitglied der SS, im übrigen auch nicht Mitglied der NSDAP. Und nur in diesem Zusammenhang erhält ja der erste Teil seines Satzes den vom Autor gewünschten Sinn. In die SS wurde Felix Linnemann im zweiten Kriegsjahr 1940 eingereiht, und zwar gegen seinen Willen, aufgrund des soge-nannten „Angleichungserlasses" vom Führer der SS, Heinrich Himmler, dem seit 1936 auch die Polizei unterstand. Polizeibe-amte wurden in die SS in einen ihrem Rang bei der Polizei ent-sprechenden Dienstgrad eingereiht. Wer sich dagegen wehrte, war zumindest arbeitslos. Linnemann stellte dann einen Antrag, vom Tragen der Uniform aus gesundheitlichen Gründen befreit zu werden. In den Rang eines SS-Standartenführers wurde Linne-mann erst im Januar 1944 befördert. Es lohnt sich angesichts des Umgangs mit Felix Linnemann in der Literatur, das Schreiben mit der Begründung für die Beförderung aus dem Reichssicherheits-hauptamt unter dem Zeichen I A 5a Az.: 5342 vom 28.1.1944 ungekürzt im vollen Wortlaut wiederzugeben: „Linnemann wur-de 1910 für die Laufbahn des höheren Kriminaldienstes einberu-fen. Er ist eine der bekanntesten Persönlichkeiten der Deutschen Kriminalpolizei. Nach langjähriger Tätigkeit als Leiter des Poli-zeiinstituts Charlottenburg war Linnemann später Leiter mehre-rer Kriminalpolizeistellen, zuletzt Hannover." In vorliegender Beurteilung heißt es, dass sich Linnemann jederzeit sehr gut be-währt habe, über Erfahrungen und Kenntnisse auf dem kriminel-len Gebiet verfüge, die weit über dem Durchschnitt liegen: „Trotz seines Alters ist er noch sehr elastisch. Linnemann ist eine ausge-sprochene Führernatur und starke Persönlichkeit, die sich in je-der Lage durchzusetzen weiß. Auch im Sportleben - er ist Reichs-fachamtsleiter Fußball - hat er einen Namen. Es wird daher gebe-ten, SS-Obersturmführer Linnemann als Anerkennung seiner her-vorragenden Leistungen mit Wirkung vom 30.1.44 zum SS-Stan-dartenführer zu befördern."

An keiner einzigen Stelle des Textes wird Linnemann wegen seiner nationalsozialistischen Überzeugung oder Aktivitäten ge-lobt. Und wie er zur schwarzen Uniform der SS kam, ist in der Akte Felix Linnemann (Staatsarchiv Hannover) nachzulesen. Aber es kommt noch etwas hinzu. Indem die Gleichschaltung, und die war bekanntlich im Frühjahr 1933, im direkten Zusammenhang mit Linnemanns Zugehörigkeit zur SS gebracht wird, muss beim

Leser zwangsläufig der Eindruck entstehen, dass Linnemann bereits 1933 der SS angehörte. . Für sein drastisches Urteil über den DFB liefert Jürgen Leinemann in seinem Buch nicht einen einzigen Beweis. Das zeigt auch ein anderes Beispiel aus seiner Herberger-Biographie: Otto Nerz und Felix Linnemann hätten Seppl Herberger geraten, in die NSDAP einzutreten. Leinemann hat selbst zugegeben, dass es sich hierbei um eine Vermutung handelt. Treffen wollte er damit über Felix Linnemann letztlich wieder den DFB. In Herbergers Aufzeichnungen heißt es nur, gute Freunde hätten ihm geraten, doch in die Partei einzutreten. Namen nannte er nicht, auch nicht andeutungsweise. Aus den Freunden werden dann bei Jürgen Leinemann Nerz und Linnemann. Die beiden Freunde, die Herberger angeblich zum Eintritt in die Partei überredeten, gehörten ihr selbst jedoch nicht an. Leinemann lässt Felix Linnemann dann „ab 1940 auch eine SS-Karriere starten". Dabei hätte ihn allein das Geburtsjahr von Felix Linnemann bei dieser Aussage stutzig machen müssen. Linnemann war 1940 58 Jahre alt. Da „startete" man auch im Dritten Reich keine Karriere mehr.

Schwieriger wird es bei Hajo Bernett. Bernett ist Wissenschaftler. Er hat Pionierarbeit auf dem Gebiet der Erforschung des Sports im Dritten Reich geleistet . In Kreisen der Sporthistoriker genießt er ein hohes Ansehen. Er galt zu Lebzeiten auf diesem Gebiet unumstritten als die Nummer eins. Wegen seiner apodiktischen Art, die Dinge zu behandeln, wurde er auch ironisch als der „Papst" bezeichnet. Bei Bernett fällt ins Auge, dass er bei seinen Darstellungen - und das gilt hier insbesondere für den Zeitraum der nationalsozialistischen Machtergreifung im Frühjahr 1933 - das Verhalten der bürgerlichen Sportfunktionäre bzw. der Verbände nicht im historischen Kontext diskutiert, sondern stark aus dem Zusammenhang herausgelöst jeweils für sich behandelt. Mit dem Gesetz zur Gleichschaltung vom 31. März beispielsweise waren die Verbände gezwungen, sich im Sinne des Gesetzes zu erklären. Das geschah nicht freiwillig. Dies festzuhalten, ist für sich genommen schon wichtig. Und ob es auch aus Überzeugung geschah, das festzustellen, ist Aufgabe der Forschung. Die Diktion lässt dabei in den meisten Fällen durchaus Schlüsse zu, die über bloße Vermutungen hinausgehen. Zu unterscheiden, ob ein Verband wie der DFB mit seiner Stellungnahme vom 9. April nur der

Form genügte oder eine Stellungnahme mit pro-nationalsozialistischem Überzeugungscharakter abgab, wie dies etwa im Glückwunschschreiben des Präsidenten des Evangelischen Kirchenausschusses zum 44. Geburtstag von Adolf Hitler gar nicht anders deutbar ist, war dann so schwer nicht mehr. Aber hier tut Bernett das, was in der Literatur der letzten drei Jahrzehnte im Umgang mit dem Dritten Reich gängige Praxis geworden ist (von Ausnahmen wie bei Sebastian Haffner abgesehen). Die Vorgänge im Jahr 1933 - und das interessiert uns hier zunächst einmal - werden aus der Sicht von 1945 beurteilt. Die sich daraus ergebenden Wertungen werden auf den Anfang übertragen, als hätten die damals Lebenden all das, was dann später kam, wissen und vorhersehen müssen. Eine solche Sichtweise versperrt zwangsläufig den Blick für einen differenzierten Umgang mit der Geschichte. Nuancen werden da zur vernachlässigbaren Nebensache. Und am Ende haben wir ein - allerdings vernichtendes - Einheitsbild vom deutschen Menschen jener Zeit.

Bei Hajo Bernett fällt zum anderen die Diskrepanz zwischen den drastischen Werturteilen auf der einen Seite und der mehr als mageren Beweisführung auf der anderen Seite besonders ins Auge. Das eine ist ein handwerkliches Problem, das andere ein subjektives. Denn so abschätzig wie mit dem DFB geht Bernett mit anderen nicht um. Genau genommen besteht die Auseinandersetzung mit dem DFB bei ihm nur aus Werturteilen. Bernett hat in seinen Büchern seitenweise Kernsätze aus pro-nationalsozialistischen Stellungnahmen von Sportverbänden zitiert. Eine vom DFB findet sich nicht darunter. Das hätte ihm auffallen müssen. Und es darf unterstellt werden, dass er nach einer solchen Stellungnahme, die mit seinem Werturteil übereinstimmt, besonders eifrig gesucht hat. Deshalb muss Hajo Bernett, bei allem Respekt vor der großen Leistung auf dem Gebiet der Erforschung des Sports im Dritten Reich, beim Umgang mit dem DFB eine beweisbar subjektive Herangehensweise zum Vorwurf gemacht werden. „Sie beweisen, was sie beweisen wollen." Mit diesem Satz setzte sich Guido von Mengden, im Dritten Reich viele Jahre als Stabsleiter von Tschammer und Ostens tätig, gegen die Vorwürfe von Hajo Bernett zur Wehr. An dieser Aussage ist auf jeden Fall einiges dran, unbesehen der Tatsache, dass von Mengden zu den bürgerlichen Sportfunktionären gehörte, die nach 1933 offen ins Lager der Nationalsozialisten überliefen. Bei der Beurteilung des DFB kann man sich des Eindrucks nicht erwehren, als wenn das Ergebnis schon von vornherein feststand. Bernett wäre auch gut beraten gewesen, einen Blick auf die soziale Genese des DFB vom Kaiserreich bis zum Ende der Weimarer Republik zu werfen. Das hätte ihn zur Vorsicht mahnen müssen. Die Frage der politischen Neutralität erwies sich für den DFB angesichts der zunehmenden Proletarisierung seiner Basis als eine Frage, die über Sein oder Nichtsein entschied.

Wenn ein Experte wie Bernett Urteile fällt, ohne Beweise für seine Behauptungen zu erbringen, muss es dafür Gründe geben. Auf die subjektive Herangehensweise von Bernett wurde bereits hingewiesen, ebenso auf den Mangel, die Vorgänge streng im historischen Zusammenhang zu untersuchen und zu bewerten. Bei der Suche nach der sachlichen Basis für seine Urteile, die ohne Beweise in der Luft hängen, führt die Spur nun direkt zu Carl Diem, über viele Jahrzehnte hinweg einer der maßgeblichen Männer bei der Gestaltung des deutschen Sports.

Die Urteile, die Diem über seine Kollegen aus der bürgerlichen Sportbewegung und ihr Verhalten im Dritten Reich fällt, sind vernichtend. Da ist von „charakterlosen Sportführern" die Rede, „vom Verstoß gegen die Satzung des DRA" unter der Federführung wiederum von Felix Linnemann, dass Linnemann dafür geworben habe, sich „für die Kandidatur des SA-Mannes Hans von Tschammer und Osten für den Posten des Reichssportführers einzusetzen", und dass der DFB-Vorsitzende „schon früh das Gespräch mit von Tschammer und Osten gesucht hat." Dies sind nun schwere Vorwürfe, die zu überprüfen es natürlich geboten war. Zumal Diem diese Vorwürfe in seinen Darstellungen fast schon als Fußnoten so nebenbei mit einstreute. Dass dies weniger verfänglich war, dürfte Diem mit einkalkuliert haben. Seine Taktik war durchschaubar und hätte Bernett zur Vorsicht mahnen müssen. Trotzdem übernimmt Bernett die Darstellungen bzw. Werturteile von Carl Diem unkritisch als bare Münze. Dabei kannte Bernett Diems Vita weitgehend. Carl Diem war in der Zeit des Dritten Reichs ja nicht irgendwer, sondern immerhin Generalsekretär des Organisationskomitees für die Olympischen Spiele von 1936. Er leitete später die Auslandsabteilung des Nationalsozialistischen Reichsbund für Leibesübungen (NSRL) und begleitete den

Reichssportführer auf vielen Auslandsreisen. Hinzu kamen noch Diems Ambitionen, im Frühjahr 1933 selbst den Posten des Reichssportführers einzunehmen. Diem soll hier keineswegs unterstellt werden, dass er Nationalsozialist war. Doch wer sich einem System in dieser exponierten Position zur Verfügung stellte, bzw. ein solches Amt wie das des Reichssportführers anstrebte, wird gewusst haben, was er tut. Dass seine Brot- und Auftraggeber keine Demokraten waren, war Carl Diem bewusst, und ebenso, dass er sich mit Rassisten und Antisemiten einließ. Und die Tatsache, dass es Konzentrationslager schon zum Zeitpunkt von Diems Bewerbung um den Posten des Reichssportführers gab, auch das konnte damals schon jeder wissen, der es wissen wollte, zumal wenn er in Berlin lebte. Von alledem ist bei Diem natürlich nicht die Rede. Er stellt sich selbst in der Zeit des Dritten Reichs als weißen Raben dar. Das musste auch Bernett aufgefallen sein, dafür war es zu offensichtlich. Bernett wusste, dass sich alle mit vergleichbaren Lebensläufen wie dem Carl Diems, 1945 aus Gründen der Opportunität positiv darstellten. Es ging um die Existenz und um die Fortsetzung von Karrieren. Diem ist hierfür geradezu ein klassisches Beispiel. Carl Diems Umgang mit seiner eigenen Vergangenheit im Dritten Reich mutet dem Leser ziemlich selbstgerecht an. Von einer kritischen Aufarbeitung dieser Jahre zwischen 1933 und 1945 kann bei ihm überhaupt nicht die Rede sein. Der vom Autokraten zum Demokraten geläuterte Diem betreibt seine Entnazifizierung ganz offensichtlich auf Kosten anderer.

Als Diem zu seinem Angriff, allen voran gegen Felix Linnemann, ansetzte, war dieser bereits tot. Linnemann starb am 10. März 1948. Tote können sich bekanntlich nicht wehren. Auch die meisten Weggefährten von Felix Linnemann waren zu diesem Zeitpunkt nicht mehr am Leben oder alte Herren, die des Kampfes müde waren. Der DFB sah der Demontage seines langjährigen Vorsitzenden zwar mit schlechtem Gewissen, aber letztlich doch tatenlos zu. Spätestens als Carl Diem in seiner 1971 erschienenen „Weltgeschichte des Sports" Felix Linnemann attackierte, wäre es an der Zeit gewesen, sich um diesen Teil der eigenen Geschichte zu kümmern. Indirekt ging es bei den Vorwürfen von Diem gegen den Präsidenten Linnemann auch gegen den ersten Präsidenten des DFB nach dem Krieg, Peco Bauwens. Bauwens hatte in seiner Rede aus Anlass der Proklamation des DFB am 10. Juli 1949 in Stuttgart Linnemanns Verhalten im Dritten Reich gerechtfertigt: „Es wird die Zeit kommen, die Handlungsweise von Felix Linnemann, der als Einsamer in der Lüneburger Heide gestorben ist, und von vielen seinesgleichen einmal unvoreingenommen als richtig zu erkennen. Sie wird diesen Männern einmal dafür danken, dass sie alles in allem den Sport in einer unmenschlichen Umgebung doch fleckenrein gehalten und ihn als eine Insel der Menschlichkeit bewahrt haben." Peco Bauwens dankte und lobte Linnemann für seine Haltung und sein Tun im Dritten Reich.

Das ließ eigentlich ein anderes Urteil über das Wirken von Felix Linnemann erwarten, als das, was Carl Diem schrieb. Hält man sich an Diem, dann liegt der Schluss nahe, dass Bauwens Linnemann deckte bzw. wissentlich ein falsches Zeugnis ausstellte. Immerhin hatte Bauwens während des Dritten Reichs zum engeren Kreis der Männer um Felix Linnemann gehört. Bauwens verteidigte Linnemanns Handlungsweise ausdrücklich als richtig. Es darf angenommen werden, dass er Diem widersprochen hätte. Als Diems „Weltgeschichte des Sports" erschien, war Peco Bauwens bereits acht Jahre tot. Aber er hatte ja Nachfolger. Von der Wertung in Bauwens' Rede abgesehen, die geradezu zur Auseinandersetzung herausfordert, lesen sich seine Äußerungen zu Felix Linnemann wie ein vorgezogenes Vermächtnis an die nachfolgende Generation, sich des Themas anzunehmen. Nur Bauwens selbst nahm die Sache auch nicht in Angriff. (Allerdings fehlte damals eine direkte Herausforderung, die Aufarbeitung der jüngsten Geschichte stand ja noch aus.) Dabei wäre Bauwens selbst ein hervorragender Zeitzeuge gewesen. Und natürlich auch Georg (Schorsch) Xandry, Generalsekretär des DFB durch drei Epochen deutscher Geschichte. Auch Seppl Herberger gehörte dazu. Herberger hat immerhin der Nachwelt seine Aufzeichnungen aus der Zeit des Dritten Reichs hinterlassen, ebenso Carl Diem. Die Darstellungen und Werturteile sowohl von Carl Diem als auch von Hajo Bernett, der sie ungeprüft von Diem übernahm, verselbstständigten sich dann in der Gegenwartsliteratur zur Doktrin von der „braunen Vergangenheit des DFB". Letztes Beispiel ist das 1999 erschienene Buch „Stürmen für Hitler. Vom Zusammenspiel zwischen Fußball und Nationalsozialismus" von Gerhard Fischer und Ulrich Lindner, worauf später noch im Detail einzugehen ist.

Carl Diems Angriffe auf Felix Linnemann stehen alle im Zusammenhang mit Vorgängen in der Zeit Anfang April bis Mitte Mai 1933. Es war die Zeit des Umbruchs. Die Regierungsform wurde auf das Führerprinzip umgestellt. Auch an die Spitze des Sports sollte ein Führer gestellt werden. Den richtigen Mann für diesen Posten zu finden, war so einfach nicht. Diem rechnete sich selbst gute Chancen aus, Reichssportführer zu werden und bewarb sich nach einem Gespräch, das er am 25. März im Arbeitsministerium mit Staatssekretär Hierl geführt hatte. Die Gesprächspartner gingen davon aus, dass der Sport diesem Ressort zugeordnet werde würde. Reichsinnenminister Wilhelm Frick reklamierte jedoch den Sport für sein Ministerium. Diese Entscheidung fiel vermutlich in den ersten Apriltagen. Formal entsprach sie dem bisherigen institutionellen Umgang des Staats mit dem Sport. Ein inhaltliches Konzept lag dieser Entscheidung allerdings nicht zugrunde. Und es stand auch noch nicht fest, wen Frick zum Reichssportführer berufen würde. Die Nationalsozialisten waren noch nicht so weit. Auf jeden Fall sollte der neue Mann die Sache nach dem Führerprinzip in die Hand nehmen. Die Entscheidungen des zukünftigen Reichssportführers vorwegzunehmen, zumal sich im Innenministerium niemand in Sachen Sport auskannte, kam deshalb auch nicht in Frage. Doch bei der Suche nach dem geeigneten Mann tat sich Frick als zuständiger Innenminister schwer, möglicherweise wollten die direkten Berater von Adolf Hitler auch hierbei gefragt werden. Denn der Sport erwies sich vor allem unter außenpolitischen Gesichtspunkten als eine ganz diffizile Angelegenheit. So entstand in dieser Zeit, die von revolutionären Umbrüchen gekennzeichnet war, für den bürgerlichen Sport ein Vakuum. Niemand wusste, wohin und wie es weitergehen würde. Sie, die bürgerlichen Sportführer, sollten sich bis zur Ernennung eines Reichssportführers gedulden - so lautete die Sprachregelung des Innenministeriums - und es unterlassen, noch vor der Ernennung des neuen Mannes an der Spitze des Sports Entscheidungen zu treffen. Was die nationalsozialistische Führung nach der Verabschiedung des Gesetzes zur Gleichschaltung von den Verbänden erwartete, war lediglich eine Akzeptanzerklärung. In dieser Situation tagte das Führungsgremium des DFB am 8. und 9. April in Hannover mit dem auffällig nichts sagenden politischen Teil in der Erklärung.

Für den 12. April setzte Carl Diem, ganz Autokrat, als Generalsekretär des DRA gewissermaßen aus dem Stand eine Vollversammlung des DRA in Berlin an. Wie sich zeigen wird, ging es hierbei nicht nur um eine allgemeine Erklärung. Diem hatte eigene Gedanken, und dabei ging es vor allem um eigene Interessen. Eine bis auf den heutigen Tag höchst undurchsichtige Geschichte. Hier nimmt auch die Dolchstoßlegende gegen Felix Linnemann ihren Anfang. Hajo Bernett schreibt zu dieser Sitzung frei nach Carl Diem: „Während der dramatischen Sitzung macht sich Fußballpräsident Felix Linnemann zum Sprachrohr der Direktiven des Reichsministers des Inneren."

Was Bernett zu dieser Schlussfolgerung veranlasst, erläutert er allerdings nicht. Und Carl Diem schweigt sich ebenfalls darüber im Detail aus. Dazu hatte er auch allen Grund. Ernst Werner, Chefredakteur der in Berlin erscheinenden Fußball-Woche, berichtete in der darauf folgenden Ausgabe des Blatts ausführlich über diese Sitzung vom 12. April 1933. Da liest sich manches anders, als es Diem im Nachhinein glauben machen wollte. Werner schreibt: „Linnemann als Vertreter des DFB und der übrigen Sportverbände weilte in Hannover auf der Bundesvorstandssitzung, die am 8. und 9. April abgehalten wurde. Kollegen, die in Hannover waren, um Bericht über diese Sitzung des DFB-Vorstandes zu erstatten, haben dem Unterzeichner erzählt, dass die Sonntagvormittag plötzlich aus Berlin eintreffende Nachricht von der beschleunigten Einladung zu der Sitzung des DRA dort wie eine Bombe einschlug! Und dass Linnemann die DFB-Sitzung so schnell wie möglich verließ, um sofort nach Berlin zu fahren, um bei der Geschäftsführung des DRA gegen die Sinnlosigkeit, gegen die Schädlichkeit der ohne sein Wissen für den Mittwoch anberaumten Tagung zu protestieren." Dieser Vorgang ist schon deshalb bemerkenswert, weil Felix Linnemann immerhin dritter Vorsitzender des DRA war. Carl Diem hatte die Entscheidung zu dieser Vollversammlung ganz offensichtlich am Vorstand vorbei gefällt und dann auch in Szene gesetzt. In Diems Nachlass findet sich zwar ein Protokoll über die Sitzung des DRA-Vorstands, die am 11. April stattgefunden hatte, aber kein Protokoll von der Sitzung am 12. April selbst. Das könnte natürlich auch Zufall sein. Vielleicht wurde auch kein Protokoll angefertigt. Auf jeden Fall konnte Diem kein Interesse daran haben, dass ein solches Protokoll der Nachwelt erhalten bleibt. Denn die Vollversammlung misslang gründlich. Am Ende gab es Unmut, weil niemand so recht den Sinn dieser Vollversammlung erkennen konnte, von der man sich verbindliche Richtlinien und wohl auch personelle Entscheidungen erwartet hatte. Aber nichts von alledem. Niemand wusste, dass Diem diese Vollversammlung weder mit der Führung des DRA noch mit den zuständigen staatlichen Stellen abgesprochen hatte. Dass Linnemann davon nichts wusste, hat Ernst Werner glaubhaft in der Fußball-Woche dargestellt. Und dass das zuständige Innenministerium ebenfalls überrascht wurde, dafür spricht die auffällig kurzfristig, nämlich erst am Vorabend der Vollversammlung ergangene Anweisung an Diem, auf dieser Vollversammlung keine Entscheidungen zu treffen. Um diese Anweisung geht es im Kern bei dem Vorwurf gegen Linnemann, sich als Sprachrohr des Innenministers betätigt zu haben. Allerdings war diese Anweisung, wie wir wissen, an Diem ergangen, und es war Diem gewesen, der es unterließ, die Versammlung darüber in Kenntnis zu setzen. Denn durch diese Anweisung wurde der Versammlung der eigentliche Sinn genommen. Nach dem „freiwilligen" Rücktritt Theodor Lewalds vom Amt des Präsidenten des DRA, der aufgrund des Arierparagraphen als Halbjude ein solches Führungsamt nicht mehr bekleiden durfte, erwarteten die Versammelten, dass ein Nachfolger gewählt wurde. Die in Mannheim erscheinende Allgemeine Sportzeitung schrieb in einem ausführlichen Artikel unter der Überschrift „Leerlauf beim Reichsausschuß": „Und nun hoffte man in der Wahl des „neuen" Mannes als dem Führer der deutschen Turn- und Sportbewegung im 'nationalen Deutschland' den ersten Schritt zum neuen Staat zu erleben." Dieser neue Führer wollte Diem selbst sein. Das ist heute in der Literatur unstrittig. Wenn die Vollversammlung des DRA, und davon ist auszugehen, aus diesem Grund inszeniert worden sein sollte, dann war das Ergebnis für den ehrgeizigen Diem ein Desaster. Der Stratege Diem machte seine Rechnung ohne die Nationalsozialisten. Er rechtfertigte die Einberufung der Vollversammlung mit dem Hinweis, dass man damit freiwillig einem „späteren" Befehl der Regierung zuvorkommen wollte. Was damit allerdings konkret gemeint war, stand nicht im Protokoll der Sitzung des DRA-Vorstands am Vorabend. Durch sein eigenmächtiges, an seinen persönlichen Interessen orientiertes Manövrieren, vorbei am Vorstand des DRA - davon muss ausgegangen werden - hatte Diem eine Situation heraufbeschworen, die auf jeden Fall die strategische Position der bürgerlichen Sportbewegung gegenüber den Nationalsozialisten verschlechterte. Als Form des Widerstands lässt sich diese Vollversammlung im Nachhinein auch nicht uminterpretieren. Sie ging ja vom System als der neuen Basis für den Sport aus. Nachdem alles durch seine Schuld gründlich verfahren war, hatte Diem die anderen - und das war allen voran Felix Linnemann - die Suppe auslöffeln lassen. Und nach dem Krieg rächte er sich an Linnemann, mit dem er nie gut Freund war, in dem er ihn zum verlängerten Arm des nationalsozialistischen Reichsinnenministers machte. Wie es dazu kam, dass Linnemann den Versammelten die Anweisungen des Reichsinnenministeriums mitteilte und nicht Diem, darüber schwieg sich letzterer allerdings aus.

Der Umgang mit dem DRA war für die Nationalsozialisten insgesamt ein schwieriges Problem. Denn der DRA als Zentralverband war, wenn überhaupt, nur als ein dem Staat untergeordnetes Organ denkbar. Eine heikle Sache, weil der Vorsitzende des DRA in Personalunion zugleich Vorsitzender des Deutschen Olympischen Komitees war. Hier wollte Diem vorauseilen und Nägel mit Köpfen machen. Die Nationalsozialisten sollten dann die Entscheidungen des DRA gezwungenermaßen nachträglich sanktionieren. Grundsätzlich konnte es dabei nur um den Fortbestand des DRA gehen und um die Wahl eines neuen Vorsitzenden. Die Hals über Kopf von Diem anberaumte Vollversammlung erfolgte ja unmittelbar, nachdem Lewald seinen Rücktritt angekündigt hatte. Die Presse berichtete über diesen Rücktritt bereits wenige Tage zuvor. Das Manöver Diems war durchschaubar, auch für die Nationalsozialisten. In der von der Versammlung angenommenen Resolution hieß es unter Ziffer 2: „Die Turn- und Sportverbände sehen in der Freiwilligkeit der Leibesübungen und in ihrer freien Selbstverwaltung ein hohes deutsches Kulturgut." Dieser Resolution wurde zugestimmt. Die Nationalsozialisten, fest im Sattel der Macht, dachten aber gar nicht daran, sich Bedingungen stellen zu lassen und das Gleichschaltungsgesetz als Extrawurst für den bürgerlichen Sport aufzuheben. Die Selbstverwaltung des Sports an der Spitze widersprach schon dem nach dem Führerprinzip ausgerichteten Herrschaftsstil. Und wie es generell mit dem DRA weitergehen sollte, wussten die Nationalsozialisten in der ersten Aprilhälfte des Jahres 1933 selbst noch nicht. Ernst Werner schrieb in der Fußball-Woche: „Und die Sportverbände wissen, dass sie keine Forderungen zu stellen haben, hoffen aber, dass ihre aus der Praxis geborenen Vorschläge Berücksichtigung bei der Neuordnung der Dinge finden." Die Wahl eines neuen Vorsitzenden auf dieser Vollversammlung hätte die neuen Machthaber auf jeden Fall noch mehr in die Bredouille gebracht.

Deshalb untersagten die Nationalsozialisten Diem, die Wahl eines neuen Vorsitzenden auf die Tagesordnung zu setzen. Das war die Situation. Empfänger dieser Anweisung war Diem und nicht Linnemann, und weil Diem sich seiner Verantwortung entzog, teilte Linnemann die Anweisung des Innenministers mit. Felix Linnemann war zu diesem Zeitpunkt das ranghöchste Vorstandsmitglied des DRA. Die Gesamtverantwortung für einen Verband trägt bekanntlich der Vorstand und nicht die Angestellten. Linnemann tat nur das, was seine Pflicht war. Ernst Werner schrieb in der Fußball-Woche: „Fünf Minuten vor Beginn der Sitzung teilte Diem den Herren des Vorstands des DRA nämlich mit, dass ihm von nationalsozialistischer Seite der Wunsch der Regierung (des Reichsministeriums des Inneren) übermittelt worden sei, die Wahl eines ersten Vorsitzenden für den zurückgetretenen Lewald auszusetzen." Und an anderer Stelle setzt der Sportjournalist fort: „Nachdem Diem mit seiner Rede, deren Unbesonnenheit bei einem so klugen Mann wundernahm, das restliche Porzellan zertrümmert hatte, das die mit Recht über die Inhaltslosigkeit der Tagung erbosten Vertreter der Städte noch heil gelassen hatten, unterzog sich Linnemann der undankbaren Aufgabe, verspätet für eine Klarstellung zu sorgen, die viel früher zu geben Diem selbst verpflichtet war."

Die letzte Szene des Dramas beschreibt Ernst Werner dann wie folgt: „Als nach der wohlverdienten Apotheose für Lewald aber ein luftleerer Raum in der Versammlung entstand, als das Plenum zu der irrigen Annahme kommen musste, es soll ihm hier mit überholten parlamentarischen Gebräuchen sein Recht der Wahl eines neuen Vorsitzenden nach seinem Geschmack genommen werden, hielt Diem den Mund. Statt mit der Erklärung, dass die Regierung den Vorsitzenden vorzuschlagen wünsche, Klarstellung herbeizuführen. Linnemann musste erst hingehen und sich von den anwesenden Vertretern des Reichsministeriums des Innern die ausdrückliche Bevollmächtigung zu der offiziellen Erklärung holen, dass die Reichsregierung von der Wahl eines neuen ersten Vorsitzenden zunächst abzusehen bitte." Wohlgemerkt war Felix Linnemann das ranghöchste Vorstandsmitglied auf dieser Vollversammlung und Diem der Angestellte. Deshalb ist die Handlungsweise von Felix Linnemann auch formal völlig in Ordnung. Linnemann gab lediglich das wieder, was Diem mitzuteilen verpflichtet gewesen wäre, weil nur er als Empfänger der Anweisung aus dem Innenministerium dazu autorisiert war. Weil aber diese Anweisung von so substanzieller Bedeutung für den Verlauf der Sitzung bzw. für ihren geordneten Abschluss war, ließ sich Linnemann diese Anweisung vom anwesenden Vertreter des Innenministeriums bestätigen. Daraus dann Linnemann im Nachhinein einen Strick zu drehen und ihn mehr oder weniger der Kumpanei mit den Nationalsozialisten zu bezichtigen, ist eine gezielte Verdrehung der Tatsachen.

Hajo Bernett hatte von dem Bericht Ernst Werners nachweislich Kenntnis, weil er ihn im Quellenverzeichnis seines Buches „Der Weg des Sports in die nationalsozialistische Diktatur" angibt. Es darf angenommen werden, dass auch Carl Diem den wenige Tage nach der Sitzung in der Fußball-Woche erschienenen Artikel von Ernst Werner gelesen hat. Erkennbar hat Diem dieser Darstellung nicht widersprochen, weder zum Zeitpunkt des Geschehens noch nach 1945. Dabei berührt der Vorgang immerhin die Ehre des Mannes. Denn was ihm vorgeworfen wird, ist nicht wenig. Nach dem Krieg den Vorgang anders darzustellen, war schon deshalb nicht möglich, weil Ernst Werner Carl Diem überlebte. Er starb 1973, neun Jahre nach Carl Diems Tod. Werner hätte mit Sicherheit eine andere Darstellung nicht widerspruchslos hingenommen, zumal er durchaus zu den streitbaren Geistern gehörte. Von sich aus die Sache wieder aufzugreifen und Diem wegen seiner Interpretation der Vorgänge im Frühjahr 1933 zu widersprechen und damit möglicherweise eine Diskussion in Gang zu setzen, dürfte Ernst Werner wohl mit Rücksicht auf Diems Stellung als Direktor an der Sporthochschule Köln, aber auch wegen seiner eigenen Tätigkeit als Herausgeber der Fußball-Woche in der Zeit des Dritten Reiches, nicht ratsam erschienen sein. So blieben die Leichen im Keller. Auch Ernst Werner hatte gute

Gründe, sich „klein zu machen". Seine Berichte über die Länderspiele der deutschen Fußball-Nationalmannschaft im Dritten Reich konnten mit der Berichterstattung des „Völkischen Beobachters" durchaus mithalten. Ein politischer Unterton, und manchmal auch mehr, ist bei Ernst Werner nicht zu verkennen. Der „Kicker" war da sehr viel zurückhaltender. An die Artikel von damals wollte der Sportjournalist natürlich nach 1945 nicht unbedingt erinnert werden. Hier war auch im eigenen Interesse Vorsicht geboten. Werner gehörte zu den Pechvögeln, die das Schicksal gegen Kriegsende in dem Teil Deutschlands festhielt, den die rote Armee besetzte. Fast fünf Jahre lang, bis zu deren Auflösung, saß er in einem der Sonderlager des sowjetischen NKWD im ehemaligen Konzentrationslager Buchenwald.

Am Ende der Sitzung des DRA am 12. April 1933 stand der Stratege Carl Diem mit leeren Händen da. Ernst Werner warf angesichts dieses Desasters in der Fußball-Woche offen die Frage auf, ob der DRA überhaupt noch eine Daseinsberechtigung habe. Und stellte mit einen gezielten Seitenhieb auf Diem fest: „Wir, die Fußball-Woche, haben ihn nie geliebt, haben ihn und den allzu autokratischen Diem oft angegriffen (...)." Scharfe Kritik an der Sitzung wurde auch im „Kicker" und in der „ASZ" geübt. Diem war wegen seines autoritären Führungsstils stets umstritten, nicht nur als Generalsekretär des DRA, sondern auch als Leiter der Deutschen Hochschule für Leibesübungen. Im Wintersemester 1928/1929 kam es an der Deutschen Hochschule für Leibesübungen zum Streik der Studentenschaft, der sich vor allem gegen Carl Diem als Leiter richtete. Ein doch recht außergewöhnlicher Vorgang. In der Presse wurde darüber ausführlich berichtet. In einem Artikel hieß es: „Dr. Carl Diem zog die Konsequenzen aus der Bewegung, die sich gegen seine Person richtete, und erklärte in Verfolg dieses Misstrauensvotums seiner Schüler den Rücktritt als Beauftragter des Senats. Nach der Rücktrittserklärung von Dr. Carl Diem hat der Senat angeordnet, dass der Unterricht am 15. Januar wieder aufgenommen wird. Die neue Verfassung der Hochschule sieht vor, dass ein Rektor und Prorektor der Hochschule vorsteht. Der Einfluss von Dr. Diem, gegen den sich die Aktion der Studenten in der Hauptsache richtete, ist damit auf ein Mindestmaß beschränkt, und damit ist eine der Bedingungen, die Hochschüler stellten, erfüllt, denn gerade der Rücktritt Diems war in erster Linie gefordert worden." Dieser Artikel ohne erkennbaren Hinweis auf den Namen der Zeitung fand sich im Nachlass von Seppl Herberger, der zu dieser Zeit an der Deutschen Hochschule für Leibesübungen studierte. Der Streik wurde im übrigen von einer Studentenvollversammlung einstimmig beschlossen. Ob Herberger an dieser Vollversammlung teilgenommen hat, ist allerdings nicht bekannt. Carl Diem gehörte zu den Förderern des jungen Herberger.

Die Versammlung der DRA-Sitzung vom 12. April beauftragte dann Heinrich Pauli, seit 1926 Vorsitzender des Deutschen Ruderverbandes, Edmund Neuendorff von der Deutschen Turnerschaft, Mitglied der NSDAP und überzeugter Nationalsozialist, sowie Felix Linnemann, mit der nationalsozialistischen Regierung über die weitere Zukunft des DRA zu verhandeln. Eine undankbare Aufgabe. Aufgrund des Verlaufs der Vollversammlung hatte der DRA keine guten Karten. Die eigene Basis war über soviel Dilettantismus verärgert, und den Nationalsozialisten scheint die Vollversammlung von Anfang an nicht ins Konzept gepasst zu haben. Ob der Auftrag für die Dreierkommission schriftlich fixiert wurde, ließ sich nicht feststellen. Aber man darf davon ausgehen, dass dies nicht der Fall war. Zumindest ist davon nirgendwo die Rede, auch nicht bei Carl Diem. Dabei wussten die drei Männer, die hochtrabend als „Dreierkommission" bezeichnet wurden, und die mit hoher Wahrscheinlichkeit nicht ein einziges Mal getagt hatten, noch nicht einmal, wer ihr Ansprechpartner war. Dieser Dreierkommission gehörte mit dem Turnführer Edmund Neuendorff ein Mann an, der gleich mit Beginn der Machtergreifung der Nationalsozialisten etwas ganz anderes im Auge hatte, als den Deutschen Reichsausschuss für Leibesübungen und Carl Diem dabei zu unterstützen, dass der DRA zum Zentralverband und Carl Diem zum Reichssportführer aufsteigt. Reichssportführer, das wäre Neuendorff nur zu gern selbst geworden. Und unter dem Dach der Deutschen Turnerschaft sollte der deutsche Sport seine Einheit finden. Die Deutsche Turnerschaft strebte die Rolle des Zentralverbandes des deutschen Sports an. Das war schon immer ihr Ziel gewesen. Felix Linnemann gehörte bereits in der Zeit der Weimarer Republik zu den entschiedensten Gegnern eines solchen Alleinanspruchs der Turner. Neuendorff nahm an der Vollversammlung des DRA am 12. April gar nicht erst teil, weil das nicht in sein eigenes Konzept passte. Eine einheitliche Meinung in Sachen DRA konnte deshalb von dieser inhomogenen Dreierkommission nicht erwartet werden. An dieser Stelle beginnt der zweite Teil der Dolchstoßlegende gegen Felix Linnemann. Nun in der Rolle des Fahnenträgers auf dem Weg der bürgerlichen Sportbewegung ins Dritte Reich. Dass er dabei noch „rücksichtslos" gegen die Satzung des DRA verstieß, stellt ihn zudem in seiner moralischen Integrität in Frage. Ein geradezu gezielt angesetzter tödlicher Doppelschlag.

Die Dreierkommission musste sich zunächst auf jeden Fall erst einmal gedulden, denn die Ernennung des Reichssportführers ließ auf sich warten. Diem wäre spätestens nach der Vollversammlung des DRA vom 12. April aus dem Rennen gewesen. Mit hoher Wahrscheinlichkeit lag Diems Ambition, Reichssportführer zu werden, von Anfang an eine Fehleinschätzung der Situation zugrunde. Damit stand er nicht allein da. Denn was von den Nationalsozialisten zu erwarten war, darüber bestand große Unsicherheit. An der Spitze des Sports mit seinen Millionen von Mitgliedern in den Vereinen einen exponierten Vertreter der bürgerlichen Sportbewegung zu stellen, durfte eigentlich nicht erwartet werden. An die Schaltstellen der Macht bzw. wichtigen zentralen Stellen im Staat postierten die Nationalsozialisten bewährte Mitglieder der Partei. Etwas anderes durfte dem Innenminister Wilhelm Frick, einem Nationalsozialisten vom Scheitel bis zur Sohle, auch bei der Besetzung der Position des Reichssportführers gar nicht in den Sinn gekommen sein. Zur Überraschung aller, die sich im deutschen Sport etwas auskannten, wurde am 28. April 1933 der 1887 geborene SA-Obergruppenführer Hans von Tschammer und Osten zum Reichssportkommissar ernannt. Im Sport war von Tschammer ein völlig unbeschriebenes Blatt, aber auch politisch gehörte er zu den Nachzüglern in der NSDAP. Im Ersten Weltkrieg als Hauptmann mit dem Eisernen Kreuz erster und zweiter Klasse ausgezeichnet, wurde von Tschammer und Osten erst 1930 Mitglied der NSDAP und der SA.

Mit Blick auf die Olympischen Spiele, und das wird letztlich der Grund gewesen sein, warum von Tschammer und Osten diese Aufgabe übertragen wurde, konnten die Nazis keine bessere Wahl treffen. Nun hatten sie einen repräsentablen Mann. Einen Mann wie von Tschammer ließ sich dem Ausland gegenüber vorzeigen. Der Spross einer sächsischen Adelsfamilie, der nach seiner Verwundung im Ersten Weltkrieg als Dolmetscher im Stab tätig gewesen war, sprach perfekt französisch und englisch. Er galt auch als ein begabter Redner und hatte als ehemaliger Page am sächsischen Königshof die perfekten Manieren eines Aristokraten. Von Tschammer stand auch im Ruf, ein guter Organisator zu sein. Ihn exakt politisch einzuordnen, fällt schwer. Die Meinungen über ihn gehen recht weit auseinander. Das gilt auch für die Forschung der Gegenwart. Nach Diems Einschätzung war von Tschammer eher ein national-konservativer Mensch denn ein Nationalsozialist. Ähnlich äußert sich auch Guido von Mengden, der später als Stabsleiter von Tschammers fast täglich mit ihm zusammenkam. Aber auch hier ist Diems Urteil mit Vorsicht zu behandeln. Denn an der Seite dieses Mannes wird Diem viele Dienstreisen in Sachen Sport bestreiten. Von Tschammer politisch in Schutz zu nehmen, ergibt aus der Sicht von Carl Diem durchaus einen Sinn. Unter einem Mann gearbeitet zu haben, der eigentlich gar kein Nazi war, liest sich allemal besser, als wenn man eingestehen müsste, Untergebener eines Erz-Nationalsozialisten gewesen zu sein. Das gleiche gilt auch für Guido von Mengden. Mit Rassismus und Antisemitismus wird von Tschammer weder von Zeitzeugen noch von seinem Biographen Dieter Steinhöfer oder von anderen Autoren in Zusammenhang gebracht. Auch Bernett urteilt hier sehr zurückhaltend, zumindest gilt das für seine späteren Arbeiten. Der Jude Walther Bensemann, Herausgeber des Kicker, schrieb aus dem Schweizer Exil im Sommer 1933: „Alle Kundgebungen des Herrn Reichssportkommissars sind in einem Ton gehalten, den nur ein Gentleman zur Verfügung hat."

Einen Mann wie von Tschammer und Osten zum obersten Repräsentanten das Sports zu machen, das war Kalkül vor allem dem Ausland gegenüber. Nach der Machtübernahme der Nationalsozialisten in Deutschland stellten einflussreiche Kreise, vor allem in den USA, die Durchführung der Spiele in Berlin in Frage. Hier war ein Mann gefragt, der mit einer solchen Situation umgehen konnte. Bei von Tschammer bestand nicht die Gefahr, dass er durch antisemitische und rassistische Hasstiraden und plumpe Propaganda den Gegnern der Spiele in Deutschland in die Hände arbeitete. Aber auch für den deutschen Sport erwies sich der Nichtfachmann aus nationalsozialistischer Sicht als die richtige Wahl. Jenseits aller Streitigkeiten unter den Sportlern, des Dauerstreits zwischen der Deutschen Turnerschaft und den im DRA vereinigten bürgerlichen Sportverbänden, stand von Tschammer unbelastet über den Dingen. Und da er „keine Ahnung vom Wesen des deutschen Sports" hatte, musste er sich zwangsläufig auf Ratgeber stützen. In den eigenen Reihen waren diese dünn gesät, zudem erwiesen sich ihre Konzepte - wie die Vorschläge von Malitz - in ihrem blinden Radikalismus als wenig brauchbar. Den DFB in seiner Existenz ganz und gar in Frage zu stellen, wie es Malitz tat, hätte auf jeden Fall unnötigerweise zusätzliche Probleme aufgeworfen.

Mit dem neuen Reichssportkommissar mussten die Funktionäre des bürgerlichen Sports zwangsläufig das Gespräch führen, und zwar in eigener Regie und Verantwortung. Fürsprache für den Erhalt des deutschen Sports von außen konnten sie nicht mehr erwarten. Die Parteien der Weimarer Republik befanden sich, abgesehen von der NSDAP, im Auflösungsprozess und gaben dabei ein klägliches Bild ab. Die bürgerlichen Sportfunktionäre mussten schauen, wie sie allein zurechtkamen. Von Tschammer wiederum sah sich nach Gesprächspartnern unter den bürgerlichen Sportfunktionären um, bei denen er sich als Berater besser aufgehoben wähnte, als bei Männern aus den eigenen Reihen. Jetzt hatte die Stunde für Taktiker und Strategen geschlagen.

Felix Linnemann repräsentierte neben der sich zum Nationalsozialismus bekennenden Deutschen Turnerschaft den größten Einzelsportverband. Nach dem Rücktritt des ersten Vorsitzenden Theodor Lewald war Linnemann als dritter Vorsitzender des DRA Anfang April faktisch an dessen Stelle aufgerückt. Der zweite Vorsitzende Alexander Dominicus, der zugleich der Deutschen Turnerschaft vorstand, musste am 6. April seinen Vorsitz bei der Turnerschaft abgeben. Er wurde durch den Parteigenossen Edmund Neuendorff ersetzt. Dominicus hatte an der Vorstandssitzung des DRA am 11. April schon gar nicht mehr teilgenommen. Und Generalsekretär Carl Diem hatte sich am 12. April selbst ins Abseits manövriert. Damit war Linnemann der höchste Repräsentant des DRA. Die Hauptverantwortung für die im DRA organisierten Verbände lag jetzt bei ihm. Hinzu kam sein Amt als Vorsitzender des DFB. Identisch waren die Interessen nicht. Außerdem wurde der Erhalt der Verbände bzw. der Vereine höher eingestuft, als der Erhalt des DRA. Der DRA war in einer anderen Form denkbar, aber die Auflösung der Verbände hätte den bürgerlichen Sport in der strukturellen Substanz getroffen. Linnemann hatte auf der Vorstandssitzung des DRA am 11. April nur allgemein von der „Notwendigkeit eines Dachverbandes" gesprochen. Vom DRA war dabei nicht die Rede gewesen. Und Neuendorff hatte in der kontrovers geführten Diskussion am 11. April (Protokoll: „Linnemann beruhigt immer wieder") auf die zu erwartende Verstaatlichung des Sports hingewiesen. Das konnte nur bedeuten, dass der DRA zwangsläufig durch einen staatlichen Zentralverband ersetzt werden würde. Offen blieb für diesen Fall, was mit den Verbänden und Vereinen geschehen würde. Das war die Situation.

Felix Linnemann fand sich in einer zentralen Rolle in Doppelfunktion wieder: Verbands- und Verbändeinteressen auf der einen, den DRA auf der anderen Seite zu vertreten und beides in exponierter Position. Dass er zu den Gesprächspartnern des neuen Reichssportführers gehören würde, sollte deshalb auch nicht verwundern. Dass er Einfluss auf die Entscheidung bei der Auswahl des Reichssportführers genommen hatte, ist eher unwahrscheinlich. Carl Diem behauptete später, als sich kaum noch jemand ein rechtes Bild von den damaligen Verhältnissen machen konnte, Linnemann habe schon „früh auf von Tschammer als Reichssportführer gesetzt und das Gespräch mit ihm gesucht bzw. Kontakte zum Reichsinnenministerium aufgenommen." Rückblickend schreibt Diem: „Ich vernahm von der Kandidatur von Tschammers dadurch, dass der Vorsitzende des Deutschen Fußball-Bundes, Felix Linnemann, mich anrief und mich beschwor, ich möchte die Kandidatur von Tschammers unterstützen, einen so sportlich gesinnten und begeisterten und einsichtsvollen Mann könnten wir nie wieder bekommen." Einmal davon abgesehen, dass sich die Nazi-Führung in einer für sie relativ wichtigen Personalentscheidung wie die Ernennung des Reichssportführers sicherlich nicht in die Sache hineinreden ließ, wäre Linnemanns Einschätzung der Person von Tschammer so verkehrt nicht gewesen. Dies bestätigte sich in der weiteren Entwicklung. Über den Inhalt des Gesprächs Linnemanns mit von Tschammer schrieb Ernst Werner im 1975 erschienenen Buch „75 Jahre DFB" folgendes: „....von Tschammer und Osten hatte die für seine Ahnungslosigkeit von Wesen und Werden der deutschen Sportbewegung

zeugende Idee, die Sportvereine zu NS-Turn- und Sportgemeinschaften zu machen. Linnemann wusste ihn zu überzeugen, dass
dies nicht wieder gut zu machenden Schaden angerichtet hätte."
Von Tschammer rührte die bürgerlichen Vereine dann tatsächlich
auch nicht an. Dabei ist allerdings unklar, ob dieses Gespräch
unmittelbar vor oder erst nach der Ernennung von Tschammers
zum Reichssportkommissar stattgefunden hatte. Einiges spricht
dafür, dass sich die beiden Männer persönlich zum erstenmal in
der ersten Maiwoche begegnet sind. Wenn es so gewesen sein
sollte, dann ließ sich von Tschammer schon deshalb gern eines
besseren belehren, weil das Weiterbestehen der Vereine in Bezug
auf die Olympischen Spiele 1936 im eigenen Land im ureigen-
sten Interesse der Nationalsozialisten selbst lag.

Indirekt fiel diese Entscheidung für einen pfleglichen Umgang
mit den bürgerlichen Vereinen und ihren Verbänden - auch wenn
nicht expressis verbis - bereits am 16. März. An diesem Tag fand
ein Gespräch statt zwischen Adolf Hitler und Theodor Lewald,
Mitglied des Internationalen Olympischen Komitees und Präsident des Organisationskomitees für die XI. Olympischen Spiele
in Berlin. Der Nichtarier Lewald und der ausgewiesene Antisemit
Adolf Hitler stellten bald vollständige Übereinstimmung darin fest,
dass die Spiele dem Ansehen Deutschlands in der Welt sehr för-
derlich sein würden. Einem Spezialisten für Massenpropaganda
wie Hitler musste Lewald da nicht viel erklären. Und Lewald wiederum zeigte sich von Hitler tief beeindruckt. Der Diktator wollte nicht nur die Olympischen Spiele, sondern er wollte sie zu den
größten Spielen machen, die die Welt jemals erlebt hat. An Geld,
das hörte Lewald besonders gern, sollte es nicht fehlen. Und es
floss dann auch reichlich. Ganz selbstverständlich war es nicht,
dass dieses Gespräch einen solchen Verlauf nehmen würde. Aus
Reihen der Partei waren Stimmen laut geworden, auf die Austragung dieses „bürgerlich-liberalistischen Spektakels" zu verzichten. Hitler, ein ausgesprochener Nichtsportler, sah die Dinge nicht
aus ideologischer Sicht, sondern unter dem Aspekt der konkreten
politischen Situation Deutschlands nach seinem Machtantritt. Die
Spiele passten Hitler zu diesem Zeitpunkt ins Konzept. Prinzipien
setzte er auch in anderen Fällen, wenn es ihm als opportun erschien, außer Kraft - wenn auch nur vorübergehend. Deutschland drohte nach der Machtübernahme durch die Nationalsozia-

listen die außenpolitische Isolation. Für eine aggressive Außenpolitik war das nationalsozialistische Deutschland militärisch noch nicht stark genug - die Wehrpflicht wurde erst 1935 eingeführt. Die Experten im Innenministerium werden schnell herausgefunden haben, was das für den Umgang mit der bürgerlichen Sportbewegung im eigenen Land bedeutete. Mit Hitlers „Ja" zu den Olympischen Spielen 1936 fielen indirekt auch wichtige strategische Vorentscheidungen über die Zukunft der bürgerlichen Sportbewegung. Das hatte Gründe.

Die bürgerliche Sportbewegung in Deutschland war Teil der internationalen Sportbewegung und diese wiederum Träger der Olympischen Spiele. Wenn sich die Nazis für die Durchführung der Spiele entschieden, mussten sie mit den bürgerlichen Sportfunktionären im eigenen Land pfleglich umgehen. Mit der Solidarität der Sportführer anderer Länder mit ihren deutschen Kollegen hatten die Nazis zu rechnen, falls sie die bürgerlichen Sportführer auszubooten gedachten oder gar verfolgten. Damit war auch schon eine grundsätzliche Entscheidung gefallen, bevor Hans von Tschammer und Osten als der neue Mann an der Spitze des Sports überhaupt seine Arbeit aufnahm. Aber er war der richtige Mann für eine solche Politik. Dabei entwickelte er seinen eigenen Stil. Eine rigorose Umgestaltung des deutschen Sports bzw. ein personeller Rundumschlag gegen die bürgerlichen Sportführer hätte dem nationalsozialistischen Deutschland mit einiger Wahrscheinlichkeit die Spiele gekostet.

Zudem war die bürgerliche Sportbewegung auch Träger des von den nationalsozialistischen Sportideologen so verdammten „Leistungssports" mit seinem „Rekordwahn" und seiner Sucht nach Medaillen und Titeln. Die Olympischen Spiele aber sind geradezu ein Festival des Leistungs- bzw. Hochleistungssports. Für die Gepäckmärsche der SA gab es keine Goldmedaillen. Und ein ganz auf Sieg und Siege eingestelltes System, wie das der Nationalsozialisten, wollte im August 1936 vor den Augen der Welt nicht nur als charmanter und großzügiger Gastgeber glänzen, sondern auch durch sportliche Erfolge der Welt die Überlegenheit des nationalsozialistischen Deutschland demonstrieren. Wir wissen, es gelang ihnen beides. Mannschaften aus 49 Ländern gingen bei diesen 11. Olympischen Sommerspielen an den Start. Das war neuer Olympischer Rekord. Auch die zweite Rechnung der Nationalsozialisten ging auf: Deutschland gewann die meisten Goldmedaillen und avancierte zur Sportnation Nummer Eins auf der Welt. Basis dieses Erfolgs war letztlich die bürgerliche Sportbewegung. Bei einer radikalen Umgestaltung des ganzen Sportbetriebs wäre man das Risiko eingegangen, sich vor den Augen der ganzen Welt zu blamieren. Damit wurden die Olympischen Spiele gleich nach der Machtergreifung für die Nationalsozialisten, und besonders gilt dies für Hitler, zu einem Politikum ersten Ranges.

Auch als Gastgeber und herausragender Organisator wurde Hitler-Deutschland in den bürgerlichen Zeitungen diesseits und jenseits des Atlantiks während und nach den Olympischen Spielen mit Komplimenten geradezu überhäuft. Und bei der Eröffnungsfeier schritt der „Halbjude" Theodor Lewald, Präsident des Organisationskomitees für die Olympischen Spiele, direkt hinter dem antisemitischen Diktator als Zweiter ins Stadion. Hitler, dessen Antisemitismus schon pathologische Züge trug, akzeptierte auch das, so wichtig waren ihm die Spiele. Lewald seinerseits hatte es dem „Führer" schon im voraus gedankt, indem er als IOC-Mitglied bei seinen Aufenthalten im Ausland die Diskriminierung der Juden in Deutschland zumindest herunterspielte.

Nachdem die Nationalsozialisten sich einmal für die Durchführung der Spiele entschieden hatten, mussten alle anderen Entscheidungen danach ausgerichtet werden. Dazu gehörten auch Personalentscheidungen. Deshalb fiel die Wahl auf von Tschammer und Osten als neuen Mann an der Spitze des deutschen Sports.

Auch von Tschammers Mitgliedschaft in der SA in führender Position erwies sich als Vorteil. Denn im Frühjahr 1933 drohte Hitler Gefahr nur noch aus den eigenen Reihen, und zwar von Seiten der SA. Die SA-Führung um Röhm wollte eine zweite Phase der nationalsozialistischen Revolution einleiten bzw. fortsetzen, an deren Ende vermutlich ein Soldatenstaat gestanden hätte. Die SA versuchte sich überall einzumischen oder die Richtung zu beeinflussen. Dem bürgerlichen Sport hätten sie schon gerne den Garaus gemacht. Der SA gegenüber ließ sich von Tschammer als ein Mann aus ihren eigenen Reihen gut präsentieren. Das verringerte die Angriffsfläche bei der nachfolgenden Umgestaltung des Sports. Hitler erkannte die Gefahr, die ihm von der SA drohte. Warnend verkündete er in einer Rede vor Reichsstatthaltern am 6. Juli 1933, als er die nationalsozialistische Revolution für beendet erklärte: „Wir lassen keinen Zweifel darüber, dass wir einen solchen Versuch, wenn nötig, in Blut ertränken würden." Ein Jahr später lässt er die Führungsspitze der SA um Röhm liquidieren. Spätestens von da an stellte die SA keinen eigenständigen Machtfaktor mehr da und musste sich wie alle anderen unterordnen.

Seit dem 28. April 1933 hatte es die bürgerliche Sportbewegung nun mit von Tschammer und Osten zu tun. Die Dreierkommission mit Linnemann, Pauli und Neuendorff musste zwangsläufig in Aktion treten. Das war ihr Auftrag. So hatte es die Vollversammlung des DRA am 12. April beschlossen. Von Tschammer selbst machte gleich am Tag seiner Ausrufung zum Reichssportkommissar klar, dass es einen DRA neben ihm als Reichssportkommissar nicht geben werde. Aus nationalsozialistischer Sicht eine nachvollziehbare Position. Denn einen selbstständigen Zentralverband neben dem Reichssportkommissar, der entsprechend dem auf das Führerprinzip aufgebauten Herrschaftssystem der Nationalsozialisten selbst als zentrale Institution anzusehen war, konnte es nicht geben. Die Erklärung von Tschammers ließ dem DRA überhaupt keinen taktischen Spielraum mehr. Und für einen kämpferischen Widerstand fehlte schlicht der allgemeine politische Rahmen. Damit lautete die Frage nunmehr: Selbstauflösung des DRA oder seine Zerschlagung. Mit einer Zwangsauflösung allerdings setzten die Nationalsozialisten möglicherweise die Olympiade 1936 aufs Spiel. Das Ausland hätte darauf mit Sicherheit reagiert. Eine erneute Sitzung des DRA hat erkennbar niemand anberaumt, auch Diem nicht. Ihm, der nach 1945 den anderen bürgerlichen Sportführern mangelnde Zivilcourage vorwarf, hätte eine solche Haltung gut zu Gesicht gestanden. Aber das ist Theorie. Diem besaß nach der blamabel verlaufenen Vollversammlung des DRA für ein solches Manöver überhaupt keine Basis mehr. Von Tschammer seinerseits hätte vermutlich eine solche Sitzung gar nicht erst zugelassen. Aus der Sicht von Tschammers musste sowohl eine Zwangsauflösung des DRA vermieden werden, als auch eine Selbstauflösung per Beschluss durch eine erneut einberufene Vollversammlung. Beides hätte international Aufsehen erregt und all diejenigen in ihren Bestrebungen nur noch bestärkt, die Berlin die Austragung der

Olympischen Spiele 1936 am liebsten wieder entzogen hätten. Die gewählte Dreierkommission für eine Lösung des Problems zu instrumentalisieren, bot sich deshalb geradezu an. Dabei ging es jetzt aber um mehr, als um die Existenz des DRA. Es ging um den Fortbestand der bürgerlichen Sportbewegung, um ihre Vereine und Verbände. Für sie trug die Dreierkommission jetzt die alleinige Verantwortung. Von Tschammer verhandelte nur unter der Prämisse der Auflösung, sprich letztlich der Selbstauflösung des DRA in unspektakulärer Form. Nur unter dieser Bedingung kamen die bürgerlichen Sportführer für von Tschammer und Osten als Gesprächspartner und Berater über die weitere Zukunft der bürgerlichen Sportbewegung in Frage. Hätten sie sich geweigert, wären sie als Verhandlungspartner nicht mehr akzeptabel gewesen. Das hätte zumindest zu einer radikaleren als der geplanten Vorgehensweise bei der Umgestaltung des Sports geführt. Vermutlich wäre von Tschammer dann nichts anderes mehr übrig geblieben, als die bürgerlichen Sportführer insgesamt durch Nationalsozialisten zu ersetzen. Eine andere Lösung war praktisch nicht denkbar.

Vor dieser Situation stand die Dreierkommission. Dabei trug jeder zugleich die Verantwortung für seinen Verband: Pauli für die Ruderer, Neuendorff für die Turner und Linnemann für den DFB. Neuendorff war dabei von Anfang an das trojanische Pferd in dieser Dreierkommission. Er hatte objektiv kein Interesse am Erhalt des DRA. Ihm ging es darum, den DRA als Zentralverband durch die Deutsche Turnerschaft zu ersetzen. Aber das war schon klar, als man ihn für diese Kommission ausgewählt hatte. Übergehen konnte man Neundorf bei der Bildung der Dreierkommission nicht, weil er der Vorsitzende des neben dem DFB größten Sportverbandes war. Pauli soll den DRA auch für historisch überholt gehalten und sich nicht weiter engagiert haben. Und Linnemann sprach ja nur von der Notwendigkeit eines Dachverbandes. Ein Eintreten dieser drei Männer - unabhängig von ihrer Position zum DRA im Detail - für ein Diemsches Konzept konnte eigentlich gar nicht erwartet werden. Da hätte man dieses Gremium anders besetzen müssen. Der Auftrag an die Dreierkommission lautet ja auch nicht, über eine Zusammenarbeit zwischen Staat und DRA zu verhandeln, sondern über die weitere Zukunft des DRA von Nationalsozialisten Gnaden. Auch das wird von Diem und in der Literatur der Gegenwart nicht richtig dargestellt.

Schließlich stellte sich von dieser Dreierkommission nur Felix Linnemann der Verantwortung. Und Linnemann erwies sich auch in dieser Situation, wie schon in der Weimarer Republik, als der einzige strategische Kopf der bürgerlichen Sportbewegung. Er dürfte auch das Dilemma der Nazis mit Blick auf die Olympischen Spiele erkannt haben. Hier gab es Spielraum, um „zu retten, was zu retten war". Aber hierbei ging es nun schon um sehr viel mehr, als nur um den Fortbestand des DRA in einer selbstbestimmten Form. Am Umgang mit dem DRA in der von Diem verursachten Situation konnte sich unter Umständen das Schicksal des bürgerlichen Sports entscheiden. Deshalb waren Verhandlungen mit dem Reichssportführer unausgesprochen zugleich Verhandlungen über die Zukunft des bürgerlichen Sports. Wer dem Reichssportführer in Sachen Umgang mit dem DRA nicht entgegenkam, durfte auch nicht hoffen, zu den Gesprächspartnern über die Zukunft des bürgerlichen Sports zu gehören. Eine andere Alternative gab es nicht, außer man war bereit, die Sache den Nazis allein zu überlassen. Linnemann stellte sich der Verantwortung.

So erging am 9. Mai ein von Felix Linnemann verfasstes Schreiben der Dreierkommission an den Reichssportführer mit der Bitte, den DRA aufzulösen. Daraus entstand dann der Hauptvorwurf gegen Linnemann. Diem verteufelte sein Verhalten als einen schweren Verstoß gegen die Satzung des DRA. Zu einer Auflösung sei die Kommission nicht berechtigt gewesen, lautet der Vorwurf. Diem argumentiert nach dem Krieg gewissermaßen rückwirkend vom Boden einer rechtsstaatlichen Ordnung aus. Faktisch gab es den DRA nach der Erklärung des Reichssportführers, neben ihm werde es keinen DRA geben, vom 28. oder 29. April nicht mehr. Diem protestiert auch erst nach dem Krieg gegen den Satzungsverstoß. Interessanterweise schreibt er in seinem 1966 veröffentlichten Buch „Die Weltgeschichte des Sports und der Leibesübungen" dazu, die Dreierkommission habe „den Reichssportkommissar gebeten, den DRA aufzulösen." Das ist etwas anderes als eine Selbstauflösung. Das wiederum lässt den Schluss zu, dass Linnemann noch im letzten Augenblick versucht hatte, von Tschammer den schwarzen Peter zuzuschieben. Aber von Tschammer war nur mit einer glatten Selbstauflösung gedient. So heißt es dann am Ende in dem von den drei Kommissionsmitgliedern inhaltlich getragenen Schreiben an von Tschammer: „Der Deutsche Reichsausschuss für Leibesübungen in seiner jetzigen Form wird aufgelöst." In seiner „jetzigen Form" wohlgemerkt. Das lässt sich auf jeden Fall auch noch einmal interpretieren. Der Reichssportführer fühlte sich nach Veröffentlichung dieser Erklärung seinerseits bemüßigt zu erklären, dass Linnemann, Pauli und Neuendorff zu dieser Auflösung, entgegen anderslautenden Pressemeldungen, bevollmächtigt waren.

Auch Carl Diem sah als Akteur manches anders als später als Zeitzeuge. Am 16. Juni 1933 schrieb er in einem Brief: „Man wählte eine Kommission, um die Umgestaltung des DRA gemäß der neuen Zeit in die Wege zu leiten. Diese bestand aus dem neuen Führer der Deutschen Turnerschaft, Neuendorff, (aus) Linnemann, dem Fußballbundesführer, und Pauli, dem Ruderverbandsführer. Neuendorff beteiligte sich aber an diesen Arbeiten nicht, da er erklärte, der Reichsausschuss sei völlig überflüssig. Infolgedessen gelang es Linnemann durch eine telefonische Unterhaltung mit Pauli, den Auflösungsbeschluss auszusprechen, und das Registergericht hat diesen Auflösungsbeschluss auch anerkannt." Ein Registergericht aber konnte einen eingetragenen Verein nicht auflösen, wenn der Verein dabei gegen die eigene Satzung verstieß. Von einem Satzungsverstoß spricht Diem 1933 auch nicht. Das tut er erst nachträglich. Über die inhaltliche Seite des Auftrags der Dreierkommission hat er sich nie geäußert. Diem erhebt in seinem Schreiben vom 16. Juni 1933 auch gegen niemanden Vorwürfe. Das erfolgt ebenfalls erst nach dem Krieg. 1933 stellt er den Vorgang sachlich dar. Beim Lesen des Briefes kann man sich des Eindruckes nicht erwehren, dass sich Diem damals völlig im Klaren darüber war, dass es zur Selbstauflösung in dieser von der Dreierkommission gewählten bzw. mit der von Tschammer und Osten ausgehandelten Form keine Alternative gab.

Diems Urteil in dem 1960 erschienenen Buch „Weltgeschichte des Sports und der Leibesübungen" lautet anders. Es kommt einer Verurteilung der drei bürgerlichen Sportführer gleich. Wegen seiner zentralen Bedeutung in der Sportgeschichtsschreibung der Bundesrepublik nach 1960 lohnt es sich, den entsprechenden Teil im vollen Umfang zu zitieren. Diem schreibt: „Weiter übersandte am 9. Mai der Vorsitzende des Fußballbunds, Linnemann, ein von Pauli (Ruderverband) und Neuendorff mitgezeichneten Schreiben, sie bäten den Reichskommissar auf Grund des ihnen gewährten Empfangs und im vollen Vertrauen zu ihm, den DRA aufzulösen, dessen Einrichtungen sie ihm zur Verfügung stellten. Hierzu waren sie nicht befugt und schon gar nicht beauftragt, denn die Satzung hatte, wie bei jedem eingetragenen Verein, den Auflösungsprozess genau festgelegt, und auch in einem solchen Fall den Anfall des Vermögens an das Reichsministerium des Inneren bestimmt. Wie sich das Registergericht in der turbulenten Zeit aus dieser Affäre gezogen hat, ist nicht bekannt geworden." Wie das? 1933 wusste er es anders. Da schrieb er, dass das Registergericht die Auflösung anerkannt hatte. Es ist schwerlich anzunehmen, dass Diem sich 1960 an anderes erinnerte. Er stellte den Vorgang bewusst anders dar. Diem verfälschte die Geschichte wissentlich, das muss ihm zum Vorwurf gemacht werden. Eine andere Interpretation fällt zumindest schwer. Aber auch den Fachgelehrten, die Diem willig in seiner Interpretation folgten, muss man den gleichen Vorwurf machen, denn ihnen allen dürften die hier zitierten Textstellen bekannt gewesen sein.

Für eine Führerschaft des DFB bzw. seines Präsidenten Felix Linnemann auf dem Marsch der bürgerlichen Sportbewegung ins Dritte Reich sind dies keine Beweise, und es lässt sich auch die moralische Integrität von Linnemann wegen des vermeintlichen Satzungsverstoßes nicht in Frage stellen. Inhaltlich ging es Linnemann bei seinem Vorgehen unverkennbar darum, von der bürgerlichen Sportbewegung soviel zu retten, wie zu retten möglich war, und nicht darum, den Sport den Nazis willfährig in die Hände spielen. Das ist eine böswillige Verdrehung der Tatsachen. Da er offensichtlich der einzige strategisch denkende Kopf in der bürgerlichen Sportbewegung war, fiel ihm die Aufgabe der Selbstauflösung des DRA fast schon von selbst zu.

Im Falle einer Verweigerung der Kooperation im Zusammenhang mit der Auflösung des DRA hätte von Tschammer wohl oder übel die bürgerlichen Sportführer aus ihren Ehrenämtern entbinden müssen. Die Umwandlung des Sports wäre dann mit einiger Sicherheit radikaler verlaufen. Auch der gegen Felix Linnemann erhobene Vorwurf des vorauseilenden Gehorsams lässt sich nicht halten. Linnemann hat nachvollziehbar auf die jeweils neu entstandene Situation im Frühjahr 1933 reagiert und nicht im Sinne der Nationalsozialisten vorauseilend agiert. Interessanterweise ist es mit Horst Weder ein DDR-Autor, der den Mut hatte, darauf hinzuweisen, was anderenfalls passiert wäre. Weder schreibt: „Damit blieb von Tschammer die gewaltsame Auflösung des DRA erspart." Was man dem DFB-Führer bestenfalls vorwerfen kann, ist eine Anpassung an die bestehenden Verhältnisse. Die Gegenfrage müsste dann aber zwangsläufig lauten: Was hätte er anderes tun sollen? Ernst Werner hat als einziger die Frage aus Anlass des 75jährigen Geburtstags des DFB gestellt und indirekt auch beantwortet: „Hätte Linnemann zurücktreten sollen, statt diesen angeordneten Akt der Kapitulation zu vollziehen? Sollte er sich selbstzerstörerisch auflehnen und den Fußball-Bund der Zerschlagung aussetzen?" Der Bundespräsident Theodor Heuss nannte das nach dem Krieg die Wahrung von Besitzständen. Das hatte seinen Preis. Wer sich zu den Nationalsozialisten ins Boot setzte, musste auch rudern. Aber die Anpassung erwies sich als kein einmaliger Akt in einer bestimmten Situation, sie wurde zum Dauerzustand.

Es darf jedoch nicht vergessen werden, dass es dabei um Sport ging und nicht vordergründig um Politik. Und die Entscheidungen wurden in der Anfangsphase des Dritten Reichs gefällt. Dieses Handeln rückblickend, und das heißt vor allem aus der Sicht von 1945, zu beurteilen, mit der Massenvernichtung von Menschen in den Konzentrationslagern vor Augen, ist unzulässig, weil falsche Zusammenhänge hergestellt werden. Die Frage, dass ein Volk letztendlich trotzdem dafür verantwortlich bleibt, wird davon nicht berührt.

Im übrigen hätte den Kritikern auffallen müssen, dass Linnemann 1933 nicht der NSDAP beigetreten war. Zeit genug für einen Eintritt hätte er gehabt. Einen Aufnahmestopp gab es erst seit 1. Mai 1933. Die Nationalsozialisten wollten damit einer politischen Verwässerung der Partei durch den Zustrom von Opportunisten, die es jetzt massenhaft in die NSDAP drängte, abwehren. Für die strategische Position, in der sich Linnemann nach der Sitzung des DRA vom 12. April befand, wäre eine Mitgliedschaft in der NSDAP sicherlich von Vorteil gewesen. Für eine nationalsozialistische Überzeugung, selbst für ein politisch opportunistisches Verhalten Linnemanns lässt sich seine Abstinenz gegenüber der NSDAP - zumal in einer solchen Situation - wohl schwerlich als Beweis anführen.

Ob Felix Linnemann bei seinen Entscheidungen als Sportfunktionär im Frühjahr 1933 auch an seine berufliche Situation dachte, wissen wir nicht. Linnemann war Beamter. Mit dem Gesetz zur Wiederherstellung des Berufsbeamtentums vom 7. April 1933 wurde jeder Beamte explizit auf den nationalsozialistischen Staat verpflichtet. Wer durch sein Verhalten Zweifel an der politischen Verbindlichkeit gegenüber dem neuen Staat aufkommen ließ, konnte entlassen werden. Dies schloss eine Streichung der Pension gegebenenfalls mit ein. Damit waren Linnemanns Aktivitäten als Sportfunktionär an vorderster Front auch mit einem nicht unerheblichen persönlichen Risiko verbunden. Selbst ein Rücktritt von einem Ehrenamt konnte für einen Beamten zum Berufsrisiko werden. Die Ehrenbeamten, worunter Vereinsfunktionäre zu verstehen waren, wurden in dem Gesetz mit den Beamten in einem Atemzug genannt.

Gleich nach Auflösung des DRA präsentierte von Tschammer und Osten der Öffentlichkeit den Sport in seiner neuen Form. Das hier ein zeitlicher und sachlicher Zusammenhang besteht, ist unverkennbar. Für den DRA gab es in von Tschammers Konzept keinen Platz mehr.

Die Veränderungen selbst erwiesen sich dann zur Überraschung der meisten bürgerlichen Sportführer alles andere als revolutionär. Denn es änderte sich wenig. Von Tschammer rührte die Vereine nicht an. Er bezeichnete die Vereine „als wertvolles deutsches Kulturgut". Das dürfte seiner persönlichen Auffassung entsprochen haben, aber es war auch politisches Kalkül dabei. Wie bisher durften die Vereine ihren Vorsitzenden wählen, was mit dem Führerprinzip als Herrschaftsform der Nationalsozialisten auf jeden Fall kollidierte. Applaus dafür erhielt er aus den eigenen Reihen nicht. Aus dem Hause von Tschammer wurde diese liberale Vorgehensweise wie folgt begründet. „Die Wahl der Vereinsführer durch die Mitgliederversammlung entspricht der traditionellen Auffassung, dass der Führer durch das Vertrauen seiner Sportkameraden auf seinen verantwortlichen Posten gestellt werden soll."

Auch hierbei dürften erfahrene bürgerliche Sportfunktionäre von Tschammer beraten haben. Doch letztendlich geschah dies zum Nutzen des Regimes selbst, auch wenn die Radikalen in der Partei das anders sahen. Fast alle Entscheidungen von Tschammers tragen einen solchen Doppelcharakter. Zum einen erhalten sie bewährte Strukturen, was im Sinne der Vereine bzw. der bürgerlichen Sportbewegung war, aber sie sind zum anderen zugleich zum Vorteil des Systems selbst. Radikale Eingriffe in die gewachsenen Strukturen wären auf jeden Fall auf absehbare Zeit mit Rückschlägen für den Sport verbunden gewesen. Einen weicheren Kurses statt einen radikalen zu steuern, war deshalb auch zum Vorteil des Regimes. Darüber hinaus erleichterte es die Integration des Sports ins nationalsozialistische System. Das dürfte Hajo Bernett gemeint haben, als er davon sprach, „dass es formal zutrifft, dass der Reichssportführer die Substanz des Sports in formaler Hinsicht erhalten habe."

Andererseits erwiesen sich die Vereine im Sinne einer nationalsozialistischen Erziehung als wenig taugliches Instrument. Dieser Widerspruch sollte auch bald zu einen Dauerstreit zwischen dem Reichssportkommissar und Gliederungen der Partei führen, die den erzieherischen Wert des bürgerlichen Sportbetriebs für gering hielten. Sie hatten bessere Konzepte anzubieten. Für manche war jedoch die Zeit noch nicht reif. Im gleichen Maße, wie das System mehr und mehr eigene Züge annahm, eskalierte der Streit zwischen von Tschammer und den Befürwortern einer nationalsozialistischen Umgestaltung des Sports.

Konkret sah die Umgestaltung des Sports nach der Ernennung von Tschammers zum Reichssportkommissar eine Umstellung auf das Fachverbandsprinzip vor. Der Sport wurde in 15 Fachverbände gegliedert. „Nur ein anerkannter Fachverband hat das Recht, Meisterschaften, Reihen- und Pokalspiele durchzuführen." Als Ersatz für den DRA wurde als Dachverband ein Führerring installiert. Er übernahm auch die Geschäftsstelle des DRA in Berlin.

Dies entsprach Vorstellungen, wie sie Felix Linnemann bereits in der Weimarer Republik zur Diskussion gestellt hatte, allerdings nicht als „Fachämter" und damit als Organe des Staates, sondern als selbstständige Verbände mit der alleinigen Zuständigkeit für eine Sportart. Insofern ist der Begriff „Fachverbände", wie er im Sprachgebrauch im Dritten Reich noch lange üblich war, zumindest irreführend. Man war sich dessen wohl auch halb bewusst, denn es wurde auch offiziell zusätzlich der Begriff „Fachsäule" und inoffiziell noch die Bezeichnung „Fachschaften" verwendet. Die Verbände hatten ihre Selbstständigkeit bzw. politische Unabhängigkeit gegenüber dem Staat verloren. Aus dem Deutschen

Fußball-Bund wurde jetzt der Deutsche Fußballverband. Auch dieser Teil der Umgestaltung des Sports trug einen Doppelcharakter: Es wurden längst überfällige sachliche Reformen im Gewande der Staatlichkeit vollzogen. Im Frühjahr 1933, als alles in Bewegung war, und niemand so recht wusste, was der nächste Tag an Überraschungen bringen würde, war das nicht immer so leicht auseinander zu halten. In den Diskussionen in der Presse von damals lässt sich das gut nachvollziehen.

Linnemann wusste, dass ihm um den Preis der möglichen Nationalisierung der Vereine nur dieser Weg offen blieb und es darauf ankam, unter den gegebenen Bedingungen auf die sachliche Seite bei den Entscheidungen über die Umgestaltung des Sport soviel Einfluss wie möglich zu nehmen. Insofern ist es sogar sehr wahrscheinlich, dass Linnemann den Reichssportkommissar bei seinen Entscheidungen maßgeblich beeinflusst hat.

Die bürgerlichen Sportfunktionäre konnten mit dem, was von Tschammer und Osten dann Mitte Mai als die neue Form des deutschen Sports proklamierte, gut leben. Es hätte anders und vor allem sehr viel schlimmer kommen können. Auch von Tschammer dürfte aufgeatmet habe. Er musste die bürgerlichen Sportführer nicht durch Nationalsozialisten ersetzen. Und so fanden sich fast alle Verbandspräsidenten von einst als Verbands- bzw. später als Fachamtsleiter wieder. In einer Pressekonferenz soll - laut Ernst Werner von der Fußball-Woche - in diesem Zusammenhang vom Reichssportführer folgende Äußerung gefallen sein: „Man mag gegen die von mir bestimmten Führer der 15 Fachverbände Einwände erheben, aber ich habe lieber Leute genommen, die Erfahrung besitzen und ihre Sache verstehen, als solche, die „genehm" sind, dafür aber von Tuten und Blasen keine Ahnung haben!" Ob er mit den „genehmen Leuten" das Personal aus den eigenen Reihen gemeint hatte, sei dahingestellt. Die Radikalen in der Partei, und besonders die in den braunen Bataillonen der SA, werden ihrem Mitstreiter von Tschammer nach dieser Pressekonferenz mit Sicherheit nicht anerkennend auf die Schultern geklopft haben.

Auch inhaltlich entsprach der Umbau des Sports keinesfalls den Vorstellungen vieler Nationalsozialisten und nationalsozialistischer Programmatik, so unausgegoren diese auch immer war. Das verhasste Leistungsprinzip wurde nicht angetastet. Und auch der von den Nationalsozialisten gegeißelte „Individualismus im Sport" wurde stillschweigend akzeptiert. Das Streben nach Rekorden, vor allem natürlich, wenn sie von deutschen Sportlern gebrochen oder neue aufgestellt wurden, galt jetzt nicht mehr als Ausdruck liberalistischen Denkens im Sport. Denn der Inhalt war ein anderer. Nun stand er im Dienst des Volkes. Auch dem bereits bestehenden Berufssport gegenüber verhielten sich die Nationalsozialisten pragmatisch. Mit Max Schmeling feierten und hofierten sie einen Vertreter des verhassten Profisports. Schmeling wurde zum Helden der Nation. Für Geld zu spielen, wurde den Fußballern zwar verwehrt, aber die Nationalsozialisten akzeptierten doch stillschweigend die Praxis der permanenten Verstöße gegen die Amateurstatuten. Es wurde weiter munter unter der Hand bezahlt. In jedem Fall erhielten die Spieler mehr, als es die Satzung vorsah. Dafür gibt es noch heute Zeitzeugen, die aber als „Tatbeteiligte" nicht namentlich genannt werden wollen. Auch in der Zeit des Dritten Reichs dürfte es in Deutschland keinen einzigen Spitzenverein gegeben haben, der sich strikt an die Amateurregeln hielt. Bei soviel Mitwissern ist es unwahrscheinlich, dass die nationalsozialistische Sportführung davon keine Kenntnis hatte.

Aus dem Führerring als neuem Dachverband ging dann 1934 der Deutsche Reichsausschuss für Leibesübungen (DRL) hervor. Parallel dazu installierte von Tschammer ein System der Beauftragten in den Gauen. An die Stelle der Landesverbände, die im Zuge der Gleichschaltung der Länder aufgelöst wurden, traten Gaufachämter bzw. Kreisfachämter. Das Vereinsleben blieb unter der Regie des Reichssportführers weitgehend frei von Politik. An der Spitze der Vereine gab es in aller Regel keine personellen Veränderungen. Den zum Zweck der politischen Erziehung durchgeführten Schulungen, dem sogenannten „Dietwartwesen" („diet": mittelhochdeutsch für Volk; Dietwartwesen: Pflege der deutschen Volkstumswerte im Sport) verweigerten sich die Fußballer durch passive Resistenz, in dem sie einfach nicht hingingen. Die Trainer hatten schon Schwierigkeiten genug, dass ihnen die meist jungen Spieler bei den theoretischen Unterweisungen überhaupt zuhörten. Sie waren auf den Ball fixiert und nicht auf Theorie. Auch der Wehrsport spielte bei den Fußballvereinen so gut wie keine Rolle. Das hatte ganz praktische Gründe. Felix Linnemann erkannte das richtig, als er sich zu dieser Frage auf der Vorstandssitzung des DRA am 11. April 1933 zurückhaltend äußerte: „Das wird schwierig." Fußballplätze waren nun einmal keine Exerzierplätze, der Trainings- und Spielbetrieb nahm soviel Zeit in Anspruch, dass der Wehrsport nicht in den bestehenden Rahmen passte. Der Reichssportführer scheint auch hier keinen besonderen Druck ausgeübt zu haben, zudem reklamierte die Partei die Wehrerziehung für sich bzw. für Parteigliederungen wie SA und HJ. Von Tschammer ging es zunächst einmal um eine praktische Effizienz des Sportbetriebs.

Der Reichssportkommissar, der sich seit dem 19. Juli 1933 Reichssportführer nennen durfte, erwies sich auch als taktisch klug, sich nicht in Details einzumischen. Die Arbeitsbedingungen in der DFB-Zentrale in Berlin änderten sich zunächst nur gering. Von Tschammer verließ sich auf die Erfahrungen der Sportfunktionäre, die durchweg ihre Posten behielten. Dafür sorgte Felix Linnemann. Sich den alten Kameraden gegenüber als Führer aufzuspielen, kam ihm nicht in den Sinn, damit hätte er sich nur lächerlich gemacht. Andererseits war Linnemann von Haus aus eine Autoritätsperson. Gelegentlich kollidierte Linnemanns Führernatur mit dem Choleriker in ihm. Dann wurde es schwierig, mit ihm zurechtzukommen.

Felix Linnemann bemühte sich auch um Distanz zur Politik. In der DFB-Zentrale wurde nie im offiziellen Sinne politisiert. Sport und Politik waren zwei verschiedene Felder. Daran hielt er auch unter nationalsozialistischen Vorzeichen fest. Politik hatte ihn sein Leben lang nur interessiert, wenn es um den Sport ging. Linnemann ließ auch keinen einzigen Nationalsozialisten in die Führungsspitze des Fachamts Fußball. Die Nationalsozialisten blieben vor der Tür, der DFB blieb nazifrei.

In seiner politischen Naivität fast schon provokant schreibt Linnemann auf Seite eins der ersten Nummer der ab Oktober 1933 erscheinenden Zeitschrift: „Deutscher Fußball-Sport. Alleiniges amtliches Organ des Deutschen Fußball-Bundes e.V. im Deutschen Fußball-Verband, Fachsäule II des Reichssportführerringes": „Der neuen Zeitung ein Glückauf auf den Weg! Sei Herold des deutschen Fußballsports! Sei Künder des Gesetzes, sei Hüter der Ideale des Sports, sei Werber für die Idee und Werte des Sports! Sei Schmied der Einheit im Bunde, sei Träger deutschen Sinnes, deutscher Art." Das hätte er so auch im Kaiserreich oder in der Weimarer Republik formulieren können. Adolf Hitler erwähnt er in diesem Artikel nicht ein einziges Mal. Linnemanns politische Äußerungen lassen sich in den drei Jahren bis zur Einstellung des Blattes 1936 auf zwei Seiten zusammenfassen. Dabei verfasste er fast für jede Nummer des vierzehntägig erscheinenden Blattes einen Beitrag. Der „Führer" wird auch in anderen Beiträgen selten erwähnt. Abgebildet finden wir ihn insgesamt nur dreimal: In zwei Anzeigen für das Winterhilfswerk und aus Anlass seines 47. Geburtstags im Jahr 1936. In den beiden Jahren zuvor war des „Führers Geburtstag" in dem amtlichen Mitteilungsblatt des Fachamts Fußball ganz und gar vergessen worden. Als das Erscheinen der Zeitschrift nach drei Jahren im Zuge der „zweiten Etappe" der Umgestaltung des Sports eingestellt wurde, verabschiedete sich die Redaktion auf der Rückseite der letzten Nummer mit einem Gedicht von Karl Bucher aus dem Jahre 1817. Die letzten Zeilen des Gedichts und damit die letzten Worte des Blattes sprechen für sich:

So lebt denn wohl!
Wenn auch die Sonnen uns sinken
Werden uns neu doch winken;
Freunde lebt wohl!

Dieser Vers muss wohl nicht politisch gedeutet werden. Für die linientreuen Beiträge in der Zeitung von Guido von Mengden oder Lutz Koch trägt Linnemann keine Verantwortung. Verhindern konnte er sie nicht. Bezeichnend für den Politiker Linnemann ist es auch, dass in den beim DFB in Frankfurt aufbewahrten 17 Länderspiel-Programmheften aus der Zeit des Nationalsozialismus unter dem Grußwort des Fachamtsleiters Linnemann das obligatorische Heil Hitler fehlt. Auch unter dem Grußwort des Reichssportführers fehlt gelegentlich das Heil auf den Führer. Aus Anlass des Länderspiels Deutschland gegen England am 14. Mai 1938 in Berlin schrieb Linnemann am Schluss seines Beitrags: „Der neue Kampf der beiden Mannschaften wird in Geist, Kampfwillen und ritterlichen Verhalten anknüpfen an die früheren Begegnungen. Darüber hinaus wird er getreu der Aufgabe des Sports ein Mittler der Völker sein." Wer möchte solche Sätze nicht unterschreiben. Natürlich wird Felix Linnemann damit nicht zum Widerstandskämpfer. Nur ein Nationalsozialist war er nicht.

Auch hierin ganz Fußballer. Denn mit der Politik haben es die wenigsten von ihnen. Nationalspieler Wilhelm Simetsreiter von Bayern München, in den dreißiger Jahren achtmal im Aufgebot der deutschen Nationalmannschaft, erklärt dazu rückblickend im schönsten Münchnerisch : „Für die Politik hom mir Fußballer ofach ko Zeit koppt."

Was von den alten Strukturen des bürgerlichen Sports im Mai 1933 übrig blieb, war eine ganze Menge. Darum hat sich Felix Linnemann verdient gemacht. Darum ging es ihm auch. Die einzige Alternative zur Strategie „Retten, was zu retten ist" wäre der Rücktritt der bürgerlichen Sportfunktionäre von ihren Ämtern gewesen. Faktisch hätten sie damit den bürgerlichen Sport den Nationalsozialisten ausgeliefert. Das ist die Gegenrechnung. Und nur in diesem Zusammenhang sollte die Frage nach der Verantwortung diskutiert werden.

Es hätte ja auch anders kommen können. Was der nationalsozialistische Sportideologe Malitz wenige Monate vor der Machtübernahme seiner Partei für die Neugestaltung des Sports und insbesondere im Umgang mit dem DFB vorschlug, liest sich gegen das, was dann von Tschammer in die Wege geleitet hatte, wie eine standrechtliche Exekution. Dass Malitz dabei den DFB besonders ins Visier nahm, dürfte nicht auf persönliche Antipathien zurückzuführen sein. Die Unzufriedenheit mit dem Fußball und dem Treiben seiner Funktionäre hatte nachvollziehbare politische Gründe. Der Fußball mit seinen Millionen Anhängern lebte letztlich von der Freude am Spiel selbst. Das galt für die Spieler wie für die Zuschauer gleichermaßen. Dazu gehörte die Spannung beim Kampf um die Meisterschaft und gegen den Abstieg. Zu den Höhepunkten des Jahres gehörten die Länderspiele. Spiel und Spannung dominierten diese Sportart, der Zweck tritt demgegenüber fast völlig in den Hintergrund. Das Spiel verselbstständigte sich auch gegen den ursprünglichen Geist seiner Avantgardisten. Aber ebenso entzog es sich weitgehend den Versuchen der Instrumentalisierung durch die Nationalsozialisten, sieht man einmal von der Propaganda ab. Doch auch das hielt sich in Grenzen und wird in der Gegenwartsliteratur überbewertet. Politische Propaganda ist beispielsweise im „Kicker" kaum zu finden. Natürlich war alles, was gut war, auch gut für Deutschland, das galt unter Bedingungen des Nationalsozialismus für den Fußball wie für alle anderen Bereiche des gesellschaftlichen Lebens. Von Tschammers Hang zur Eitelkeit spielt dabei auch eine erhebliche Rolle. Er genoss das Bad in der Menge und seine Beliebtheit bei den Sportlern. Trotzdem, den erzieherischen Wert des Fußballspiels haben die Nationalsozialisten nie sehr hoch eingeschätzt. Dasselbe gilt für die Wehrertüchtigung. Der ganze Fußballbetrieb erwies sich dafür als ziemlich ungeeignet. Indirekt entzog der Fußball sogar einen Teil der Jugend der nationalsozialistischen Erziehung außerhalb der Schule. Andererseits wäre es unklug gewesen, dem Volk den Ball wegzunehmen. Das hätte, wie sich von Tschammer ausdrückte, „nur unnötigen Ärger gegeben". Die Politik Adolf Hitlers zielte ja auf die „Nationalisierung des Menschen" und weniger auf die Nationalisierung der Besitzstände ab. Hitler wollte ein zufriedenes Volk, weil sich mit einem unzufriedenen keine Kriege führen, geschweige denn gewinnen lassen. Nur mit dem Mittel der Propaganda allein erreicht man das nicht. Der amerikanische Wissenschaftler David Schoenbaum hat in seinem 1980 erschienenen Buch „Die braune Revolution. Eine Sozialgeschichte des Dritten Reichs" auf diesen Aspekt der Hitlerschen Politik hingewiesen. Zumindest psychologisch sei in dieser Politik „eine klassenlose Gesellschaft" angelegt. Fußball ist Volkssport, und der überwiegende Teil des Volkes gehörte der besitzlosen Klasse des Proletariats an. In Hitlers Politik gibt es eine linksgerichtete Komponente, was natürlich von der „Linken" heftig bestritten wird. Aus dieser Sicht konnte eine Gängelung der Millionen Fußballspieler und -anhänger nur kontraproduktiv sein. Das hatte keine Eile.

Über von Tschammers liberale Vorgehensweise beim Umbau des bürgerlichen Sports zeigten sich nicht nur die betroffenen Verbands- und Vereinsfunktionäre im Mai 1933 überrascht, sondern mehr als 60 Jahre später auch der Sporthistoriker Hajo Bernett. Als Liberaler erwies sich von Tschammer auch in der „Judenfrage". Am 10. Mai 1933 äußerte der Reichssportführer: „In der Arierfrage muss ich mir die endgültige Lösung noch vorbehalten." Es sei nicht zu verkennen, „das viele Nichtarier dem deutschen Sport treu gedient haben." Und ein Jahr später heißt es in den von ihm unterzeichneten „Richtlinien für den Sportbetrieb von Juden und sonstigen Nichtariern", hier zitiert nach der von Tschammer-Biographie von Dieter Steinhöfer: „1. Die Bildung und

Betätigung jüdischer usw. Sportvereine ist zulässig. 2. Es bestehen keine Bedenken dagegen, dass die Vereine des Reichsbundes für Leibesübungen Trainings- und Gesellschaftsspiele sowie sonstige Wettkämpfe gegen oben bezeichnete Vereine austragen. 3. Der Benutzung öffentlicher und privater Übungs- und Kampfstätten steht nichts im Wege." Die Jüdische Rundschau berichtet am 24. November 1933 unter der Überschrift „Legalisierung des jüdischen Sports" von erfolgreichen Verhandlungen zwischen von Tschammer und jüdischen Sportführern, und kommentiert dann das Ergebnis wie folgt: „Dieser Brief des Herrn Reichssportführers, der, wie wir hören, auch dem Sportbund R.j.F (Reichssportbund Jüdischer Frontsoldaten, Anm. d. Verf.) zugegangen ist, stellt einen verheißungsvollen Auftakt für die Neuregelung der Stellung des jüdischen Sports in Deutschland dar. Die Tätigkeit der jüdischen Sportorganisationen ist durch ihn auf eine legale Basis gestellt worden, so dass die Gewähr dafür besteht, daß sie ungehindert vor sich gehen kann." Bei von Tschammers Umgang mit den Juden im Sport dürften auch persönliche Erfahrungen eine Rolle gespielt haben. Von Tschammer war Frontoffizier im Ersten Weltkrieg gewesen. Viele deutsche Juden hatten sich 1914, als der Krieg begann, freiwillig gemeldet. Sie waren in ihrer Gesinnung national-konservativ. Das deutsche Vaterland war ihnen so heilig wie von Tschammer auch. Offiziere jüdischen Glaubens gehörten zu seinen Kriegskameraden. Das machte ihn befangen. Max Rath, ein jüdischer Geschäftsmann in Mannheim und einer der Sponsoren des dortigen VfR, dem Heimatverein von Reichstrainer Otto Nerz, der bei Raths in den zwanziger Jahren ein und aus ging, hielt SA-Leuten, die im Frühjahr 1933 in seine Wohnung eindrangen, das Eiserne Kreuz erster Klasse unter die Nase, das er im Ersten Weltkrieg erhalten hatte. Der Führer der SA-Gruppe, so berichtete der Sohn Paul Rath, blies daraufhin sofort zum Rückzug. Als das nationalsozialistische Deutschland bei den Olympischen Sommer- bzw. Winterspielen mit der Fechterin Helene Mayer und dem Eishockeyspieler Rudi Ball zwei Juden in die deutsche Mannschaft aufnahm, geschah das natürlich aus taktischen Gründen dem Ausland gegenüber. Als Rudi Ball nach den Spielen wieder ausgebootet werden sollte, legte von Tschammer sein Veto ein. „War er gut genug, bei den Olympischen Spielen mitzumachen, dann bleibt er es auch weiter." Für einen ausgeprägten Antisemitismus des Reichssportführers spricht das alles nicht. Doch hierin dürfte Hans von Tschammer und Osten unter den führenden Männern des Dritten Reichs eher eine Ausnahme gewesen sein. Über sein Verhalten gegenüber den Juden äußerten sich ehemalige jüdische Sportfunktionäre in den siebziger Jahren schriftlich auf Grund einer Bitte von Hajo Bernett, der dieses Thema bearbeitete. Bernett schreibt dann in seinem Buch, wohl selbst etwas überrascht von dem Ergebnis: „Die Befragten, ehemalige Amtsträger des jüdischen Sports, stimmten in der Auffassung überein, dass der Reichssportführer von Tschammer und Osten sich relativ 'tolerant' verhalten habe." In Einzelfällen soll er sich sogar eingeschaltet haben, um „örtliche Maßnahmen" und Übergriffe zu verhindern. Damit wird das Urteil D. Steinhöfers bestätigt, dass von Tschammer die nationalsozialistische Judenpolitik nicht aktiv unterstützt habe und bemüht gewesen sei, innerhalb des vorgegebenen Rahmens „einigermaßen menschliche Lösungen zu vertreten". Walther Bensemann, ebenfalls Jude, Herausgeber des „Kicker" und einer der maßgeblichen Männer bei der Gründung des DFB, hatte von Tschammer ebenfalls ein gutes Zeugnis ausgestellt. Dies soll den Reichssportführer nicht besser machen, als er möglicherweise war, aber immerhin fehlten ihm offensichtlich zwei entscheidende Wesensmerkmale eines echten Nationalsozialisten: Er war weder Antisemit noch Rassist. Das gleiche gilt im übrigen auch für Carl Diem, Felix Linnemann und viele andere Funktionäre des Fußballsports. Karl Geppert, in den zwanziger Jahren eine Zeit lang dritter Vorsitzender des DFB und einer der Macher des mächtigen Süddeutschen Fußballverbandes, besuchte den Kameraden Bensemann 1934 in seinem Schweizer Exil. Angeblich soll er dem inzwischen völlig mittellosen Bensemann Geld übergeben haben. Die führenden Männer des VfR Mannheim, dem Geppert als Funktionär angehörte, sollen sich bei ihren jüdischen Sportkameraden entschuldigt haben, bevor sie ihnen die Entbindung aus ihren Vereinsfunktionen mitteilten. Diese Information geht auf einen in Mannheim lebenden jüdischen Bürger zurück. Beim FC Bayern München stand im Jahr seiner ersten deutschen Meisterschaft 1932 mit Kurt Landauer ein Jude an der Spitze des Vereins.

Die beiden Arbeitersportverbände wurden als Anhängsel der SPD bzw. der KPD im Zuge der Zerschlagung beider Parteien ebenfalls aufgelöst. Der Zentralkommission der Arbeitersportverbände nutzte auch der Kniefall vor den Nazis nichts, als sie im April 1933 bereit waren, den Klassenkampfstandpunkt um den Preis des Erhalts ihres Verbandes aufzugeben. In der Weimarer Republik wären sie auf diese Idee nie gekommen. Auch hier entschied von Tschammer durchaus liberal, als er den Arbeitersportlern gestattete, als Einzelmitglieder in die bürgerlichen Vereine aufgenommen zu werden. Angeblich haben sie sich bei den Klassengegnern von einst recht wohl gefühlt. Wenn man es eng fasst, dann machten sie sich der Ausübung ihres Sports wegen für die Nationalsozialisten dienstbar. Dieser Teil der deutschen Sportgeschichte wartet auch noch auf seine kritische Aufarbeitung. Das, was uns die DDR-Historiker hier hinterlassen haben, kann nicht das letzte Wort gewesen sein.

Carl Diem gehörte in dieser ersten Etappe der Umgestaltung des Sports zunächst einmal zu den großen Verlierern. Nicht nur, dass es nach der Auflösung des DRA im Reichssportführerring keinen Posten für ihn gab, er wurde im Mai 1933 auch seiner Tätigkeit an der Deutschen Hochschule für Leibesübungen enthoben. Bei der Angabe der Gründe hält sich Diem auffällig zurück. Er sei politisch nicht genehm gewesen. Nach der DRA-Vollversammlung durchaus nachvollziehbar. Aber es kommen auch formale Gründe in Frage, die Diem den Job gekostet haben könnten. Nach dem Gesetz zur Wiederherstellung des Berufsbeamtentums vom 7. April 1933 konnten Beamte aus dem Dienst entfernt werden, die nicht die Kriterien für den Posten, den sie einnahmen, erfüllten. Diem war Prorektor der Deutschen Hochschule für Leibesübungen gewesen. Aber er besaß keinen Hochschulabschluss und auch nicht die Hochschulreife. Der Doktortitel wurde ihm 1921 ehrenhalber verliehen. Das h.c. wurde dann immer öfter weggelassen, damit sollte wohl der Eindruck erweckt werden, Diem hätte promoviert. Immerhin fehlt auch in offiziellen Veröffentlichungen der Deutschen Hochschule für Leibesübungen bei Carl Diem schon im Jahr 1924 hinter dem Titel das einschränkende h.c. Es darf vorausgesetzt werden, dass dies mit Diems Einverständnis geschah. Sein fiktiver Doktorvater dürfte der Rektor der Deutschen Hochschule für Leibesübungen und Professor der Medizin, August Bier, gewesen sein. Doch das Ende von Diems Karriere war das nicht. Diem blieb Generalsekretär des Olympischen Komitees und avancierte zum Berater seines neuen Herrn, des Reichssportführers, an dessen Stelle er sich selbst gerne gesehen hätte. Mitglied der NSDAP wurde Diem nicht. Möglicherweise blieb ihm das erspart, weil seine Frau Liselott jüdische Vorfahren hatte. So war es auch bei Peco Bauwens, dessen Frau Jüdin war. Immerhin, es spricht für beide Männer, dass sie sich nicht, wie manche anderen Prominente in Deutschland, von ihren jüdischen Frauen getrennt haben, um problemlos ihre Karriere fortsetzen zu können.

Dann schlug dem DFB, zumindest in seiner alten Form, nach dreiunddreißig Jahren, das „letzte Stündlein". Auf der Sitzung des DFB-Bundestages am 9. Juli 1933 scheint Galgenhumor geherrscht zu haben. Die Umwandlung erfolgte in 28 Minuten. Wortmeldungen gab es offensichtlich keine. Alle wussten, um was es ging. Der Vorsitzende des Mitteldeutschen Fußballverbands, Hans Hädicke, kam mit einer Stoppuhr ausgerüstet zur Sitzung. Ihm verdanken wir die exakte Zeitangabe über die Dauer der Sitzung. Zu diskutieren gab es nichts mehr. Einstimmig beauftragten die Versammelten Felix Linnemann damit, alle personellen und sachlichen Maßnahmen zur Eingliederung des Fußballsports in das Programm des Reichssportkommissars und die Umgestaltung des Deutschen Fußball-Bundes vorzunehmen. Die Berichterstattung in der Presse über den Inhalt der Entscheidung deckt sich mit der Eintragung im Vereinsregister: „Die Satzung ist am 9. Juli 1933 dahin geändert worden, dass der 1. Vorsitzende Felix Linnemann ermächtigt worden ist, alle personellen und sachlichen Maßnahmen zu treffen, welche zur Eingliederung des Bundes in das Programm des Reichssportkommissars und zur Neugestaltung des Bundes erforderlich sind. Insbesondere bevollmächtigt der Bundestag den Bundesführer, als Vorstand jede Satzungsänderung vorzunehmen, der 1. Vorsitzende hat dann die Satzung neu gefasst. Der Bundesführer ist Vorstand im Sinne des § 26 B.G.B." Der DFB wurde formal nicht aufgelöst, er bestand neben dem Deutschen Fußball-Verband weiter. Die Kompetenzen aber wurden vom DFB auf den neuen Bund übertragen. Der DFB blieb für die „Außenpolitik" des Fußballsports zuständig. Das diente vor allem der Beruhigung des Auslands und sicherte die Präsenz deutscher Vertreter in den jeweiligen internationalen Verbänden. Linnemann hat auf jeden Fall gewusst, auf welches Spiel er sich da einließ. Nun trug er, unterhalb des Reichssportführers, aus der

Hand der Nationalsozialisten, die alleinige Verantwortung für den Fußball in Deutschland. Ein hoher Preis! Aber die Nationalsozialisten gaben sich den bürgerlichen Sportverbänden gegenüber nicht nur großzügig, sondern packten auch ihr politisches Angebot in Watte. Hitler ließ kurz nach der Machtübernahme verkünden, der Nationalsozialismus sei „als Staat keine Diktatur, sondern eine neue Form nationaler Demokratie."

Ansonsten betonte Linnemann die unveränderten Grundsätze des Fußballsports: Die Freiwilligkeit der Teilnahme, Förderung der sportlichen Auffassung, Stärkung des Mannschaftsgeistes, Pflege der Kameradschaft, Erfüllung erzieherischer Aufgaben und Wahrung freundschaftlicher Beziehungen zum Ausland. Personell umgab sich Linnemann durchweg mit „alten Kämpfern", aber nicht aus den Reihen der Partei, sondern aus dem eigenen Umfeld. In der Führungsspitze befand sich nicht ein einziger Nationalsozialist. Zur Spitze gehörten als sein Stellvertreter Wilhelm Schmidt (Hannover), Arthur Stenzel (Berlin), Dr. Wilhelm Erbach (Krefeld), Hans Wolz (Berlin), Professor Dr. Josef Glaser (Berlin), Willi Knehe (Duisburg), Willi Rave (Hamburg) und Dr. Theodor Haggenmiller. Dr. Georg Xandry blieb Geschäftsführer, Otto Nerz Reichstrainer. Der Umgang mit den Juden wurde in der Erklärung über das Ergebnis dieser letzten Sitzung des DFB mit keinem Wort mehr erwähnt. Einer Zusammenarbeit mit Felix Linnemann auch unter diesen veränderten Bedingungen hat sich keiner der alten Weggefährten verweigert. Das spricht für das hohe Vertrauen, das sie zu Felix Linnemann hatten. Am 18. oder 19. April hatte der DFB gemäß der Verpflichtung, die sich aus dem rechtsverbindlichen Arier-Paragraphen vom 8. April 1933 ergab und die ausdrücklich auch die Ehrenbeamten - das bedeutete die ehrenamtlich tätigen Vereinsfunktionäre - betraf, mitgeteilt: „Angehörige der jüdischen Rasse sind in führenden Stellungen der Landesverbände und Vereine nicht tragbar." Weniger ging nicht. Man tat nicht mehr, als unbedingt gefordert war. Das hinderte Felix Linnemann nicht daran, im Juli 1934 folgende Erklärung abzugeben: „Der Spielverkehr mit den arischen Sportvereinen ist den jüdischen Sportvereinen zu Privatspielen nicht verboten." Erleichtert wurde eine solche Entscheidung Linnemanns durch die Haltung von Tschammers in der Judenfrage. Selbstverständlich war sie nicht.

In seiner Rede vor dem Bundestag am 9. Juli 1933 ging Linnemann in einem Punkt aus Gründen der Opportunität allerdings bis an die Grenze der Selbstverleugnung. Die ASZ schreibt in ihrem Bericht, in dem Linnemanns Rede sinngemäß wiedergegeben wird: „Immer schon hat der Sport bahnbrechend auch in parteipolitischem Sinne gewirkt und dürfe auch in dieser Beziehung als Vorläufer der nationalen Bewegung angesprochen werden." Auch diese Äußerung, vorausgesetzt die ASZ hat den Inhalt korrekt wiedergegeben, soll nicht unterschlagen werden. Alle, die Linnemann auf der Sitzung am 9. Juli zuhörten, dürften allerdings ihren Ohren nicht getraut haben. Von ihm hatten sie über die Jahre hinweg stets das Gegenteil gehört. Hätte Felix Linnemann seine Ausführungen erklären müssen, wäre er mit Sicherheit in Beweisnot geraten. Doch bei näherer Betrachtung des Satzes verrät die Unbeholfenheit im Ausdruck letztlich doch den politischen Laien.

Im Zuge der Gleichschaltung der Länder verschwanden auch die Landesverbände von der Bildfläche. Vorausblickend auf die letzte Sitzung des Süddeutschen Fußball- und Leichtathletik-Verbandes schreibt die ASZ. „Am 6. August wird also der stolze und mächtige Süddeutsche Verband aufgehört haben zu existieren." Damit wurden die Probleme, die es zwischen den mächtigen Landesverbänden und dem DFB als Zentrale gab, auf allerdings nationalsozialistische Art gelöst.

Personell blieb alles beim Alten. Die Angestellten des DFB konnten am Tag nach der „Einäscherung" ,wenn sie zum Dienst kamen, durchaus ihren Arbeitstag mit einem „Guten Morgen" anstatt des neudeutschen Grußes „Heil Hitler" antreten. Nur Generalsekretär Dr. Georg Xandry, seit 1928 in diesem Amt, betrat seine Arbeitsstelle jetzt mit dem Parteiabzeichen am Revers. Für seinen Eintritt in die NSDAP im Frühjahr 1933 nannte Xandry nach dem Krieg taktische Gründe: „Einer musste ja Mitglied der Partei gewesen sein, sonst wäre das aufgefallen." Diese Begründung scheint durchaus glaubhaft. Xandry dürfte sich kaum in wenigen Wochen vom Linksliberalen zum Nationalsozialisten gewandelt haben. Sein Chef und nunmehriger Fachamtsleiter Felix Linnemann wurde nicht Mitglied der NSDAP. Von Tschammer und Osten akzeptierte das. Hans von Tschammer und Osten wurde für seine erfolgreiche Umgestaltung des deutschen Sports im Juli

1933 vom Reichssportkommissar zum Reichssportführer befördert. Was dem Mann zu diesem Zeitpunkt wohl selbst nicht bewusst war: Die bürgerliche Sportbewegung in ihrer angepassten
Form, sein ureigenstes Werk, sollte die Basis seines Wirkens als
Sportführer bleiben. Im gleichen Maße wie in den Jahren danach
mit dem Sportbetrieb der HJ, der SA, SS und dem KdF (Kraft durch
Freude) sich neue, dem System entsprechende Strukturen im Sport
herausbildeten, in dem Maße schwand von Tschammers Einfluss
und Macht. Letztlich wird er zur Randfigur. Und am Ende auch
zur tragischen Figur.

Kapitel 3

„Hipp, Hipp, Hurra" und „Sieg Heil"

Die deutsche Fußball-Nationalmannschaft unter dem Hakenkreuz.

Die so durch den Augenschein Hitlerscher
Leistungen Bekehrten oder Halbbekehrten
wurden im allgemeinen keine Nationalsozialisten;
aber sie wurden Hitleranhänger, Führergläubige.
Und das waren auf dem Höhepunkt der
allgemeinen Führergläubigkeit wohl sicher
mehr als neunzig Prozent aller Deutschen.

Sebastian Haffner

Auch an der Spitze der deutschen Fußball-Nationalmannschaft blieb es bei Reichstrainer Otto Nerz. Eine beeindruckende Persönlichkeit: Volksschullehrer, diplomierter Turn- und Sportlehrer, Politiker. Nerz gehörte von 1919 bis 1933 der SPD an und bekleidete in seiner Mannheimer Zeit den Posten des Jugendleiters seiner Partei. Er war Doktor der Medizin, nachdem er mit 31 Jahren nachträglich die Hochschulreife erworben hatte, Dozent an der Deutschen Hochschule für Leibesübungen, erfolgreicher Vereinstrainer beim VfR in Mannheim und bei Tennis Borussia in Berlin. Nerz betätigte sich journalistisch für den Kicker und die Fußball-Woche sowie als Buchautor. Er hielt Vorträge auf englisch und italienisch und sprach auch noch ganz passabel französisch, spanisch und schwedisch. Dazu kam noch das Lateinische; und aus welchen Gründen auch immer studierte Nerz an der Ruprecht-Karls-Universität Heidelberg neben seinem Hauptfach Medizin auch noch hebräische Grammatik. Herbert Pahlke, als junger Mann unter Trainer Otto Nerz Spieler bei Tennis Borussia, wusste über den lernwütigen Otto Nerz eine hübsche Anekdote zu erzählen. Auf der Fahrt nach Ungarn brannte in Nerz' Kabine bis tief in die Nacht hinein das Licht. Pahlke, damals noch blutjung, fragte den Chef neugierig am nächsten Morgen, was er denn da die ganze Nacht hindurch mache. Nerz erklärte ihm, dass er etwas Ungarisch lerne, weil man ja nicht in ein Land fahren könne, ohne den Leuten anständig guten Tag zu sagen. Der gewitzte Pahlke fragte zurück: „Und wenn wir mal nach China fahren?" Prompt kam die Antwort: „Pahlke, dann lerne ich Chinesisch." Unter den Nationalsozialisten wurde Nerz im Frühjahr 1936 zum Direktor des Sportpraktischen Instituts der Reichsakademie für Leibesübungen berufen und 1938 zum Professor ernannt.

Geboren wurde Otto Nerz am 21. Oktober 1892 in der Hohenzollernstadt Hechingen. Aufgewachsen ist er in Mannheim. Am Ball selbst nur von Mittelmaß, sollte Nerz als der große Reformer des Fußballspiels in die Geschichte des Fußballsports in Deutschland eingehen. Mit Nerz hält die Wissenschaft Einzug im Volkssport Nummer eins: Trainingslager, Sichtungslehrgänge, methodische Konditionsarbeit auf der Grundlage fußballspezifischer Anforderungen, taktische Schulung, Einführung von gezielter Gymnastik für Fußballer und erste Ansätze für eine regelmäßige medizinische Betreuung der Spieler, bis hin zur Erarbeitung von Methoden für das Wintertraining für Fußballer in der Halle. Dies alles gehört zu den Pionierleistungen von Otto Nerz. Und nicht zuletzt natürlich die Einführung des WM-Systems im Jahr 1934. Allerdings ist das nicht als die revolutionäre Leistung eines einzelnen zu betrachten; Nerz war in Deutschland nur Vollstrecker dessen, was sich in England bereits vollzogen hatte. Die Zeit war reif für solche Veränderungen. Auch der Fußball hatte sich weiterentwickelt. Doch Betriebsblindheit, die es auch bei den Fußballern gibt, in Verbindung mit der Macht der Gewohnheit, dem Festhalten am Hergebrachten, versperrten den Blick für längst überfällige Reformen.

Nerz packte es an, das ist sein Verdienst. Dies allein aber hätte nicht gereicht, um die deutsche Fußball-Nationalmannschaft, die sich mehr schlecht als recht schlug, aus den Niederungen des internationalen Fußballs, in denen sie sich seit ihrem ersten Länderspiel im Jahr 1908 befand, herauszuführen. Nerz - das gehört zu seinen ganz großen Stärken - hatte einen ausgeprägten Blick für entwicklungsfähige junge Spieler und die Fähigkeit, sie entsprechend ihrer spezifischen Veranlagung zur Spielerpersönlichkeit zu formen. Unter Nerz reiften mehr als ein

Dutzend deutscher Fußballnationalspieler zu Spielern von internationaler Klasse heran. Einige seien hier genannt, die ihre ersten Schritte auf dem grünen Rasen als Nationalspieler unter Otto Nerz machten: Die beiden Schwäger Ernst Kuzorra und Fritz Szepan, das Herzstück des berühmten Schalker Kreisels, „Lutte" Goldbrunner von den Bayern, Paul Janes von Fortuna Düsseldorf, Reinhold Münzenberg von Alemannia Aachen, der Schrecken aller Torleute, Richard Hofmann vom Dresdner SC, Edmund Conen vom FV Saarbrücken, Albin Kitzinger von Schweinfurt 05, im Tor der mit den „Riesen-Pranken", Hans Jakob von Jahn Regensburg, und Otto Siffling vom SV Waldhof Mannheim, der „James Dean des deutschen Fußballs", ein begnadeter Künstler am Ball. Nerz' außergewöhnliche Fähigkeit als Talenteschmied wurde auch von der Fußball-Woche anerkannt, die ansonsten nicht immer mit Nerz übereinstimmte und manchen Strauß mit ihm ausgefochten hat.

Der Chef der Fußball-Woche, Ernst Werner, schreibt 1936: „Wir haben Nerz oft bei seiner Arbeit zugesehen, bei seinem Üben mit immer wieder neuen Spielern, und wir wissen, wie scharf, wie unbestechlich sein Auge im Laufe der Jahre geworden ist, wie er die ihm anvertrauten Schützlinge auf Herz und Nieren prüfte, und dass ihm nicht eine ihrer Schwächen entging. Wer allerdings erst einmal seine Eignung zum wahrhaft erstklassigen Fußballspieler Nerz bewiesen hatte, den förderte er mit aller seiner Zähigkeit, und Nerz hat den Blick, ein werdendes Talent zu erkennen. Das aber ist auf dem Posten des Betreuers der deutschen Nationalmannschaft das wichtigste! Nerz hat nie Konzessionen gemacht, er ist immer den geraden Weg gegangen, den er sich vorgezeichnet hatte, er nahm das Gute und Starke, wo er es finden konnte, und formte es, bildete es. Er gab der Nationalmannschaft im Laufe der Jahre eine eigene Note, gab ihrem Spiel Planmäßigkeit, erreichte mit der Übertragung englischer Torsicherungsmethoden, dass der deutschen Mannschaft immer seltener das früher so häufige Missgeschick widerfuhr, Länderspiele zu verlieren, in denen sie „schöner" gespielt hatte." Das liest sich wie ein vorgezogener Nachruf.

Der Blick für Talente scheint bei Nerz schon sehr früh ausgeprägt gewesen zu sein. Gleich nach dem Ersten Weltkrieg, als die heimgekehrten Fußballer wieder zur Tat schritten, erspähte

Otto Nerz, inzwischen als Trainer beim VfR Mannheim tätig, bei der Konkurrenz im Mannheimer Norden, dem SV Waldhof, einen jungen Spieler, der es ihm besonders angetan hatte: Seppl Herberger. Den wollte er gern für den VfR haben. Und er bekam ihn auch. Allerdings wurde daraus die bis dahin spektakulärste Berufsspieleraffäre in der deutschen Fußballgeschichte. Mit der kommerziellen Seite hatte Nerz nichts zu tun. Über Nacht wechselte Herberger für 10.000 Reichsmark im August 1921 zunächst zu Phönix Mannheim und von dort postwendend, ohne einmal für Phönix gegen den Ball getreten zu haben, während der Sommerpause zum VfR Mannheim. Dafür wurde er zum Berufsspieler erklärt und gesperrt. Doch schon vier Monate später durfte Herberger wieder mitmachen. Er besaß einflussreiche Fürsprecher.

Seppl Herberger folgte Otto Nerz 1926 nach Berlin als Spieler zu Tennis Borussia, wo Nerz als Trainer tätig war. Herberger studierte an der Deutschen Hochschule für Leibesübungen in seinem Hauptfach Fußball bei Nerz, und dieser besorgte ihm eine Anstellung beim Westdeutschen Spielverband als Verbandstrainer. Als Nerz sich mit 39 Jahren doch noch entschlossen hatte zu heiraten, und mit Elli Böhme, „einem der schönsten Mädchen von janz Berlin", wie sich der bereits erwähnte Herbert Pahlke, ein echter Berliner aus Rixdorf, begeistert ausdrückte, in den heiligen Stand der Ehe trat, war Herberger Trauzeuge. Herberger bewegte sich stets in den Fußstapfen und im Schlepptau von Otto Nerz. Und Nerz seinerseits förderte diesen jungen Mann, der so exzellent mit dem Ball umgehen konnte und auch unverkennbar Talent für den Trainerberuf zeigte. Herberger versuchte, es Nerz gleich zu tun. Bei einem wie Otto Nerz, der in Siebenmeilenstiefeln voranschritt, ein ebenso ehrgeiziges wie schwieriges Unterfangen. Für Herberger entwickelte sich Nerz zu einer ambivalenten Vaterfigur, mit der der große Psychologe Herberger nie so richtig fertig wurde. Am Ende entwickelte sich daraus eines der unrühmlichsten Kapitel in der Geschichte der deutschen Fußball-Nationalmannschaft.

Möglicherweise überragte Otto Nerz Ende der zwanziger Jahre die Fußball-Lehrer seiner Zeit zumindest an theoretischen Erkenntnissen über das Fußballspiel um Längen. Aber Nerz war auch ein Fußball-Visionär. Bereits Anfang der zwanziger Jahre hielt er sich zu Studienzwecken mehrere Wochen in England auf, zunächst im Auftrag des „Kicker", später in seiner Funktion als Dozent an der Deutschen Hochschule für Leibesübungen. Der englische Fußball setzte damals die Maßstäbe für den Rest der Fußballwelt. Das hatte vor allem historische Gründe. Der moderne Sport, und dazu gehörte der Fußball, ist ein Kind des Industriezeitalters, und dies nahm seinen Anfang in England. Die Engländer waren gegenüber den europäischen Nachbarn stets weit voraus, in der industriellen Entwicklung wie auch im Sport. Als in Deutschland selbst das Wort „Fußball" noch unbekannt war, betätigten sich auf der Insel die ersten Spieler bereits als „professionals" und spielten für Geld. Nerz, ganz Wissenschaftler, interessierte sich bei seinen Aufenthalten in England buchstäblich für alles, was direkt oder indirekt mit dem Fußball zu tun hatte: Angefangen beim Spielbetrieb über das Training bis hin zu den hygienischen Einrichtungen und die medizinische Betreuung sowie insbesondere die Arbeitsweise des Managements der Spitzenvereine, das hier ebenfalls bereits ausgebildet war. Nerz befasste sich auf der Insel auch mit der Geschichte des Spiels selbst, was die zum Pragmatismus tendierenden Engländer, seiner Meinung nach, bisher nur ungenügend getan hatten.

Dabei war der Blick bei allem, was Nerz tat, stets auf die Praxis gerichtet. Er versuchte, den Trends im Spiel in der Spielweise bzw. der Spielkultur im historischen Zusammenhang auf die Spur zu kommen, um daraus Schlüsse für die weitere Entwicklung des Spiels ziehen zu können. Solche Sorgen dürfte kaum ein anderer Fußball-Lehrer bzw. Trainer der damaligen Zeit mit ihm geteilt haben. Nerz sah - und das immerhin schon Mitte der zwanziger Jahre - völlig richtig, dass sich im Fußball rationales Denken und Rationalität im Spiel durchsetzen würden. Genau so kam es dann auch. Zunächst wollte niemand davon etwas wissen. Aber bald sollten die Systemdenker das Spiel erbarmungslos einholen und ihm damit allerdings ein weiteres Stück seiner kindlichen Naivität nehmen. Nerz hatte ein schnelles, intelligentes Kombinationsspiel vor Augen, unter Anwendung wissenschaftlicher Erkenntnisse sowohl beim Training als auch bei der Führung der Mannschaft bis hin zur theoretischen Durchdringung des Spiels selbst und der Anwendung der daraus gewonnenen Erkenntnisse in allen Bereichen der Praxis. Allerdings kein nacktes Zweckmäßigkeitsspiel, bei dem am Ende nur noch das Ergebnis zählte.

Nerz lehnte die zunehmende Vermarktung des Sports ab. Das Spiel sollte seinem ursprünglichen Zweck erhalten bleiben. Dazu gehörte auch der ästhetische Genuss am Spiel selbst. Nerz faszinierten Spielertypen wie Otto Siffling vom SV Waldhof. Siffling war im wahrsten Sinn des Wortes von Kopf bis Fuß ein Künstler am Ball. Technisch absolut perfekt, elegant, geschmeidig, fast schon körperlos in seinen Bewegungen, pflegte der Waldhöfer ein schönes, schnelles, vorausdenkendes Kombinationsspiel. Er war ein Mann ganz nach den Vorstellungen von Otto Nerz für das Spiel der Zukunft.

Der Ball rollte jedoch in eine andere Richtung. Was wir heute auf den Spielfeldern beobachten, ist zu einem guten Teil Fußball vom Reißbrett, und ein Ende dieser Entwicklung ist noch nicht abzusehen. Der Künstler am Ball wurde vom Computer gesteuerten Handwerker ersetzt. Aber solche Prozesse sind weitgehend zwangsläufig. Der Sport ist ein Spiegelbild seiner Zeit, anders kann es auch gar nicht sein. Das gilt nicht nur für die Funktion des Spiels und die Gründe, warum der einzelne Sport betreibt, sondern auch für die Rahmenbedingungen, in denen sich der Sport darbietet. Mit den Veränderungen der Gesellschaft im Ganzen verändern sich zwangsläufig auch seine Teile. Aber was für das Spiel der Gegenwart gilt, gilt natürlich auch für die Zuschauer. Auch sie sind Kinder ihrer Zeit: Drei Punkte sind wichtiger als ein ästhetisch schönes Spiel.

Bei Otto Nerz darf man eines nicht vergessen - er kam von links. In Kategorien sozialer Gemeinschaft, aber auch auf hohem theoretischen Niveau in historischen Zusammenhängen zu denken, gehörte zur politisch-geistigen Grundausstattung vieler sozialdemokratischer Intellektueller der damaligen Zeit. Ob Nerz Karl Marx las, wissen wir nicht, aber Friedrich Wilhelm Hegel, der Meister der Dialektik, gehörte auf jeden Fall zu Nerz' Lektüre. Die „Phänomenologie des Geistes" schaut den Betrachter noch heute aus dem Nerz'schen Bücherschrank entgegen.

Auch bei der kritischen Distanz zum Berufsfußball sind bei Nerz linke Denkpositionen unverkennbar. Nerz lehnte den berufsmäßig ausgeübten Sport wie die meisten bürgerlichen Sportfunktionäre ab. Aber er setzte einen zusätzlichen Schwerpunkt. Viele bürgerliche Sportfunktionäre sahen in der Einführung des Berufssports eine Abwendung vom ideellen Zweck hin zum „Materialismus". Das bewegt sich in bürgerlichen Denkkategorien, allerdings des Bildungs- und nicht des Besitzbürgertums. Nerz lehnte den Berufssport zusätzlich aus sozialen Gründen ab. „Auch in England, wo der Berufsfußball bereits fest verankert war, gelingt es nur wenigen Spielern, über den berufsmäßig ausgeübten Sport als Fußballer eine Vorsorge fürs Leben zu erreichen." Das, so Nerz' Einschätzung, gelingt nur jedem zehnten Spieler. Die anderen versinken bald wieder als Tagelöhner und Bergarbeiter. Und die Spieler seien oft Ausbeutungsobjekte von gewissenlosen Direktoren, Managern und Agenten."

Die Studienreisen nach England sind Teil der Ausbildung von Otto Nerz für seine spätere Tätigkeit als Reichstrainer. Dies erfolgte gezielt seitens der DFB-Spitze in Zusammenarbeit mit der Deutschen Hochschule für Leibesübungen. Ausgewählt wurde Nerz für diesen Posten vom DFB-Vorsitzenden Felix Linnemann. Dieser gehörte auch dem Verwaltungsrat der Deutschen Hochschule für Leibesübungen an. Nerz war hier nach Abschluss seines Studiums der verantwortliche Lehrer im Fach Fußball geworden. Als erster dürfte Walther Bensemann, der Herausgeber des „Kicker", auf den jungen Mannheimer Volksschullehrer Otto Nerz aufmerksam geworden sein. Bensemann hatte beste Kontakte nach Mannheim und dort viele Freunde. Bei der Gründung des DFB nahm Bensemann auch das Stimmrecht für den Fußballkreis Mannheim wahr. Seinen 60. Geburtstag feierte er mit Hunderten von Gästen in Mannheim. Von Bensemann zur DFB-Spitze und damit zu Felix Linnemann war es nicht weit, und von dort wiederum nicht weit zu Carl Diem, dem Prorektor der 1920 gegründeten Deutschen Hochschule für Leibesübungen. Im selben Jahr 1925, als Nerz an der DHfL seine Diplomprüfung ablegte, folgte Felix Linnemann „Papa Hinze" in der Position des DFB-Präsidenten. Ein Jahr später, 1926, berief der DFB mit Otto Nerz zum ersten Mal einen Trainer für die Fußball-Nationalmannschaft bzw. einen „zentralen Trainer des DFB", wie es in der offiziellen Verlautbarung hieß. Das lag allgemein im Trend. Linnemann hatte dies richtig erkannt. Ohne Trainer ging es nicht mehr. Der Fußball erreichte in den zwanziger Jahren einen Entwicklungsstand, der eine Beschäftigung von ausgebildeten Trainern zwingend erforderlich machte. An der Deutschen Hochschule für Leibesübungen wurde mit Beginn des Sommersemesters 1920 damit auch der Anfang gemacht. Allerdings stand die Ausbildung - das Studium dauerte immerhin drei Jahre - in keinem Verhältnis zu dem, was die Absolventen später als Vereinstrainer zu übernehmen hatten. Für die Tätigkeit als Fußballtrainer waren diese Sportlehrer überqualifiziert, ein großer Teil des Wissens war überhaupt nicht anwendbar. Es gibt Schilderungen von ehemaligen Studenten, wie es ihnen in den Philosophie-Vorlesungen erging. Mit Kant mussten sie sich auch plagen. Dabei hatten die Studierenden, die vom Fußball kamen, fast durchweg nur einen Volksschulabschluss. Hier wurde des Guten zuviel getan. Es wurden Spezialisten ausgebildet, pro Jahr kaum eine Hand voll, damit konnte der Bedarf vor allem in der Breite zudem nicht gedeckt werden. Deshalb führte der DFB vierwöchige Kurse ein, die ebenfalls an der DHfL abgehalten wurden. Die Absolventen dieser Kurse gingen als „Wanderlehrer" in die Geschichte des deutschen Fußballs ein. 1925 gehörte Seppl Herberger zu einem solchen Lehrgang. Weil Nerz wegen einer Blinddarmoperation als Kursleiter ausfiel, wurde Herberger kurzerhand von Felix Linnemann an Nerz' Stelle eingesetzt. Darauf war Herberger sein ganzes Leben lang besonders stolz gewesen. Er hat diese Geschichte bis ins hohe Alter auch immer wieder zum Besten gegeben.

Als Otto Nerz 1926 von Felix Linnemann ins Amt des Trainers der DFB-Auswahl berufen wurde, stand es nicht gut um die deutsche Fußball-Nationalmannschaft. Ihr erstes offizielles Länderspiel bestritt die deutsche Auswahl am 5. April 1908 in Basel gegen die Schweiz. Es endete mit einer 3:5-Niederlage. Und auch in den darauf folgenden Länderspielen lief es mehr schlecht als recht. Bis zur Ernennung von Otto Nerz zum Auswahltrainer wurden 30 von 58 ausgetragenen Begegnungen verloren, zwölf Spiele endeten unentschieden, und nur sechzehn wurden gewonnen. Betreut wurde die Nationalmannschaft von einem Spielausschuss, der sich aus ehrenamtlichen Funktionären zusammensetzte. Darin waren die stärksten Landesverbände vertreten. Bedingt durch die starke Stellung der Landesverbände in der Organisationsstruktur des deutschen Fußballs mussten sowohl die DFB-Führung als auch die Mitglieder des Spielausschusses unabhängig von ihrer persönlichen Meinung die Wünsche der Landesverbände im hohen Maße berücksichtigen. Die Mannschaft wurde von Spiel zu Spiel nach einem Verbandsproporz aufgestellt. Die elf Besten liefen deshalb nie aufs Spielfeld. Es handelte sich in aller Regel um einen recht wahllos zusammengewürfelten Haufen. Herberger selbst, dreimal in den zwanziger Jahren im Trikot der Nationalmannschaft als Spieler dabei, hat die Situation drastisch beschrieben. „Es konnte vorkommen, dass wir Spieler uns erst kurz vor Spielanpfiff bekannt machten." Hinzu kam die starke Stellung der Vereine gegenüber dem DFB. Sie stellten, wenn es ihnen geboten schien, ihre eigenen Interessen über die Interessen der Nationalmannschaft. Wenn ein attraktives Freundschaftsspiel gegen eine ausländische Mannschaft auf dem Vereinsprogramm stand, gab man die Nationalspieler aus den eigenen Reihen einfach nicht frei.

Dazu kamen die Probleme mit den Arbeitgebern der Spieler. Hier war der DFB auf deren guten Willen angewiesen. Von einer systematischen Vorbereitung auf Länderspiele konnte schon gar keine Rede sein. Nerz half dem ab, so gut er konnte. Er führte Lehrgänge mit einem praktischen und einem theoretischen Teil ein. Die alten Hasen in der Nationalmannschaft wollten davon nicht viel wissen. Die Nürnberger, und die stellten den Kern der Nationalmannschaft der zwanziger Jahre, kamen im Verein meist ganz und gar ohne Training aus. Und warum man im Fußball theoretisieren sollte, sahen sie allesamt nicht ein. Bei Nerz mussten die Spieler jetzt wider Willen Kondition „bolzen" und sich Vorträge über Taktik anhören. Freunde machte sich Nerz damit nirgends, weder bei den Spielern noch bei den Funktionären, aber auch die Fachpresse verfolgte das Treiben des Fußballprofessors mit Argwohn. Nerz' Landsmann, der Nationalspieler Otto Siffling vom SV Waldhof Mannheim, meinte später einmal anerkennend: „Nerz hat uns erst einmal fit gemacht." Die Vereine sahen das anders und auch das Millionenheer der Fußballexperten zwischen Waterkant und Bodensee. Sie rieben sich heftig aneinander.

In Fragen der Aufstellung und der Gesamtverantwortung für die Nationalmannschaft blieb allerdings der alte Zopf vollends dran. Der Spielausschuss hatte weiter allein das Sagen. Als Trainer war Nerz an die Entscheidungen des Spielausschusses gebunden. Wenn Nerz die Herren nicht von seinen Ideen überzeugen konnte, dann blieben die von ihm ins Auge gefassten Neuerungen auf der Strecke.

Den DFB mit mehr zentraler Macht auszustatten, scheiterte am Partikularismus der Landesverbände. Das hat Gründe in der Entwicklungsgeschichte des DFB. Am Anfang waren die Vereine, dann kam der DFB und nach seiner Gründung bildeten sich, von bescheidenen Anfängen wie in Süddeutschland einmal abgesehen, die Landesverbände heraus, sieben an der Zahl. Sie verfolgten dann, wie sich bald zeigen sollte, in erster Linie die Interessen ihres Verbandes. Nur die Landesverbände waren Mitglieder des DFB. Wenn sie untereinander uneinig waren, wie in der Berufsspielerfrage, dann lähmten sie den DFB in seinen Entscheidungen. Der war dann völlig machtlos. Das galt auch für die Aufstellung der Nationalmannschaft. Eine solche Entwicklung war bei der Gründung des DFB nicht vorhersehbar. Aber nachdem sich solche Strukturen mit mächtigen Landesverbänden herausgebildet hatten, war es schwierig, Korrekturen vorzunehmen. Genau dagegen sperrten sich ja die Landesverbände, ohne deren Zustimmung nun wiederum eine solche Reform zur Stärkung des DFB als Zentrale nicht möglich war.

Mit der Machtübernahme der Nationalsozialisten im Frühjahr 1933 änderte sich einiges zum Vorteil für die Nationalmannschaft. Die Landesverbände verschwanden im Zuge der Gleichschaltung. An deren Stelle trat eine Gaustruktur mit insgesamt 16 Gauen. Damit schieden die Landesverbände als Machtfaktor aus. Das galt auch für den Spielausschuss, der zwar weiter bestand, aber in seinen Entscheidungen der Zentrale untergeordnet war. Und die Zentrale, das war jetzt Felix Linnemann, der nach dem Führerprinzip das letzte Wort in allem hatte, was in den Bereich des Fachamts Fußball fiel. Für Nerz bedeutete das zunächst einmal eine Verbesserung seiner Arbeitsbedingungen. Allerdings funktionierte das nur so lange, wie er mit dem Fachamtsleiter zurechtkam. Das war so einfach nicht, wie Nerz' Nachfolger Seppl Herberger einem seiner 361 Ordner anvertraute, die sich nach seinem Tod 1977 in seinem Haus in Hohensachsen an der Bergstraße fanden. Verstreut in verschiedenen Ordnern sind ca. zwei Dutzend Briefe Herbergers an Felix Linnemann aus den dreißiger Jahren erhalten geblieben. Herberger taktierte Linnemann gegenüber stets mit höchster Vorsicht. Herberger wusste, dass dem exzellenten Analytiker Linnemann selbst das nicht verborgen blieb, was das Unterbewusstsein dem Briefschreiber mehr oder weniger aus Versehen zwischen die Zeilen diktierte. Herberger hatte einen höllischen Respekt vor dem Scharfsinn des Kriminalrates in der Position des DFB-Führers bzw. Fachamtsleiters. Der Fuchs aller Füchse, wie ein Psychologe Herberger einmal genannt hat, verhielt sich Linnemann gegenüber eher devot. Damit, so vermutlich Herbergers richtige Einschätzung, kam man am ehesten zum Ziel. Doch Linnemann war nicht nur ein exzellenter Analytiker, sondern auch eine ausgesprochene Führerpersönlichkeit, was Herberger zu doppelter Vorsicht mahnte. Das Führerprinzip, das nun zur Anwendung kam, entsprach jenseits aller politischen Betrachtungen dem Naturell Linnemanns. Herberger, der über Felix Linnemann einen eigenen Ordner angelegt hatte, verrät uns aber auch etwas über die große menschliche Schwäche Linnemanns. Linnemann sei ein cholerisch veranlagter Mensch gewesen, schrieb Herberger. Wenn er aufbrauste, sei es sinnvoll gewesen, erst einmal in Deckung zu gehen. Ähnlich äußerte sich auch Otto Nerz. Diese Charaktereigenschaft Linnemanns, in Verbindung mit seiner nunmehr nach dem Führerprinzip inhaltlich definierten Rolle, konnte zu Problemen im Umgang mit Felix Linnemann führen.

Das galt vor allem für die bezahlten Mitarbeiter des Fachamts Fußball. Die im Ehrenamt tätigen waren Kameraden. Das Verhältnis zu ihnen war folglich ein anderes als zu den Angestellten. Nerz war Angestellter des DFB. Und das Herzstück des DFB blieb auch nach 1933 die Nationalmannschaft. Das Verhältnis zwischen Fachamtsleiter und Reichstrainer wurde bedingt durch die Schwächung der Stellung des Spielausschusses und zusätzlich durch die Intensivierung des Länderspielbetriebs unmittelbarer. Die zentrale Verantwortung lag allein bei Felix Linnemann. Einst selbst aktiver Spieler - Linnemann stand als einer der Vorgänger von Sepp Maier während seiner Studentenzeit in München bei den Bayern gelegentlich im Tor -, konnte er als Fachamtsleiter der Versuchung nicht widerstehen, dem Reichstrainer auch als Fußballexperte direkt an die Hand zu gehen, gewissermaßen als Übertrainer. Solange sie übereinstimmten bzw. der Fachmann Nerz den Experten Linnemann zu überzeugen wusste, konnte das angehen. Aber wehe, wenn ihre Meinungen auseinander gingen. Zunächst scheint es zwischen den beiden im Frühjahr 1933 keine großen Unstimmigkeiten gegeben zu haben. Vieles, was die Weiterentwicklung des Fußballs organisatorisch, aber auch in dem anachronistischen Verhältnis zwischen Landesverbänden und dem DFB als Zentrale mit Auswirkungen auch auf die Nationalmannschaft behindert hatte, verschwand mit der Machtergreifung der Nationalsozialisten fast von selbst.

Beide, sowohl Nerz als auch Linnemann, äußern sich in diesem Zusammenhang positiv über die durch die nationalsozialistische Revolution bedingten Veränderungen. Nerz schreibt 1936 rückblickend: „Schon vor 1934 hätten wir gerne dem Spiel der deutschen Nationalmannschaft eine eigene Note gegeben. Aber dies scheiterte aus all den Gründen, die im – „System" - es war im Sport wie in der Politik - der Nachkriegszeit begründet waren. Starrköpfigkeit, Partikularismus, Vereinsfanatismus, Egoismus der Trainer (Ausländer), Einstellung der Sportpresse und dergleichen trugen ihren redlichen Teil dazu bei, die Maßnahmen der Führung zur Erfolglosigkeit zu verurteilen. Die neue autoritäre Führung in Staat und Sport machte den Weg frei." Nerz schrieb dies drei Jahre nach der Machtübernahme der Nationalsozialisten, aber das sind auch drei Jahre vor Ausbruch des Zweiten Weltkrieges und fünf Jahre vor Beginn des Holocaust. Sebastian Haffner durfte immerhin die Jahre bis 1939 unwidersprochen als die „guten Jahre" Hitlers bezeichnen. Und nicht zu vergessen, Otto Nerz gehörte bis zu ihrer Auflösung der SPD an. Der Ex-Sozialdemokrat Nerz konstatierte positive Auswirkungen der nationalsozialistischen Revolution auf den Sport. Wer mehr in diese Äußerungen hineininterpretiert, wie es heutzutage allerdings gang und gäbe im Umgang mit diesem Teil der deutschen Geschichte geworden ist, handelt unredlich und geht mit der Geschichte undifferenziert um.

Mit der Liquidierung der Landesverbände einher ging eine Umstrukturierung der obersten Spielklasse. Bisher spielten die besten Mannschaften auf Verbandsebene territorial aufgeteilt nach Bezirken, in Staffeln zu je zehn Mannschaften. Im Bereich des Süddeutschen Fußballverbandes waren das immerhin acht Staffeln zu je zehn Mannschaften, mithin 80 Mannschaften allein in einem Verband. Auf Reichsebene, so die ASZ im August 1933, seien es zwischen 400 bis 500 Mannschaften gewesen. Die meisten Spitzenmannschaften wurden deshalb erst in der Endrunde um die Deutsche Meisterschaft gefordert. Es war zuviel Spreu im Weizen. Die Mannschaft des letzten Rheinbezirksmeisters z.B., der SV Waldhof, konnte die Reise zu acht von neun Auswärtsspielen problemlos mit dem Fahrrad antreten. Und wenn es im Spiel gegen die Konkurrenz aus der unmittelbaren Nachbarschaft bei der SpVgg Sandhofen anzutreten galt, konnten die Waldhofspieler zu Fuß gehen. Es fehlte die Dichte in der Spitze. Insbesondere aus der Sicht der Nationalmannschaft ein unbefriedigender Zustand. Jetzt kamen die Gauligen. Die Veränderung stellte einen drastischen Eingriff in die bisherigen Strukturen dar. Es wurde nun in 16 Gauligen zu je 10 Mannschaften gespielt. Eine Ausnahme bildeten die Gaue 1 (Ostpreußen) und 2 (Pommern). Die Ligastaffel Gau 1 wurde noch einmal in vier Staffeln à sieben und Gau 2 in zwei Staffeln ebenfalls mit sieben Mannschaften unterteilt. Damit blieben allerdings ca. 50 Prozent der ehemaligen Ligavereine auf der Strecke und mussten von der Saison 1933/34 an zweitklassig spielen. Für diese Vereine lief das auf einen Zwangsabstieg hinaus und dürfte dort Unmut ausgelöst haben. Trotzdem war diese Reform, unter dem Gesichtspunkt einer weiteren Leistungssteigerung betrachtet, längst überfällig.

Weniger spektakulär vollzog sich die Veränderung an den Vereinsspitzen. Meist blieb personell alles beim Alten. Die Spieler der Nationalmannschaft zu verweigern ging jetzt allerdings nicht mehr. Auch die Arbeitgeber der Nationalspieler konnten ihren Mitarbeitern, die berufen wurden, für Deutschland auf dem grünen Rasen Ehre einzulegen, nicht mehr so einfach die Freistellung verwehren. Trotzdem geschah das so selten nicht, wie man rückblickend geneigt ist anzunehmen. Alles in allem aber konnte der Reichstrainer sehr viel großzügiger planen als zuvor. Nerz wusste die Gunst der Stunde zu nutzen.

In Sachen „versteckter Professionalismus" statuierte die Reichssportführung gleich ein abschreckendes Exempel. Ertappt worden war Richard Hofmann vom Dresdner Sportclub, mit dessen Konterfei eine Zigarettenfirma auf Plakaten geworben hatte. Es zeigte den Nichtraucher Hofmann mit einer Zigarette zwischen den Fingern. Dafür sollte er 3.000 Mark erhalten haben. Ein respektables Sümmchen. Das war damals mehr, als ein Ingenieur in einem Jahr verdiente. Und vor allem geschah es vor den Augen der Öffentlichkeit, und es handelte sich dabei um ein regelrechtes Geschäft. Von Tschammer und Osten setzte seine Ankündigung in die Tat um: Ein Nationalspieler, der Geld nimmt, darf nie mehr für Deutschland spielen. So geschah es auch. Richard Hofmann, noch bis in die vierziger Jahre für seinen Verein aktiv am Ball, bestritt am 19. März 1933 gegen Frankreich sein letztes Länderspiel. Dabei war Nerz' liebster Sachse ein richtiger Fußballheld. Fast hätte er England, gegen das Deutschland noch nie gewonnen hatte, im Spiel am 10. Mai 1930 in Berlin allein geschlagen. Drei Tore erzielte Hofmann beim 3:3-Unentschieden. 3:2 führte Deutschland, bevor den Engländern dann doch noch der Ausgleich gelang.

Den Bann, gegen England nicht gewinnen zu können, brach dann Franz Beckenbauer mit seinem Tor zum 1:0-Sieg für Deutschland am 1. Juni 1968 in Hannover. Nerz würde Richard Hofmann, der zu seinen Lieblingsspielern gehörte, bei den Olympischen Spielen 1936 fehlen. Der Reichstrainer intervenierte vergeblich zugunsten dieses Vollblutstürmers. Er hätte bestimmt für Richard Hofmann die Hand ins Feuer gelegt, dass der sich nie mehr mit einer Zigarette für ein Werbeplakat ablichten lassen würde. Doch hier ging es um Grundsätzliches, deshalb gab Tschammer nicht nach. Aus der Nationalmannschaft verbannt wurden auch Spieler, die ihren Verein wechselten, ohne das dafür nachvollziehbare persönliche oder berufliche Gründe vorlagen. Hier wurde unterstellt, dass Geld im Spiel war.

Aber Treue gehörte auch zum nationalsozialistischen Ethos. Tatsächlich hat kein Spitzenspieler in den dreißiger Jahren seinen Verein gewechselt. Im Alltag mussten die Spieler einer geregelten Arbeit nachgehen und damit ihr Geld verdienen. Dabei durften jetzt Nationalspieler auch offiziell in Arbeitsverhältnisse bei öffentlichen Stellen vermittelt werden. Arbeitsplatzbeschaffung und -vermittlung wurden gestattet. Noch wenige Jahre zuvor konnte das bei strenger Auslegung des Amateurparagraphen zu einer Sperre bzw. zu einer Erklärung des Sünders zum Berufsspieler führen. Unter Felix Linnemann wurde die Festung „Amateurparagraph" der DFB-Satzung geschliffen. Damit erklärten sich die Nationalsozialisten einverstanden. Wer für Deutschlands Ehre etwas tut, dem darf der Staat auch entgegenkommen. Auch um Worte nicht verlegen, kreierte Felix Linnemann den Begriff des „sozialen Amateurismus", über den vor allem im Ausland gelästert wurde. Dennoch - verkappter Professionalismus war das nicht. Otto Siffling vom SV Waldhof, als Hilfsarbeiter bei der Sportstättenverwaltung in Mannheim tätig, sammelte nach Sportveranstaltungen Zigarettenstummel und anderen Unrat ein. Für die einzige Woche Urlaub, die er jährlich im Schwarzwald verbrachte, kam ein Gönner des dortigen Fußballvereins, des Zeller SV, auf. Dafür trainierte der Nationalspieler während dieser Zeit die Mannschaft des Schwarzwaldortes. Wer in der Zeit des Dritten Reichs in der Nationalmannschaft für Deutschland spielte, konnte weder direkt noch indirekt Reichtümer erwerben und er konnte auch keine Karriere im Beruf machen, wenn er dafür nicht selbst etwas tat. Dass die Spieler unter der Hand weiter Geld erhielten, wurde von der nationalsozialistischen Sportführung offensichtlich sehenden Auges geduldet. Zumindest ist aus dieser Zeit kein Fall bekannt, wo ein Spieler wegen unerlaubter finanzieller Zuwendungen bestraft wurde.

Otto Nerz hatte jetzt freie Bahn. Nun konnte er zur Tat schreiten und die Nationalmannschaft auf „System" umstellen. Vorausgesetzt, Linnemann zog mit. Den Reichssportführer Hans von Tschammer und Osten interessierten Einzelheiten nicht, wenn nur gesiegt wurde. Er stellte sich der Umstellung nicht in den Weg. Das „System", in Deutschland zunächst auch „Nerz System", dann „W" und am Schluss „WM-System" genannt, nahm seinen Anfang - wie alle Neuerungen im Fußball - in England. Der Systemfußball wurde genau genommen nicht erfunden, sondern er führte sich von selbst ein. Erst nachdem der Systemcharakter erkannt worden war, begannen die Trainer damit auch gezielt zu operieren. 1925 war die Abseitsregel geändert worden. Der angreifende Spieler stand nunmehr erst im Abseits, wenn zwei Spieler vor ihm standen, vorher bei drei Spielern. Dabei verfolgte die Kommission zunächst nur das Ziel, das Sturmspiel zu begünstigen. Durch mehr Tore sollte das Spiel für die Zuschauer an Attraktivität gewinnen. Außerdem behinderte die alte Abseitsregel die weitere Entwicklung des Kombinationsspiels. Um nicht in die Abseitsfalle zu geraten, wurde im Angriff mehr rückwärts als vorwärts gespielt, oder der Ball führende Spieler dribbelte sich im Alleingang durch die gegnerische Abwehr. Mit der neuen Abseitsregelung orientierte sich allen voran der Mittelstürmer zwangsläufig weiter nach vorn. Darauf reagierten zuerst die Trainer in England mit einer Rücknahme des Mittelläufers. Er wurde als Stopper zum dritten Verteidiger umfunktioniert, dessen Aufgabe vorrangig darin bestand, den gegnerischen Mittelstürmer auszuschalten. Damit war auch die Manndeckung eingeführt. Mit dem Mittelstürmer orientierten sich auch die Außenstürmer weiter nach vorn, so wurden aus den Halbstürmern Verbinder. Den Außenstürmern wiederum wurden von der anderen Seite die beiden Verteidiger zugeordnet. Um die Lücke zu schließen, die der zurückgezogene Mittelläufer hinterließ, orientierten sich die Läufer weiter nach vorn. Auf dem Papier sah das vorn wie ein W und hinten wie ein M aus.

Im Fußball-Deutschland der zwanziger Jahre wollte das niemandem einleuchten. Auch Seppl Herberger gehörte zu den Kritikern des Nerz'schen System-Fußballs. Ihm, der als Fußballer ein ausgeprägter Individualist war, passten solche schematischen Fixierungen nicht. Und in historischen Zusammenhängen zu denken, lag ihm auch nicht. Herberger gehört psychologisch in die oberste Kategorie der vom Instinkt gelenkten und geleiteten Menschen. Darin erwies er sich auch Otto Nerz als weit überlegen. Nichtsdestotrotz übernahm Herberger von Nerz dann stillschweigend auch dessen System. Dazu hat er sich auch später nie erklärt.

Dabei dachte Nerz mit der Einführung des „System-Fußballs" gar nicht an ein Spiel vom Reißbrett, sondern sah darin eine Vorstufe zum Spiel der Zukunft, wie es ihm vorschwebte: intelligenter, variabler Kombinationsfußball. Bereits 1925, im Jahr der Änderung der Abseitsregel, schrieb Nerz: „Das Training und die ganze Schulung entwickeln in einer Mannschaft einen bestimmten Stil, ein gewisses Schema. Dieses Schema - man nennt es in der Fußball-Literatur „System" - ist zwar kein Ideal, aber trotzdem etwas Erstrebenswertes. Zumindest am Anfang. Es ist allerdings nicht der Gipfel der Entwicklung. Mit der Zeit, wenn das Schema sitzt und die vielen Proben die Prüfung bestanden haben, dann ist die Zeit gekommen, da der Rahmen zu eng geworden ist und das System durchbrochen werden muss." Der Sportstudent Herberger wird das in Vorträgen des Fußballprofessors sicher mehr als einmal zu Gehör bekommen haben. Angekommen aber in der Fußball-Geschichtsschreibung ist von der Nerz'schen visionären Fußball-Botschaft nur der erste Teil des Satzes. Dabei wird der Systemdenker Nerz dann meist auch noch in Verbindung mit dem Volksschullehrer Nerz gebracht. Das steht stellvertretend für geistige Enge, aber auch für pädagogische Strenge mit militärischem Zuschnitt. Es korrespondiert mit dem Bild des Volksschullehrers aus der Zeit des Kaiserreichs. Dieses falsche Nerz-Bild entstand nicht irrtümlich, sondern es war so beabsichtigt. Maßgeblich beeinflusst wurde es von Seppl Herberger durch seine Darstellung der Vorgänge von damals nach 1945.

Im gleichen Maße, wie Nerz falsch dargestellt bzw. seine Leistungen entweder diskreditiert, verschwiegen oder als Nebensache abgetan wurden, wuchs Herbergers Bedeutung als Trainer im Rückblick auf diese Epoche. Um das ging es. Andere Akteure der damaligen Zeit, wie der bekannte Sportjournalist Lutz Koch, hatten Nerz schon richtig verstanden. Koch schrieb in seinem 1937 erschienenen Buch im Zusammenhang mit den Spielen um die Weltmeisterschaft 1934 in Italien: „Nerz hat die deutsche Elf immer gelehrt, dass man kein System stur spielen kann, weil es sich am Gegner bewähren muß." Auch in der Frage der Kondition gingen die Meinungen von Nerz und Herberger auseinander. Herberger vertrat die Auffassung, Kondition eignen sich die Spieler am besten in Übungsspielen im Training an. So kannte er es aus seiner Zeit als Aktiver beim SV Waldhof. Zweimal in der Woche trafen sich die Spieler nach der Arbeit und spielten drauf los. Und es funktionierte prächtig. Nerz hielt das für längst überholt. Die Konditionsarbeit sei ein eigenständiger Trainingsteil. Mit Hanteln wurde zwar nicht gearbeitet, aber die Spieler mussten auf die Aschenbahn. Nerz' simple Überlegung: Bei gleich starken Mannschaften entscheidet die Kondition über Sieg oder Niederlage. Und im internationalen Fußballbetrieb werden sich die Spitzenmannschaften einander immer stärker annähern. Auch in dieser Frage folgte Herberger Nerz stillschweigend. Leichtathletische Elemente zur Verbesserung der Kondition oder zur Erhöhung der Antrittsstärke blieben im Trainingsprogramm.

Was Nerz bereits 1925 zu Papier brachte, nimmt nach der Machtübernahme der Nationalsozialisten 1933 sehr schnell Gestalt an. Und es wird am Ende eine schöne Gestalt sein, die sich da dem Fußballvolk präsentiert. Das Aschenbrödel-Dasein des deutschen Fußballs im internationalen Geschehen ist beendet. Unter Nerz wird Fußball nicht nur erfolgreich, sondern auch schön gespielt. Die goldenen dreißiger Jahre des deutschen Fußballs nahmen ihren Anfang. Nerz war der Inspirator und Organisator dieser Entwicklung, die Nationalsozialisten sorgten für die Rahmenbedingungen.

Zunächst aber sah es so aus, als würde der Reichssportführer den Ratschlägen seines Parteigenossen Bruno Malitz aus dem Jahr 1932 folgen, der ein Länderspiel im Jahr für ausreichend hielt. Nach dem Länderspiel am 19. März 1933 gegen Frankreich in Berlin wurde es still um die Nationalmannschaft. Eine lange Pause trat ein. Ein Spiel gegen Österreich im Juni wurde vom Österreichischen Fußballbund kurzfristig abgesagt. Der Kartenvorverkauf für das Spiel hatte schon begonnen. Die Österreicher wollten aus politischen Gründen nicht gegen das neue Deutschland spielen, in dem jetzt ihr Landsmann Adolf Hitler zum Reichskanzler und Führer aufgestiegen war.

Dann meldete sich die deutsche Fußball-Nationalmannschaft nach achtmonatiger Pause mit einem Paukenschlag auf der Bühne des internationalen Fußballs zurück. Eine nur aus westdeutschen Spielern bestehende Elf schlug Belgien mit 8:1. Herberger hielt sich auf diesen Erfolg als Verbandstrainer der westdeutschen Auswahl einiges zugute. Das war natürlich ein Auftakt ganz nach dem Geschmack der Nationalsozialisten, er passte propagandistisch ins Konzept der Selbstdarstellung des Systems. So wollte man sich sehen, so sollte das Ausland das neue Deutschland sehen. Euphorisch schrieb einer der bekanntesten Sportjournalisten des Dritten Reichs, Lutz Koch: „Ein Sieg, der etwas von dem aufwärts gerichteten, kämpferischen Geist des neuen Deutschland atmet." Koch sah noch etwas anderes: „Der DFB hatte im Zeichen der neu gewonnenen zentralen Machtfülle ein Experiment gewagt, das hundertprozentig gelang." Das war in der Tat so, und das im ersten Länderspiel nach der Machtkonsolidierung des nationalsozialistischen Staates. Nerz und mit ihm Linnemann riskierten viel. So etwas konnte leicht ins Auge gehen. Mit Busch, Hundt, Bender, Breuer und Rasselnberg standen nicht weniger als fünf Spieler in der Mannschaft, die zum ersten Mal überhaupt das Trikot der Fußball-Nationalmannschaft trugen. Alle elf Spieler brachten es zusammen gerade auf 29 Länderspieleinsätze. Doch zwei Wochen später reichte es der Mannschaft, die in der gleichen Aufstellung in Magdeburg im Spiel gegen die Auswahl

Norwegens antrat, nur zu einem 2:2-Unentschieden. Neben Richard Hofmann, den Tschammer für den Rest seines Fußballer-Lebens wegen der Zigarettenreklame aus der Nationalmannschaft verbannt hatte, fehlte auch der Zimmerkollege des Sachsen im Quartier der Nationalmannschaft, Ossi Rohr von Bayern München. Der Bayer aus Mannheim war dem Reichstrainer abhanden gekommen. Beim 3:3 gegen Frankreich im März 1933 war er noch mit zwei Toren dabei. Ossi Rohr, einer der hoffnungsvollsten Stürmer des deutschen Fußballs, wechselte im Jahr der Machtübernahme der Nationalsozialisten von den Bayern nach Zürich, von dort nach Frankreich, wo er zweimal Torschützenkönig der französischen Liga wurde, und zwar als Profi. Damit war seine Karriere als Nationalspieler beendet. Nach der Besetzung Frankreichs durch deutsche Truppen kehrte Rohr, allerdings unfreiwillig, ins Reich zurück. Als „Vaterlandsverräter" saß er für einige Wochen im Konzentrationslager Kieslau bei Karlsruhe. Von dort wurde er als Soldat direkt an die Ostfront nach Russland geschickt. Rohr kam heil aus den Krieg zurück. Seinen Lebensabend verbrachte er in seiner Heimatstadt Mannheim. Hier konnte man ihn bis zu seinem Tod 1988 jeden Sonntag beim Frühschoppen im Lokal „Zur Heinrichsbrücke" im Mannheimer Stadtteil Nekkarstadt am Stammtisch antreffen.

Zwei wichtige Leute fehlten Nerz somit, beide Garanten für Tore. Aber der Reichstrainer mit seinem ausgeprägten Blick für talentierte Spieler entdeckte neue junge Männer, von denen bald viel Glanz ausgehen sollte: Im Herbst 1933 „Lutte" Goldbrunner von den Bayern und Ernst Lehner von Schwaben Augsburg, im Frühjahr 1934 Ed Conen aus Saarbrücken und Otto Siffling vom SV Waldhof. Dem Unentschieden gegen Norwegen folgten im November ein 2:0-Sieg gegen die Schweiz, im Dezember ein 1:0-Erfolg über Polen und im Januar 1934 ein 3:1 gegen Ungarn in Frankfurt. Diese Spiele waren zugleich die letzten Tests für das Qualifikationsspiel zur Teilnahme an der Weltmeisterschaft in Italien am 11. März 1934 gegen Luxemburg. Von den sechs Spielen nach der Machtübernahme durch die Nationalsozialisten wurden vier gewonnen, zweimal trennte man sich unentschieden, das konnte sich sehen lassen. Der Reichssportführer wurde zum Fußballfan. Möglicherweise hatte er vor 1933 nie ein Fußballspiel besucht. Nun entdeckte er seine Leidenschaft für den Ball. Nach Angaben von Herbert Pahlke soll sich Tschammer vor den Toren der Reichsakademie auch selbst am Ball versucht haben, und zwar in Reitstiefeln. Tschammer fehlte fortan zu Hause bei keinem Länderspiel. Eigentlich hätte es angesichts der Erfolgsbilanz der letzten sechs Spiele nahe gelegen, nun das Experimentieren zu beenden und sich ganz auf die Weltmeisterschaft in Italien zu konzentrieren. Nicht so Otto Nerz. Von wegen Volksschullehrermentalität. Der Mann war von Kopf bis Fuß auf revolutionäre Umgestaltung eingestellt und voller Tatendrang. Nerz war fest entschlossen, das Spiel der Nationalmannschaft auf „System" umzustellen. Geredet hat er darüber offenbar nur mit Felix Linnemann. Und der scheint einverstanden gewesen zu sein. Nach außen drang von diesen Plänen nichts. Die Überraschung war dann allenthalben groß. Auch Herberger war „völlig von den Socken", als ihn Nerz aufforderte, mit einer westdeutschen Auswahl nach dem WM-System zu spielen.

Dies erfolgte am 18. Februar 1934 in einem Spiel gegen Nordfrankreich in Lille. Als die zweite große Überraschung für Herberger und den Rest der Fußballexperten in Deutschland erwies sich dann die Besetzung auf dem Stopperposten. Denn ohne Stopper kein WM-System. Und weil in Deutschland in den Vereinen bis dahin durchweg konventionell ohne Stopper gespielt wurde, musste Nerz gezwungenermaßen einen Spieler suchen, den er für diesen Posten umfunktionieren konnte. Irgendwann vor Weihnachten klingelte es bei den Szepans in Gelsenkirchen. Vor Fritz Szepan stand der Reichstrainer. Welch eine Überraschung für den Schalker. Denn Szepan hatte sich nach seinem dritten Länderspiel am 27. September 1931 in Hannover gegen Dänemark verärgert von der Nationalmannschaft verabschiedet, weil alle nur von Richard Hofmann sprachen, der beim 4:2-Sieg dreimal ins gegnerische Tor getroffen hatte und alles überstrahlte. Szepan musste sich zudem Kritik gefallen lassen. So ganz zufrieden mit dem blonden Fritz war auch der Reichstrainer nicht. Nach Nerz' Geschmack war Szepan zu langsam. Unbeeindruckt zeigte sich Nerz auch vom berühmten Kreisel-Spiel, mit dem Schalke 04 in den dreißiger Jahren so erfolgreich war - ein Kapitel deutscher Fußballgeschichte für sich. Damit, so Nerz lapidar, könne man international keinen Blumentopf gewinnen. Nun stand der Reichstrainer vor der Tür und wurde natürlich eingelassen. Als Otto Nerz

100

sich von Fritz Szepan verabschiedete, hatte der Reichstrainer seinen Stopper und Szepan war um eine Überraschung reicher. Der Schalker erklärte sich nicht nur einverstanden, wieder für Deutschland zu spielen, sondern dies auch in der Rolle zu tun, die Nerz für das Come-back für ihn in der Nationalmannschaft vorgesehen hatte, nämlich als Stopper. Ob dabei auch über Szepans Schwager, den Nationalspieler Ernst Kuzorra, gesprochen wurde, den unumschränkten Herrscher auf Schalke, ohne den buchstäblich nichts ging, und der so mächtig war wie sein Vereinspräsident selbst, wissen wir nicht. Auf jeden Fall wurde er nicht wieder für die Nationalmannschaft reaktiviert. Kuzorra hatte vor dem Spiel gegen Holland am 4. Dezember 1932, ganz wie er das von zu Hause aus gewohnt war, der Presse gegenüber Erklärungen abgegeben, die eindeutig in den Kompetenzbereich des Reichstrainers gehörten. Daraufhin, so Herberger in seinen Aufzeichnungen, seien die beiden aneinander geraten. Den Kürzeren zog natürlich in diesem Fall Ernst Kuzorra. Er wurde von Nerz nicht mehr aufgestellt. 1936 spielte Kuzorra noch einmal nach den Olympischen Spielen am 27. September in Krefeld gegen Luxemburg für Deutschland, und dann noch einmal 1938 gegen Ungarn. Aber das gehört bereits in das Kapitel Grabenkrieg zwischen Nerz und Herberger. Disziplinverstöße und Verstöße gegen bestehende Ordnung, und hier erwies sich Nerz in der Tat als äußerst streng, vielleicht auch ein bisschen kleinlich und nachtragend, ahndete der Reichstrainer gnadenlos.

Beim Qualifikationsspiel für die WM gegen Luxemburg, das zugleich auch das letzte Vorbereitungsspiel auf die Weltmeisterschaft selbst war, trug Fritz Szepan nun wieder das Trikot der Nationalmannschaft. Das Spiel endete 9:1 für Deutschland. Aber Nerz lüftete sein Geheimnis offensichtlich auch hier noch nicht. Zumindest fiel den Pressevertretern nicht auf, dass hier nach einem System gespielt wurde. Sie waren nur etwas darüber verwundert, dass der Schalker so weit hinten spielte. Danach verzichtete Nerz bis zum Beginn der Weltmeisterschaft im Mai 1934 auf weitere Länderspiele und führte stattdessen Lehrgänge und Testspiele gegen starke englische Vereinsmannschaften durch. Noch wenige Wochen vor Beginn der WM experimentierte Nerz. Aus 80 Spielern galt es dann 18 auszusuchen. Obwohl Nerz schon eine Reihe junger Spieler eingebaut hatte, gab es weitere Überraschungen. Der Reichstrainer nahm noch den jungen Waldhöfer Otto Siffling mit ins Aufgebot. Siffling hatte es ihm im Testspiel gegen Derby County am 10. Mai auf Anhieb angetan. Technisch perfekt, Spielmacher und Goalgetter in einem, elegant in seinem körperlosen Spiel und - auch das sah Nerz sofort -, ein Typ von außergewöhnlicher Spielintelligenz, also ein Mann, ganz nach seinen Vorstellungen vom Spiel der Zukunft.

Vierzehn Tage vor dem ersten Auftritt einer deutschen Nationalmannschaft bei einer Fußball-Weltmeisterschaft überhaupt, rutschte der „Ottl", wie sie ihn in Mannheim nannten, noch ins Aufgebot der letzten 18. Dann saßen sie im Reisebus der Firma Mercedes-Benz auf dem Weg nach Italien. Für die jungen Spieler wie Siffling, die aus der Arbeiterschaft kamen, ihre erste Reise ins Ausland überhaupt, und zudem nach Italien, dem Land der Sonne und des Meers. Für sie war dies ein großes Erlebnis jenseits ihres Auftritts als Fußballer. Im Mannschaftsbus nahmen neben Nerz auch noch der Spielausschussvorsitzende Prof. Glaser aus Freiburg und der Mannschaftsarzt Dr. Haggenmiller aus Nürnberg Platz. Nur einer, der auch gern dabei gewesen wäre, musste zu Hause bleiben: Nerz' inoffizieller Assistent Seppl Herberger. Der hatte fest damit gerechnet, dass er an der Seite von Otto Nerz mit dabei ist. Das traf ihn tief. Seinen Aufzeichnungen vertraute er verärgert an: „Nerz wollte keine anderen Götter neben sich haben." Ein verräterischer Satz. Im übrigen irren die Autoren Lothar Mikos und Harry Nutt, die Herberger in ihrem 1997 erschienenen Buch über Deutschlands Fußballlegende Nummer eins mit auf die Reise nach Italien zur WM nahmen. Nachweislich war Herberger nicht dabei. Er tingelte mit einer westdeutschen Auswahl durch Holland und verfolgte die WM, mit seinem Schicksal hadernd, am Radio. Nerz dürfte sich keiner Schuld bewusst gewesen sein, denn Herberger gehörte nicht zum offiziellen Betreuerstab der Nationalmannschaft. Ganz davon abgesehen, dass die Reisegesellschaft letztlich von Fachamtsleiter Linnemann zusammengestellt wurde. Der fuhr mit seinem Generalsekretär Dr. Georg Xandry vermutlich im Zug nach Italien. Herberger mitzunehmen, dafür dürfte Linnemann keine Notwendigkeit gesehen haben. Herbergers Rolle an der Seite von Otto Nerz, vor allem in Verbindung mit dem Titel „Assistent", einen Ausdruck, den damals nicht einmal Herberger für sich selbst gebrauchte, gehört schon in die Zeit der Legendenbildung um Herberger nach der Weltmeisterschaft von 1954. Zum Zeitpunkt des Geschehens wäre kein Journalist auf die Idee gekommen, Herberger in Zusammenhang mit der Betreuung der National-mannschaft in einem Atemzug mit Otto Nerz zu nennen. Auch hier wurde nachträglich die Geschichte gezielt zugunsten Her-bergers, aber damit auch zum Nachteil von Otto Nerz umge-schrieben.

Der Reichstrainer setzte bei dieser Reise nach Italien auch als Organisator Maßstäbe, an denen sich sein Nachfolger Her-berger später orientieren würde. Nerz überließ nichts dem Zu-fall. Das begann schon mit der Quartiersuche. Es sollte ein ruhi-ges Fleckchen sein. Nerz schottete die Mannschaft nach außen ab. Darüber waren die Journalisten, die ihr Brot nun einmal mit interessanten Nachrichten verdienen, gar nicht begeistert. Aus-ländische Berichterstatter schrieben darüber mit Verärgerung, ihre deutschen Kollegen lästerten nur. Im Quartier galt striktes Tabak-und Alkoholverbot. Raucher dürfte es unter der damaligen Gene-ration der Nationalspieler mit Sicherheit mehr als bei der heuti-gen gegeben haben. Denn Rauchen und Sport, das sah man da-mals noch nicht so gegensätzlich. Nationalspieler wie Tull Har-der vom Hamburger SV und Richard Hofmann vom Dresdner SC warben mit ihrem Konterfei für Glimmstängel. Geraucht wurde heimlich, wenn Nerz außer Sichtweite war. Aber auch das kam so oft nicht vor. Nerz hielt sich wie eine Glucke immer in der Nähe seiner „Küken" auf. Aber der Pädagoge wusste auch, dass er seine jungen Männer in ihrer Freizeit beschäftigen musste, damit sie keinen Lagerkoller bekamen. Nerz, der viel von Schwimmen als Ausgleichssport hielt, ging mit den Spielern an den Strand. Ein Grammophon gehörte auch zur Reiseausstattung, das wurde abwechselnd bedient. Und der Bildungsbürger Nerz machte seine Spieler natürlich auch mit den Kulturschätzen Ita-liens bekannt. Das dürfte für die meist jungen Spieler zum an-strengendsten Teil des Freizeitprogramms des Reichstrainers ge-hört haben. Nerz betätigte sich als Mädchen für alles. Er behan-delte die Hühneraugen seiner Spieler und achtete darauf, dass die Krawatte am rechten Fleck saß, wenn es zum Bankett ging. Natürlich gehörten beim Vizefeldwebel des ersten Weltkriegs Otto Nerz auch Ordnung und Disziplin dazu. Dabei bediente sich der mit dem EK 2 ausgezeichnete ehemalige Frontkämpfer auch des militärischen Tons. Nerz allerdings darauf zu reduzieren, wie es in der Literatur geschehen ist, damit wird man seiner Persönlichkeit nicht gerecht. Der Pädagoge Nerz hat sich immer als Erzieher, Berater und Betreuer seiner Spieler verstanden. In der Vaterrolle scheint er besonders jüngeren Spielern begegnet zu sein. Immerhin lag zwischen ihm und seinen Schützlingen eine Generation. Nerz war 1934 fast zweiundvierzig Jahre alt. Sein „Jüngster" im Aufgebot der Nationalmannschaft, Edmund Conen vom FV Saarbrücken, hatte gerade seinen zwanzigsten Geburtstag gefeiert. Ironisch nannten sie den Reichstrainer auch „Papa Nerz".

Und wegen seines immensen Wissens, nicht nur auf dem Gebiet des Fußballs, und seiner vielseitigen Sprachkenntnisse genoss Nerz hohes Ansehen. Ein Akademiker auf dem Posten des Trainers der deutschen Fußball-Nationalmannschaft, das sollte dann auch eine Ausnahme bleiben. Nerz war eine Respektsperson. Die Distanz zwischen ihm und den Spielern war groß. Der Reichstrainer liebte die Arbeit, in ihr ging er auf. Bei ihm gab es keine Kumpanei und auch keine feucht-fröhlichen Skatrunden. Das sicher zum Leidwesen von Felix Linnemann. Ganz zu schweigen von Wein, Weib und Gesang, das blieb ihm Zeit seines Lebens fremd. Nerz rauchte und trank nicht, von „Weibergeschichten" - wie sie sich in seiner Heimatstadt Mannheim auszudrükken pflegen - keine Spur, und mit dem Gesang hatte er es schon gleich gar nicht. Ein Blick auf sein Zeugnis aus der Zeit seiner Ausbildung zum Volksschullehrer spricht Bände über seine Leidenschaft und sein Talent auf dem Gebiet der Musik: Gesang 4, Violine 4 und Orgel 5. Musik dürfte in Nerz' Ohren nicht gut geklungen haben. Bei Herberger war das anders. Da wurde in der Nationalmannschaft unter dem Chorleiter Herberger auch zünftig gesungen. Die wenigen Zeitzeugen, die Nerz ganz aus der Nähe erlebt haben, sprechen von Nerz mit hoher Achtung und skizzieren nebenbei eine große Persönlichkeit. Willy Simetsreiter von Bayern München, inzwischen 85 Jahre alt, von Nerz auf Empfehlung von „Lutte" Goldbrunner, Simetsreiters Mannschaftskameraden bei den Bayern, schon als 20-jähriger in die Nationalmannschaft berufen, erzählte noch nach über sechzig Jahren beeindruckt, wie ihn Nerz beim Eintreffen im Quartier der Nationalmannschaft in die Arme nahm und ihn herzlich mit den Worten begrüßte: „Na Willy, wie geht's denn unseren Bayern?" Bei Werner Sottong in Bonn, heute 92 Jahre alt, einst Student bei Otto Nerz an der Deutschen Hochschule für Leibesübungen, und beim Länderspiel gegen Frankreich im März 1937 in Stuttgart auch als Trainer-Assistent eine Woche an der Seite des Reichstrainers, steht auf dem Schreibtisch ein gerahmtes Bild von Otto Nerz. Nicht anders in seiner Heimatstadt Mannheim. In den Erzählungen vieler Nachkommen von Nerz' Weggefährten in seiner Mannheimer Zeit wird ein ganz anderes Bild über den Menschen Otto Nerz gezeichnet als das, was böse Zungen später über Nerz verbreitet haben. Nerz selbst schreibt im Zusammenhang mit der 0:2-Niederlage gegen Norwegen im Olympischen Fußballturnier an seinen Vorgesetzten Dr. Carl Krümmel: „Die Nationalmannschaft war meine Leidenschaft. Mit den Jungs lebte ich zusammen. Mancher ließ ja Kinderstube, Einstellung und Erziehung vermissen, aber das war ja nicht seine Schuld. Ich arbeitete an ihrer Erziehung und Ausbildung. Als wir verloren hatten, hätte ich weinen können." Nerz besaß auch natürliche menschliche Größe.

Dann war es so weit. Zum ersten Mal in der Geschichte der Fußball-Weltmeisterschaften nahm eine deutsche Mannschaft am Turnier der besten Fußball-Nationalmannschaften der Welt teil. Belgien war der Gegner im ersten Spiel. Deutschland wurde aufgrund der besseren Tordifferenz aus dem Qualifikationsspiel gegen Luxemburg gesetzt, Belgien nicht. Die Belgier werden nicht schlecht gestaunt haben, als sie die deutsche Mannschaftsaufstellung lasen, und noch mehr, als die belgischen Stürmer beim Anstoß ihren deutschen Stürmerkollegen gegenüberstanden. Das waren lauter Bubengesichter, und von einigen dieser jungen Männer hatte man überhaupt noch nie etwas gehört: Conen, 20 Jahre alt, Siffling und Lehner 21, Kobierski 23- und Hohmann 25-jährig. Das Durchschnittsalter lag unter 24 Jahren. Alle Spieler zusammen brachten es auf weniger als 100 Länderspieleinsätze. Und fast schon als eine Provokation musste es auf den Gegner, aber auch auf die Fußballexperten in Deutschland gewirkt haben, dass Nerz beim ersten Auftritt einer deutschen Nationalmannschaft bei einem WM-Turnier mit Siffling, Schwartz und Zielinski drei Spieler aufs Feld schickte, die überhaupt ihr erstes

Länderspiel bestritten. Bei Conen war es der zweite Einsatz im Trikot der Nationalmannschaft. Und Nerz ließ nach dem neuen System antreten, von den Spöttern auch „Weh-System" genannt. Nerz spielte Vabanque, setzte mutig alles auf eine Karte. Am Anfang des Spiels gegen die Belgier lief es auch gar nicht gut. Fritz Szepan hatte Probleme auf seinem ungewohnten Posten als Stopper. Zur Halbzeit stand es 2:1 für Belgien. Die Gegner des Nerz'schen Systemfußballs fühlten sich bestätigt. Der eine oder andere wird sich schon die passenden Worte für die Diskussion nach dem Spiel zurechtgelegt haben. Aber nach dem Ausgleichs-treffer gleich nach Beginn der zweiten Halbzeit durch den Wald-höfer Otto Siffling, zugleich sein erstes Tor als Nationalspieler, lief es dann rund bei den Deutschen. Zum Schluss hieß es 5:2 für Deutschland. Der überragende Mann mit drei Treffern war Ed Conen.

Als nächster Gegner warteten die Schweden, die sich mit 3:2 gegen Argentinien durchgesetzt hatten, auf Deutschland. Die deutsche Mannschaft wurde auf zwei Posten gegenüber dem Spiel gegen Belgien verändert: Der Frankfurter Gramlich kam für Ja-nes, und Busch ersetzte Schwartz. 2:1 hieß es nach 90 Minuten, und Otto Nerz stand mit seiner Fohlenelf im Semifinale. Der nächste Gegner, die Tschechoslowakei, trat mit seinen Profis an. Bis zur 60. Minute führte Deutschland mit 1:0, dann konnte die Tschechoslowakei, begünstigt durch zwei krasse Fehler von Tor-wart Willibald Kress, das Spiel noch wenden und gewann am Schluss mit 3:1. Für den „schönen Willibald" war das auch sein letztes Länderspiel. Fritz Szepan haderte noch drei Jahrzehnte danach mit dem Schicksal. Wäre es nach ihm und Nerz gegan-gen, dann hätte Deutschland gegen die Tschechen mit ihm nicht als Stopper, sondern als Halbstürmer gespielt. Aber, so der Schal-ker weiter, „die Verantwortlichen wollten nicht schon wieder ex-perimentieren." Beim Namen nennt er sie nicht. Vermuten lässt sich, dass Linnemann sein Veto eingelegt hatte, möglicherweise unterstützt durch den bei der WM anwesenden Vorsitzenden des Spielausschusses, Prof. Dr. Josef Glaser. Der Fachamtsleiter ent-schied und nicht der Fachmann. Letztlich eine menschliche Schwäche Linnemanns. Nach der Niederlage gegen die Tsche-chen scheint Linnemann seine Meinung geändert zu haben. Was Nerz und Szepan im Spiel gegen die Tschechoslowakei verwehrt wurde, durften sie nun im Spiel gegen die Österreicher in die Tat umsetzen. Szepan rückte nach vorn und auf dem Stopperposten sollte Reinhold Münzenberg zum Einsatz kommen. Aber der hatte gar nicht zur Reisegesellschaft gehört. In einer schon recht spektakulären Aktion wurde Münzenberg fast vom Traualtar weg nach Italien beordert. Auch die Österreicher spielten mit ihren Profis. Allerdings fehlte der große Sindelar, einer der besten Fußballer aller Zeiten, im Spiel gegen die Deutschen. Die beiden letzten Spiele gegen Österreich hatten jeweils mit peinlichen Niederlagen geendet. In Berlin verlor Deutschland am 24. Mai 1931 glatt mit 0:6. Dem folgte ein 0:5 am 13.9.1931 in Wien. Ein Hochzeitsgeschenk für Otto Nerz, an das er nicht gern erinnert werden wollte. Nerz hatte am 10. September 1931 geheiratet. Nerz' Frau Elli durfte mit nach Wien reisen. Die Hochzeitsreise zu einem Länderspiel, das passt zu Otto Nerz. Aber auch zu Herberger. Der war gleich nach der Trauung mit seiner Frau Eva, geborene Müller, im Reisegepäck mit seinen Waldhöfern zu einem Freundschaftsspiel in die Schweiz gereist. Die Revanche gegen Österreich gelang. Deutschland gewann mit 3:2 und belegte damit einen beachtlichen dritten Platz.

Zu Hause in Deutschland feierten sie ihre Mannschaft auch als „Amateurweltmeister". Im Endspiel standen sich mit Italien und der Tschechoslowakei zwei Mannschaften gegenüber, die mit Profis antraten. Weltmeister wurde Italien in einem Spiel, bei dem die einheimische Mannschaft streckenweise geradezu brutal gespielt haben soll.

Die Kritiker des Systemfußballs gaben sich geschlagen. Der Erfolg gibt Nerz recht, hieß es in den Zeitungen. Nur Herberger wollte nicht klein beigeben. Selbst 39 Jahre danach ringt er noch mit dem großen Vorgänger, mit dem er nie fertig wurde. 1973 schreibt Herberger im Zusammenhang mit der WM von 1934: „Dr. Nerz hatte nämlich das WM-System eingeführt, das er in England gründlich studiert hatte und bestand auf seine strikte Durchführung. Dieser ganz auf Zweckmäßigkeit eingestellte „kick and run"-Stil entsprach nicht meiner Vorstellung, die der spielerischen Phantasie mehr Gewicht beilegte. Systeme können ja immer nur Modell sein, die von Spielerpersönlichkeiten erst mit Leben erfüllt und ganz individuell nachgestaltet werden müssen." Als wenn Nerz je etwas anderes gesagt hätte. Aber das wusste 1973 natürlich kaum noch jemand. Dabei ist der erste Teil des oben zitierten Satzes von Herberger fast identisch mit einem Satz von Nerz aus dem Jahr 1925. Im übrigen wurde bei dieser Weltmeisterschaft dann durch den Sportredakteur Müllenbach vom „Kicker", nach einen Gespräch mit Nerz, dem „W" noch ein „M" hinzugefügt. Fertig war das „WM-System". Nun dürfte die mit dem Hang zum Abstrahieren geplagte deutsche Seele zufrieden gewesen sein. Das Kind musste schon den rechten Namen haben. Als WM-System sollte es nun seinen Weg gehen. Jetzt erst war alles klar. Auch die Vereine stellten um.

Mit dem dritten Platz bei der Weltmeisterschaft in Italien hatte Deutschland auch den Anschluss an die Weltspitze geschafft. Das ist das historische Verdienst von Otto Nerz. Nerz hatte viel riskiert. Eine total verjüngte Mannschaft mit einem neu eingeführten Spielsystem bei einer Weltmeisterschaft antreten zu lassen, dazu gehörte viel Mut und Persönlichkeit. Nerz besaß beides. Der Anfang war ihm geglückt. Von elf Spielen seit der Machtergreifung der Nationalsozialisten verlor die deutsche Nationalmannschaft nur ein einziges. Mit dem Erfolg im Rücken konnte Nerz sein Programm weiter verfolgen, denn er war noch lange nicht am Ende seiner Vorstellungen und Ideen angekommen. Als nächstes nahm Nerz eine personelle Verbreiterung der Nationalmannschaft in Angriff. 1935 bestritt die deutsche Nationalmannschaft 17 Länderspiele. Das war Rekord. 13 Spiele wurden gewonnen, eines endete unentschieden und drei Spiele (gegen Spanien, Schweden und England allesamt auswärts) wurden verloren. Für eine Amateurmannschaft sind das auf den ersten Blick sehr viele Spiele in einem Jahr. Das fällt ins Auge. Zumal es im Jahr 1935 kein internationales Turnier gab.

Aber Nerz ging es dabei um etwas anderes. Die Olympischen Spiele standen vor der Tür. Darauf zielten nunmehr alle Vorbereitungen von Otto Nerz ab. In den siebzehn Länderspielen des Jahres 1935 setzte Nerz insgesamt 50 Spieler ein. Darunter befanden sich 20 Spieler, die ihr erstes Länderspiel bestritten. Bei den meisten blieb es auch dabei. Für den erweiterten Kern der Nationalmannschaft empfahlen sich zwei Spieler: Willy Simetsreiter von Bayern München und der Wormser Seppl Fath. Beides eminent schnelle Leute auf den Flügeln und obendrein torgefährlich. Hinzu kamen dann noch Anfang 1936 Heinz Ditgens von

Borussia Mönchengladbach und Robert Bernard vom VfR Schweinfurt. Ditgens schaffte den Sprung im übrigen auf Grund einer Empfehlung von Herberger an Nerz. Ditgens und Bernard sollten noch im selben Jahr als die größten Unglücksraben in die Geschichte der deutschen Fußball-Nationalmannschaft eingehen.

Zu der starken Belastung der Spitzenspieler in der Nationalmannschaft, die Nerz allerdings in Vorbereitung auf die Olympischen Spiele vor eigenem Publikum für unbedingt notwendig hielt, kam eine verstärkte Inanspruchnahme der Spitzenspieler in den Vereinen hinzu. Neben der deutschen Meisterschaft wurde ab 1935 auch noch der Tschammer-Pokal, der Vorläufer des DFB-Pokals, ausgespielt. Wenn ein internationales Turnier dazukam, gab es für die Spitzenspieler überhaupt keine Sommerpause. Die Halbfinalspiele und das Endspiel um die deutsche Meisterschaft 1934 fanden erst nach der Weltmeisterschaft statt. Nerz forderte von den Verantwortlichen, allerdings vergeblich, die Einführung einer Spielpause von mindestens zwei Monaten. Im Juni 1936 reklamierte auch das Reichssportblatt eine Änderung des Spielmodus, um für die Spitzenspieler die unbedingt notwendige Regenerationspause zu verlängern. Was das Blatt schrieb, richtete sich wohl vor allem an die Adresse von Felix Linnemann. „Die führenden Männer unseres Fußballsports sollten für eine vernünftige Sommerpause sorgen. Es muß möglich sein, die Sommerpause um ein paar Tage zu verlängern." Und schlägt dann konkret vor, „den Ball in den Monaten Mai, Juni und Juli ruhen zu lassen." Herausgeber des Blattes war immerhin kein geringerer als der Reichssportführer Hans von Tschammer und Osten.

Für das Olympiajahr kam dieser Vorschlag auf jeden Fall zu spät. Nerz selbst reduzierte die Zahl der Länderspiele 1936 im Vorfeld der Olympischen Spiele drastisch. Im Februar reiste die Nationalmannschaft auf die iberische Halbinsel und trug dort zwei Länderspiele gegen Spanien und Portugal aus. Beide Spiele wurden gewonnen: Gegen Spanien am 23. Februar in Barcelona mit 2:1 und vier Tage später in Lissabon gegen Portugal mit 3:1. Gegen Spanien schoss der kleine Seppl Fath der spanischen Torwartlegende Martinez Ricardo Zamora den Ball zweimal ins Netz. Dann gab es im März noch ein Spiel gegen Ungarn in Budapest, das mit 2:3 verloren ging. Danach begann die unmittelbare Vorbereitung auf die Olympischen Spiele. Angesichts der Erfolgsserie der deutschen Fußball-Nationalmannschaft in den letzten zwei Jahren erwartete man vom Fußvolk bis zur DFB-Spitze von den Fußballern nicht mehr und nicht weniger als die Goldmedaille. Das war nicht einmal unrealistisch. Das Turnier erwies sich als nur schwach besetzt. Die Profis durften nicht mitmachen, die Südamerikaner wollten nicht teilnehmen und blieben zu Hause. Folgende Länder nahmen am Endturnier teil: Ägypten, China, Finnland, Großbritannien, Italien, Japan, Luxemburg, Norwegen, Österreich, Peru, Polen, Schweden, die Türkei, Ungarn, die Vereinigten Staaten von Nordamerika und Deutschland. Im April fand unter Leitung von Seppl Herberger in Duisburg ein Lehrgang statt. Otto Nerz kam mit dem Nachtzug nur übers Wochenende nach Duisburg. Er hatte in Berlin zu tun.

Im April wurde Otto Nerz zum Direktor des Sportpraktischen Instituts der Reichsakademie für Leibesübungen berufen. Reichstrainer und Direktor in einem, das ging nicht auf Dauer. Zumal es sich hierbei um zwei bezahlte hauptberufliche Tätigkeiten handelte. Nerz sprach darüber mit Herberger. Vorher aber hatte es wohl mehrere Gespräche zwischen ihm und Felix Linnemann in Berlin gegeben. Im Zuge der Veränderungen im deutschen Sport, die auch den DFB betrafen, sollte Otto Nerz im Fachamt den Posten als Verantwortlicher für die Nationalmannschaft erhalten. Das war eine ehrenamtliche Tätigkeit, wie ja auch Linnemann sein Amt als Fachamtsleiter ehrenamtlich wahrnahm. Details sollten nach den Spielen geklärt werden. Denn wie die Neuerungen im Sport im Allgemeinen und für den DFB bzw. das Fachamt Fußball im Konkreten aussehen würden, das wusste im Frühjahr 1936 vermutlich noch nicht einmal der Reichssportführer von Tschammer und Osten selbst. Nerz und Linnemann waren sich auch im Klaren darüber, dass dann natürlich jemand für die praktische Arbeit mit der Nationalmannschaft gefunden werden musste. Das war Nerz' Angebot an Herberger. Nachzulesen in Herbergers internen Aufzeichnungen. Der Reichstrainer fragte Herberger während des Aufenthalts in Duisburg an der Sportschule, ob er sich vorstellen könne, unter ihm, Nerz, als Verantwortlichem für die Nationalmannschaft im Fachamt Fußball, als Trainer zu arbeiten. Herberger behielt diesen Teil des Vorgangs auch nach dem Krieg für sich. Das passte nicht in die Story vom „in Ungnade" gefallenen Reichstrainer Nerz und der glatten Nachfolge durch ihn, Herberger. Herberger selbst deutet in seinen Aufzeichnungen an, dass ihm bei dem Vorschlag von Otto Nerz ganz andere Gedanken gekommen sind. Herberger, so stellt er es zumindest dar, habe Nerz keine Zusage gegeben, unter ihm als Betreuer der Nationalmannschaft zu arbeiten. Das kann so gewesen sein, aber es gibt auch gute Gründe zur Annahme, dass sich Nerz mit einem Schweigen Herbergers als Antwort nicht zufrieden gegeben hat und Herberger die Dinge nur anders darstellte.

Dem Lehrgang in Duisburg folgten im Mai fünf Übungsspiele gegen die englische Profimannschaft vom FC Everton. Dann war wieder Duisburg an der Reihe. Der Lehrgang dauerte vom 30. Juni bis 19. Juli 1936. In Duisburg wurde auch entschieden, wer zu den 22 Spielern gehörte, die in Berlin für Deutschland die Goldmedaille gewinnen sollten. Herberger war dabei, als Nerz die Namen bekannt gab. Herberger scheint auch diesmal fest damit gerechnet zu haben, dass sein Name fallen und er an der Seite von Nerz offiziell zum Betreuerstab der Nationalmannschaft gehören würde. Der Name Herberger fiel nicht. Auch Linnemann, der darüber das letzte Wort gehabt hätte, scheint auf diesen Gedanken nicht gekommen zu sein. Herberger fuhr dann auf eigene Faust als Privatmann nach Berlin. Was sich daraus ergab, gehört in den zweiten Teil dieser bald darauf folgenden Episode, die zu den undurchsichtigsten Kapiteln in der Geschichte des DFB gehört.

Zwei wichtige Spieler fehlten Nerz in seinem Olympia-Aufgebot: Conen wegen Krankheit und Szepan, weil er wegen der Schalker Berufsspielaffäre aus dem Jahr 1930 nach den Amateurbestimmungen des IOC nicht teilnahmeberechtigt war. Auch Richard Hofmann wäre im übrigen aus diesem Grund nicht teilnahmeberechtigt gewesen. Seppl Fath fehlte ebenfalls, aber nicht, weil ihn Nerz nicht dabei haben wollte, wie später behauptet wurde, sondern weil er in Hohenlychen unweit von Berlin in einer Klinik am Meniskus operiert wurde. August Lenz mitzunehmen, darf rückblickend zumindest auch als problematisch angesehen werden, denn der Dortmunder war sechs Wochen zuvor am Blinddarm operiert worden. Dass er schon wieder im Vollbesitz seiner Kräfte war, darf bezweifelt werden. Auch Paul Janes klagte über Schmerzen im Bein und wurde medizinisch behandelt. Am 23. Juli erfolgte der Einzug der Nationalmannschaft ins Olympische Dorf.

Nach dem Auftaktspiel gegen Luxemburg war die Welt für die deutschen Fußballer noch in Ordnung. Mit 9:0 wurde ein - zugegeben schwacher - Gegner geschlagen. Aber in dieser Höhe muss auch gegen einen schwachen Gegner erst einmal gewonnen werden. Jeweils drei Tore schossen Willy Simetsreiter von den Bayern und Adolf Urban von Schalke 04. Damit empfahlen sie sich für das nächste Spiel und wurden auch aufgestellt. Im Sturm gab es Veränderungen, für Hohmann und Gauchel kamen Siffling und Lenz ins Spiel. Auch Bernard und Ditgens wurden gegen Norwegen aufgestellt. Das geschah gegen den Willen von Otto Nerz. Der Reichstrainer wollte mit der stärksten Mannschaft antreten. Fachamtsleiter Felix Linnemann, nach Herberger ein „Verjüngungsapostel", sah es anders und stellte am Ende die Mannschaft alleine auf, und zwar in Abwesenheit von Otto Nerz. So nachzulesen bei Seppl Herberger. Herberger war dabei, als Linnemann die Mannschaft aufstellte. Er teilte im Stillen die Meinung von Nerz. Dass Herberger doch noch beim „Stab" des Fachamtsleiters landete, war nach seiner Version der reine Zufall. Er sei Linnemann in Berlin über den Weg gelaufen, und der habe ihn gleich eingespannt. Herberger sollte die möglichen nächsten Gegner in ihren Spielen beobachten.

So wurde Herberger auch Zeuge der Vorgänge im Lager der deutschen Mannschaft vor dem Spiel gegen Norwegen. Daraus sollte er Kapital in eigener Sache schlagen. Das Spiel gegen Norwegen am 7. August erhielt durch die Anwesenheit von Adolf Hitler und anderer Größen des Dritten Reichs noch eine besondere Bedeutung. Nun galt es vor den Augen des „Führers" zu bestehen. Etwas anderes als ein Sieg kam gar nicht in Frage. Die Norweger rechneten sich wohl auch keine Chancen aus und feierten deshalb am Abend zuvor bereits ihren Abschied von Berlin. Doch dann mussten sie - wohl auch zur eigenen Überraschung - einige Tage länger in Berlin bleiben. Es kam alles ganz anders, denn am Ende des Spiels hieß es 2:0 für Norwegen. Das war für die Gastgeber unfassbar. Die Nation war wie gelähmt. Der „Führer" habe schon vor dem Schlusspfiff als schlechter Verlierer verärgert das Stadion verlassen, schreiben die einen, die anderen behaupten, er hätte bis zum Schluss ausgeharrt. Nerz war nach der Niederlage „zum Weinen" zumute, und Felix Linnemann, dem Verantwortlichen für die Aufstellung, schien es zunächst einmal die Sprache verschlagen zu haben.

Nachdem man sich selbst ausreichend bemitleidet hatte, ging es wie im Fußball üblich an die Erforschung der Ursachen für die Niederlage. Das Volk nahm sich der Sache am Stammtisch an; die Experten mussten erst einmal Atem holen und nachdenken. Von der Aufstellungsakrobatik Linnemanns wusste weder die Öffentlichkeit etwas noch die Fachpresse. Diskutiert wurde fast ausschließlich darüber, warum Deutschland verloren, nicht aber, weshalb Norwegen gewonnen hatte. Dabei hatte der Sieg einen Vater, und der saß auf der norwegischen Bank am Spielfeldrand: Assi Halvorsen. In seiner Zeit als aktiver Fußballer spielte er beim Hamburger SV. Zehn Jahre lang bis 1933 stand er dort auf dem Mittelläufer-Posten. Er kannte das deutsche Spiel und die Spieler, auch ihre Schwächen und die Schwachstellen der Mannschaft. Halvorsen ließ die seinen gegen die Deutschen englisch spielen. Das lag der deutschen Mannschaft überhaupt nicht. Das war bekannt. Gegen englische Mannschaften sah die deutsche Nationalmannschaft nie gut aus. Das hatte sich zuletzt im Mai bei den Übungsspielen gegen die Profis aus Everton einmal mehr bestätigt. Das Reichssportblatt berichtete von drei dieser Begegnungen. Zwei davon gingen klar mit 3:0 bzw. 3:1 verloren. Ein Spiel, und dabei scheint Fortuna der deutschen Mannschaft besonders entgegengekommen zu sein, wurde mit 4:1 gewonnen. Die Engländer, so das Reichssportblatt weiter, seien ansonsten in allen Belangen überlegen gewesen. Die norwegischen Verteidiger, durchweg hochaufgeschossene junge Männer, taten es den Engländern gleich und standen das ganze Spiel eng am Mann. Doch das allein konnte es nicht gewesen sein. Eine starke Mannschaft findet auch gegen solche Gegner die geeigneten Mittel und Wege, um sich durchzusetzen. Der deutschen Mannschaft gelang das in den neunzig Minuten gegen Norwegen nicht.

Wie bei Niederlagen mit historischer Dimension üblich, musste ein Schuldiger her. Die schlechtesten Karten besitzt dabei, wie auch heute noch, der Trainer. Otto Nerz anzugreifen, war allerdings aus zwei Gründen nicht so ganz einfach: In den letzten drei Jahren hatte die deutsche Fußball-Nationalmannschaft unter seiner Leitung von 34 ausgetragenen Spielen 26 gewonnen und nur vier verloren, vier Spiele endeten unentschieden. Unter Nerz gelang Deutschland mit dem dritten Platz bei der Weltmeisterschaft in Italien der Anschluss an die Weltspitze. Und nur drei Tage vor dem Spiel gegen Norwegen siegte die deutsche Mannschaft hoch mit 9:0 gegen Luxemburg. Der zweithöchste Sieg in der Länderspielgeschichte. Zum anderen konnte auch die Presse nicht wie früher eine Kampagne gegen den Trainer in Gang setzen.

Solche Attacken konnten ins Auge gehen, weil sie auch als ein Eingriff in die Kompetenzen des Fachamtsleiters verstanden werden konnten. Substanzielle Kritik war nur von oben erlaubt. Um so wüster brodelte es in der Gerüchteküche, für autoritäre Regime charakteristisch. An Gerüchten ist meist etwas dran, und sie sind zählebig. Nach dem Krieg wurde dann der Faden wieder aufgenommen und an der falschen Legende weiter gestrickt. Am Ende las sich das dann so: Otto Nerz habe wegen der Niederlage gegen Norwegen zurücktreten müssen. Dieser Satz gilt unangefochten bis heute als historische Wahrheit. Aber er ist falsch. Und die Spuren führen, wen wundert es, zu Seppl Herberger. Nerz konnte das nicht mehr richtig stellen, weil er 1949 in einem Lager des sowjetischen Geheimdienstes NKWD starb. Die anderen schwiegen, einige mit erkennbar schlechtem Gewissen. Prof. Glaser, der ehemalige Spielausschussvorsitzende, äußerte gegenüber einem Journalisten Ende der fünfziger Jahre: „Otto Nerz wurde schweres Unrecht angetan." Nerz, soviel sei vorweggenommen, ist nach der Niederlage gegen Norwegen weder zurückgetreten, noch wurde er gefeuert.

Aber es wurden Ränke gegen ihn geschmiedet. Linnemann stand nicht zu seinen eigenen Fehlern, denn die Aufstellung der Mannschaft ging auf sein Konto. Doch Details waren nur ganz wenigen bekannt. Herberger zum Beispiel. Nach der blamablen Niederlage gegen Norwegen sah Herberger jetzt seine Chance, den Reichstrainer zu beerben. Dafür musste er etwas tun. Es war Herberger, der direkt nach dem Spiel, als man sich ohne vorherige Absprache mit Otto Nerz in Charlottenburg im Kriminologischen Institut, dem Arbeitsplatz von Linnemann, traf und die Attacken gegen Nerz einleitete. Nerz schreibt zu diesem Vorgang an seinen Vorgesetzten an der Reichsakademie für Leibesübungen, Dr. Carl Krümmel: „Herr Linnemann befahl den Umzug aus dem Dorf (gemeint ist das Olympische Dorf, Anm. d. Verf.) ins Polizeiinstitut, trotzdem der Reichssportführer die Mannschaft im Dorf behalten wollte. Die Mannschaft wurde zerrissen, indem sie in verschiedene, auseinander liegende Quartiere gebracht wurde. Ich wurde ausgeschaltet, und Anordnungen, die in meinen Arbeitsbereich gehörten, wurden ohne mich getroffen." Was dann im Kriminologischen Institut geschah, hat Herberger in seinen Aufzeichnungen teilweise in gekonnt dramatischer Form geschildert. Linnemann, Dr. Haggenmiller, Glaser und andere seien zugegen gewesen, einige Spieler und er. Nerz stieß erst später zur Runde. Da war man schon beim entscheidenden Punkt angekommen. Und das Wort scheint nicht Linnemann, sondern Herberger geführt zu haben. Linnemann habe geschwiegen und sich zurückgehalten, schreibt Herberger. Linnemann dürfte auch gewusst haben, warum. Herberger kritisierte Nerz wegen dessen überharten Trainings während der Vorbereitung. Die Mannschaft sei kaputt gewesen. Damit war der Schuldige für die Niederlage gefunden. Ein Ausweg auch für Felix Linnemann.

Die Vorgänge um die Aufstellung der Mannschaft gegen Norwegen scheint Herberger hingegen nicht angesprochen zu haben. Auch das dürfte Linnemann wohlwollend und dankbar registriert haben. Ganz davon abgesehen, dass es grundsätzlich nicht ratsam war, den Fachamtsleiter in einer solchen Runde öffentlich anzugreifen. Das wäre das Ende der Karriere des Sepp Herberger gewesen. Aber solche Fehler unterliefen Herberger nicht. Nerz widersprach Herberger in dem entscheidenden Punkt nicht, aber er nannte andere Ursachen für die Übermüdung der Mannschaft. Er habe bereits am 1. Juli, als die Nationalmannschaft im Trainingslager einrückte, den schlechten körperlichen Zustand der Spieler festgestellt. Den Spielern habe, nach Nerz' Auffassung, die Regenerationspause gefehlt. Soviel Herberger auch sonst über diese aufgeregte Sitzung nach dem Spiel zu Papier gebracht hat, auf die Argumente von Nerz geht er nicht ein. 1950 stellt Herberger diesen Vorgang in einem Gespräch mit dem Journalisten Robert Ludwig, der unter der Überschrift „Janes schleift ja ein Bein!" darüber einen Artikel verfasste, so dar: „Das Spiel gegen Norwegen stand vor der Tür. Felix Linnemann, Prof. Glaser und Herberger, den Linnemann - anscheinend aus schlechten Ahnungen - nach Berlin gerufen hatte, fuhren zum Abschlusstraining der Olympiamannschaft ins Poststadion. Ein Blick dieser alten Fußballhasen genügte: Was sich da unten auf Laufbahn und Rasen bewegte, war völlig übertrainiert. Soeben jagte Dr. Nerz, die Stoppuhr in der Hand, Paul Janes über die 400-Meter-Strecke. „Der Janes schleift ja das eine Bein nach!" rief Glaser entsetzt. Robert Ludwig hatte seinen Beitrag nach besagtem Gespräch mit Herberger geschrieben. Er dürfte sich die Dinge kaum aus den Fingern gesogen haben. Dass die Sache von Herberger in eindeutiger Absicht inszeniert wurde, zeigt schon der Anfang des Artikels. In Herbergers Aufzeichnungen steht, dass er auf eigene Faust zu den Olympischen Spielen nach Berlin gefahren sei; nun plötzlich hat Linnemann in seiner Not Herberger nach Berlin gerufen. Sollte Nerz tatsächlich am Vormittag vor dem Spiel gegen Norwegen 400-Meter-Läufe angeordnet haben, so wäre das allerdings eine absolut unverständliche Entscheidung gewesen. Nerz war ja nicht nur ein erfahrener Trainer, sondern auch Arzt. Für seine Arbeit über ein sportmedizinisches Thema wurde ihm im selben Jahr der Grad eines Doktors der Medizin verliehen. Wenn diese 400-Meter-Läufe auf seine Anweisung erfolgt sein sollten, dann war Nerz entweder ein schlechter Mediziner oder ein Sadist.

Der einzige noch lebende Zeitzeuge ist Nationalspieler Willy Simetsreiter von Bayern München. Die 400-Meter-Läufe bestätigte er. Er selbst habe sich auch über diese mörderischste aller Sprintstrecken quälen müssen. Die Spieler, und er sei dabei gewesen, berichtet Willy Simetsreiter, hätten Nerz gefragt, was das solle. Nerz habe darauf nur mit den Schultern gezuckt und geantwortet, das habe der medizinische Verantwortliche für die Nationalmannschaft, Dr. Haggenmiller, angeordnet, und der müsse als Mediziner wissen, was er tue. Angeordnet wurden diese 400-Meter-Läufe, so Willy Simetsreiter, wegen Paul Janes. Es sei darum gegangen, durch eine starke körperliche Belastung zu klären, ob die Verletzung von Janes vollständig ausgeheilt sei und er wieder voll belastbar sei oder nicht. Die 400-Meter-Strecke scheint für Haggenmiller der richtige Härtetest gewesen zu sein, um das festzustellen. Dabei wurde eine Zeit von unter 65 Sekunden vorgegeben. Weil Janes, so Willy Simetsreiter weiter, es beim ersten Mal nicht packte, bekam er eine zweite „Chance" und durfte noch einmal an den Start. Und weil ein Mann schlecht die 400 Meter allein auf Zeit laufen kann, mussten immer einige von uns mitlaufen, sagt Willy Simetsreiter. Alle anderen Erklärungen ergeben keinen Sinn. Wenige Stunden vor einem Länderspiel Kondition zu bolzen, wäre selbst einem Laientrainer nicht in den Sinn gekommen. Und das mit übermüdeten Spielern!

Dies steht auch völlig im Widerspruch zu Nerz' eigenen Anordnungen im Vorfeld der Olympischen Spiele. Am 15. Juni, sechs Wochen vor Beginn der Spiele, schreibt Nerz an die Auswahlspieler einen Brief, in dem es heißt: „In der Zeit bis zum Kursbeginn ist vom Reichsfachamtsleiter für die Olympiakandidaten vollkommene Fußballruhe angeordnet. Dagegen ist es erforderlich, dass das Konditionstraining in mäßigen Grenzen weitergeführt wird und das alle Verletzungen durch Ruhe und Pflege behoben werden. Für das Training genügt zweimal Lauftraining pro Woche. Baden, Schwimmen etc. wird empfohlen. Dazu täglich morgens früh vor der Arbeit und abends nach der Arbeit jeweils 15 Minuten Gymnastik." Auch Herberger gehörte zu den Empfängern dieses Rundschreibens. In seiner Doktorarbeit hatte Nerz, der seine Pappenheimer in den Vereinen kannte, geschrieben: „Der Patient sowohl wie der Vereinsführer haben im allgemeinen keine Ahnung von Spätschäden und Veränderungen, die sich erst nach vielen Jahren einstellen. Für sie findet der Fall die beste Lösung, wenn die Sportfähigkeit möglichst schnell wieder hergestellt wird, denn in diesen Kreisen werden Sportfähigkeit und Gesundheit gleichgesetzt. Damit aber die Zuflucht nicht zu schädlichen Gewaltkuren genommen wird und ein wirklicher zweckentsprechender Heilplan aufgestellt und durchgeführt wird, ist eine Mitarbeit des Arztes im Vereinsbetrieb und insbesondere ist auch eine Zusammenarbeit mit dem Vereinsmasseur nötig."

Mit gleichem Datum wie der Brief an die Auswahlspieler ergeht auch noch ein Schreiben an die mitverantwortlichen Trainer, darin wird Nerz noch deutlicher: „Wir bitten Sie, die Aufsicht zu übernehmen und sich mit Ihrem(n) Pflegebefohlenen in Verbindung zu setzen und die nötigen Verabredungen zu treffen. Im ganzen kommen etwa 5-6 Trainingsabende in Frage. Dabei ist zu beachten, dass die Spieler nicht zu sehr angestrengt werden, da sie sich ja gleichzeitig von den Strapazen der Spielzeit erholen sollen." Einer der Empfänger dieses Schreibens war Seppl Herberger. Was Nerz da schreibt, sind klare Worte, aus denen der verantwortungsbewusste Mediziner und Kenner der Materie spricht. Hier stellt sich natürlich zwangsläufig die Frage, warum Nerz nicht eingegriffen hat, als Haggenmiller die 400-Meter-Läufe anordnete. Herberger, in der Charakteranalyse ein Naturtalent par excellence, hätte die Gründe für Nerz' passives Verhalten benennen können. „Nerz gab zu schnell auf", schrieb Herberger, „und setzte falschen Entscheidungen zu wenig Widerstand entgegen." Taktieren und Lavieren lag ihm schon gleich gar nicht. Doch der Einzelkämpfer Nerz verstand es auch nicht, um Verbündete zu werben. Herberger war da aus ganz anderem Holz geschnitzt.

Nerz, so analysierte Herberger, habe Linnemann vor dem Spiel gegen Norwegen viel zu wenig Widerstand entgegengesetzt, als dieser sich für die Aufstellung von Bernard und Ditgens aussprach. Zuvor hatte er schon gegenüber dem Spielausschussvorsitzenden Prof. Glaser nachgegeben, als der entgegen der Meinung von Nerz dafür plädiert hatte, statt Kitzinger Bernard mit ins Olympiaaufgebot zu nehmen. Glaser setzte sich durch. Nerz selbst kannte seine Schwächen. In einen Briefentwurf an Felix Linnemann, vermutlich im September 1936 zu Papier gebracht, schreibt Nerz: „Unser Dienstverhältnis war ein ausgezeichnetes, wenn Sie mich auch mal schlecht behandelt haben. Das ist Ihre Art und damit habe ich mich abgefunden." Auch seinem Assistenten Herberger setzte Nerz zu wenig Widerstand entgegen, als der zur Attacke gegen ihn blies. Herberger verstand es auch meisterlich, seine Anliegen dramatisch in Szene zu setzen. Noch Jahrzehnte danach erzählte Herberger Journalisten, wie sich Karl Hohmann bei dem Zusammentreffen im Kriminologischen Institut nach dem Spiel gegen Norwegen erregt an Nerz mit den Worten gewandt haben soll: „Wir haben ja nicht einmal Zeit zum Kakken gehabt." Dieser Satz hat Fußballgeschichte gemacht. Allerdings zitiert Herberger an anderer Stelle in seinen Aufzeichnungen Münzenberg haargenau mit dem gleichen Satz. Natürlich kann das Zufall sein. Unabhängig davon, ob dieser Satz überhaupt jemals gefallen ist oder nicht, zielt er in eine bestimmte Richtung. Hier wird die zweite Front gegen Nerz aufgebaut. Zwischen dem Olympischen Dorf, in dem die Nationalspieler wie alle anderen Olympiateilnehmer untergebracht waren, und dem Übungsplatz in Potsdam mussten mit dem Bus täglich rund 100 km zurückgelegt werden. Das dürfte stressiger gewesen sein, als das Training selbst. Nur, kann man dafür Nerz verantwortlich machen? Möglicherweise hat er sich auch hier nicht energisch genug zur Wehr gesetzt. Ob es etwas genutzt hätte, ist allerdings zu bezweifeln, denn das man bei Spielen mit einer so großen Teilnehmerzahl auch Übungsplätze außerhalb Berlins mit einbeziehen musste, war eigentlich klar. Insgesamt betrachtet, wird man bei diesem Teil der gegen Nerz erhobenen Vorwürfe erhebliche Abstriche machen müssen. Vieles scheint unter der Regie von Seppl Herberger bewusst falsch dargestellt worden zu sein.

Selbstverständlich meldeten sich nach der Niederlage gegen Norwegen auch wieder die „Systemkritiker" zu Wort. Ernst Werner von der „Fußball-Woche" hielt dagegen, in dem er auf die Erfolge mit diesem System unter Nerz hinwies. Willy Simetsreiter von Bayern München nennt noch eine Ursache für die Niederlage gegen Norwegen, die bisher in der Literatur überhaupt noch nicht diskutiert wurde: Adolf Hitler. Das hört sich zunächst wie ein Scherz an. Aber Willy Simetsreiter ist es ganz ernst mit seiner Vermutung. Im schönsten Münchnerisch erzählt er, dass kurz vor Beginn des Spiels der Besuch von Adolf Hitler bei der Mannschaft in der Kabine angekündigt wurde. Diese Stippvisite scheint kurzfristig eingeplant worden zu sein. Die Spieler wurden von dieser Meldung völlig überrascht. Wahrscheinlich hatte vorher noch keiner der Spieler Hitler persönlich gegenüber gestanden. Dann kam der „Führer" und schüttelte jedem die Hand. Hitler, der längst zu einer überdimensionalen historischen Gestalt ausgewachsen war, wirkte wie lähmend auf die Spieler. Die Gedanken wurden vom Ball abgezogen und gerieten unwiderstehlich in den Bann dieses Mannes. Noch unter dem Eindruck der Begegnung lief die Mannschaft aufs Spielfeld. Willy Simetsreiter: „Wir war'n noch ganz durcheinander." So spielte die deutsche Mannschaft dann auch. Die ganzen neunzig Minuten waren ein einziges Stückwerk. Hitler war zum mentalen Problem geworden, würden wir heute sagen.

Die Auseinandersetzung um die Ursachen für diese Niederlage wuchs sich schließlich zur größten Affäre im deutschen Fußball aus. Streckenweise ging es zu wie in einem Krimi, an Schurken und „Gaunereien" scheint es nicht gefehlt zu haben. Es begann mit einer Überraschung. Am 22. September 1936 meldete unter anderem „Der Angriff", das Blatt des Propagandaministers Joseph Goebbels: „Herberger neuer Reichstrainer." Im Text heißt es: „Durch die Verpflichtung des langjährigen Sportlehrers des Fachamts Fußball, Dr. Otto Nerz, an die Reichsakademie für Leibesübungen, an der Dr. Nerz seinen Dienst bereits am 1. April d.J. antrat, war der Posten des Fachamtstrainers frei geworden. Zum Nachfolger für den bisherigen, verdienten Reichstrainer wurde Seppl Herberger verpflichtet, der den Posten offiziell am 10. Oktober d.J. übernimmt." Wer allerdings Herberger als Reichstrainer verpflichtet hatte, darüber gab der Text keine Auskunft. Herberger selbst wusste nichts davon. Zumindest stellte er es so dar. Weder hatte er einen Brief bekommen, noch hatte ihm eine dazu autorisierte Person seine Berufung zum Reichstrainer fernmündlich mitgeteilt. Immerhin sehr seltsam. Aber Glückwunschtelegramme gingen bei Herberger in Duisburg ein. Es hat sich auch später nie jemand, weder eine Person noch eine amtliche Stelle, zu diesem Text bekannt.

Auch nach 1945 wurde das Geheimnis nicht gelüftet. Jürgen Leinemann schreibt dazu in seiner Herberger-Biographie folgendes: „Herbergers Vermutung, dass der Artikel damals von Nerz selbst lanciert worden sei, schien sich zu bestätigen." Der Vorwurf rückt Nerz fast schon in die Nähe des Kriminellen. Beweise werden auch hier nicht geliefert. Der Text wurde in verschiedenen deutschen Zeitungen veröffentlicht und trug unverkennbar amtlichen Charakter. Der Meldung lag unverkennbar eine Presseerklärung zugrunde. Und wenn sie nicht von einer zuordenbaren Person unterschrieben war, dann wäre sie überhaupt nicht zur Kenntnis genommen worden. Und hätte sie die Unterschrift von Dr. Otto Nerz getragen, hätte die Presse natürlich gewusst, dass Nerz dazu nicht befugt war. Zudem hätte sich Jürgen Leinemann die Frage stellen können, welches Interesse denn Otto Nerz an einer solchen Pressemitteilung haben konnte. Der Vorteil lag doch auf Seiten Herbergers. Er wurde zum Reichstrainer ernannt. Mit seinen Vermutungen hat Jürge Leinemann den Bemühungen um eine Aufklärung dieser seltsamen Geschichte keinen guten Dienst erwiesen.

Aber wer könnte dann diese Presseerklärung abgeschickt haben? Zwei Dinge fallen bei diesem Text ins Auge: Zum einen ist er in bestem Amtsdeutsch abgefasst, und zum zweiten enthält er

Informationen, die nur Insidern bekannt gewesen sein dürften. Doch es fällt auch auf, dass von Nerz' zukünftiger Position im Fachamt Fußball, wie sie zwischen Linnemann und Nerz verabredet war, nicht die Rede ist.

Unmittelbar nach dem Tag des vermeintlichen Dienstantritts von Seppl Herberger, dem 10. Oktober, trug die Nationalmannschaft zwei Spiele aus. Am 14. Oktober 1936 spielte sie in Glasgow gegen Schottland (0:2) und am 17. Oktober in Dublin gegen Irland (2:5). Auf der Trainerbank saß nicht Herberger, sondern Nerz. Herberger wurde unruhig. Er schrieb einen Brief an Felix Linnemann, in dem er um Aufklärung bat und versuchte, Nerz in einem Gespräch zu stellen. Doch beide reagierten nicht. Sie dürften auch gewusst haben, warum sie auf Herbergers Ansinnen nicht eingingen. Herberger erwog sogar rechtliche Schritte, um die Sache aufzuklären.

Am 6. Oktober schrieb er an Linnemann in schönstem Juristendeutsch: „Ich beabsichtige nun von mir aus, als der in ihrem Ansehen geschädigten Person, von dem betreffenden Nachrichtenbüro die Nennung des Namens ihres 'Lieferanten' unter Androhung und notfalls auch unter Anstrengung eines Prozesses zu verlangen." Doch eine reale Gefahr steckte in dieser Drohung für den Absender der Pressemitteilung, wer immer es war, natürlich nicht. Herberger pokerte nur. Im weiteren Text des Briefes an Linnemann heißt es dann, die Drohung halb zurücknehmend: „Ich möchte gern Ihre Meinung in dieser Sache wissen und werde auf keinen Fall etwas unternehmen, ohne Ihr Einverständnis zu haben." Dies dürfte ihm Linnemann kaum gegeben haben. Ein Antwortschreiben von Linnemann an Herberger fand sich in seinen Unterlagen nicht. Ein bisschen drohen und auf den Busch klopfen gehörte zum Instrumentarium des Taktikers Herberger. Dasselbe gilt für die Rücktrittsdrohungen, die bald folgten. Nur 1964 machte er am Ende seiner Laufbahn eine Ausnahme und trat tatsächlich zurück. Der Öffentlichkeit aber blieb das weitgehend verborgen.

Dann kam der 2. November 1936. Die „Fußball-Woche", inzwischen amtliches Fachblatt für die Nordgaue, veröffentlichte eine Erklärung des Fachamts Fußball, unterzeichnet vom Fachamtsleiter Felix Linnemann und versehen mit einem Kommentar zur Erläuterung des Inhalts, wie es auch bei Gesetzestexten üblich ist. Der Verfasser des Kommentars mit offiziellem Charakter war Ernst Werner. Alle, die bis dahin von der Richtigkeit der Meldung vom 22. September mit der Ausrufung Herbergers zum Reichstrainer ausgegangen waren, werden sich jetzt erst einmal die Augen gerieben haben. Diese beiden Texte muss man sich in aller Ruhe ansehen. Interessanterweise spielt diese Erklärung vom 2. November 1936 in der Literatur der Gegenwart überhaupt keine Rolle.

Dabei war sie schon vom Umfang her eigentlich nicht zu übersehen. Sie nimmt immerhin eine ganze Seite ein. Die Überschrift lautet: „Neuregelung der sporttechnischen Leitung im Fachamt Fußball." Darin heißt es nun, wohl zu Herbergers größter Überraschung: „Neben dem Hauptsportwart wird Dr. O. Nerz Referent für die Schulung, Betreuung und Aufstellung der Nationalmannschaft sowie für die fachtechnische Anweisung der Sportlehrer unter unmittelbarer Verantwortung dem Reichsfachamtsleiter gegenüber. (...) Zum Reichstrainer des Fachamts ist Sportlehrer Herberger ernannt worden. Mit dieser amtlichen Regelung dürften die immer wieder auftretenden Gerüchte erledigt sein. Dr. Nerz ist nicht entlassen oder beurlaubt worden; er ist anlässlich seiner Übernahme in die Reichsakademie auf seinen Antrag aus dem Angestelltenverhältnis des Fachamts ausgeschieden." (Nachweislich geschah das mit dem 1. Juni 1936. So stand es im übrigen auch ein Jahr später im Reichssportblatt.) Und im offiziellen Kommentar dazu schreibt Ernst Werner vorausahnend, dass die Geschichte mit dieser Erklärung noch nicht ausgestanden ist: „Dr. Nerz ist zukünftig nicht mehr der Reichstrainer des Fachamts Fußball, aber er ist der Linnemann unmittelbar und **allein** Verantwortliche für alles, was mit der Nationalmannschaft zu tun hat. Für alles!

Er leitet die Schulung der Nationalmannschaftsanwärter durch die Sportlehrer des Fachamts Fußball, er wählt die Spieler für die Nationalmannschaft aus (er ganz allein), er stellt die Nationalmannschaft auf und er gibt den Sportlehrern des Fachamts die fachtechnischen Richtlinien für ihre Arbeit in allen Dingen unmittelbar dem Reichsfachamtsleiter Linnemann gegenüber verantwortlich." Herberger bekam einen Titel, aber keine Kompetenzen. Man hatte sich nicht einmal die Mühe gemacht, Herbergers Tätigkeitsfeld zu beschreiben, so unwichtig nahm man ihn.

Bei Otto Nerz liefen jetzt unterhalb des Fachamtsleiters in puncto Nationalmannschaft alle Entscheidungen zusammen. „Nerz hat nun mehr Macht als er jemals zuvor hatte, er ist durch diese Entscheidung quasi Reichstrainer und Vorsitzender des Spielausschusses in einer Person", konstatierte Herberger sichtlich enttäuscht. Mit dieser Einschätzung lag er absolut richtig. Soviel Entscheidungsbefugnisse in Sachen Nationalmannschaft hatte Nerz zuvor niemals besessen. Der Sturz eines Trainers sieht anders aus. Das liest sich eher wie die Fortsetzung einer Karriere auf höherem Niveau. Gefasst wurde dieser Beschluss fast zwei Monate nach der Niederlage gegen Norwegen. Trotzdem stellt die Nachkriegsliteratur den Wechsel von Nerz zu Herberger immer als eine Folge dieser Niederlage dar. Das passt nicht zusammen. Doch wer hatte schließlich Herberger in der zweiten Septemberwoche zum Chef der Nationalmannschaft ausgerufen? Wie immer man die Sache dreht und wendet, es dürfte Felix Linnemann gewesen sein, der nun von oben zu einer Rückrufaktion verdonnert wurde. Ein anderer als Linnemann hätte eine solche Entscheidung wie die Ernennung Herbergers zum Reichstrainer im September überhaupt nicht treffen können. Wäre eine Ablösung von Otto Nerz auf Wunsch einer Linnemann übergeordneten Stelle erfolgt, dann hätte man wegen des Absenders auch kein Versteckspiel inszenieren müssen. Das Fachamt hätte eine Anordnung ausgeführt. So wie es dann am 2. November auch geschah. Diese Entscheidung, darauf wird gleich am Anfang des Beschlusses hingewiesen, erfolgte „im Einvernehmen mit der Reichssportführung." Nach den Unterlagen des schriftlichen Nachlasses von Otto Nerz in Verbindung mit Herbergers Aufzeichnungen lässt sich in etwa ein Szenario über die Tage unmittelbar nach der 0:2-Niederlage entwerfen.

Bei dem Zusammentreffen in Charlottenburg am Nachmittag nach dem verlorenen Spiel scheint sich Linnemann zurückgehalten zu haben. Die Angriffe gingen von Herberger aus. In dem bereits erwähnten Brief an Dr. Carl Krümmel vom 18. August, eine Woche danach, schreibt Nerz weiter: „Den Gerüchten schenkte der Fachamtsleiter Gehör und Glauben. Er selbst suchte, mir die Schuld aufzuladen. Die Gerüchte wurden nicht richtig gestellt. Im Gegenteil, bei maßgebenden Leuten von Partei und Staat machte Herr Linnemann Äußerungen, die der Wahrheit ins Gesicht schlugen." Folglich müssen die Angriffe gegen ihn innerhalb des Zeitraums zwischen dem 7. und dem 18. August erfolgt sein.

Was sich da im einzelnen abgespielt hat, lässt sich nur erahnen. Aber soviel verrät das Schreiben auf jeden Fall: Zwischen Linnemann und Nerz ging nichts mehr, sie standen sich feindlich gegenüber. Aber da gab es noch eine Vereinbarung zwischen Linnemann und Nerz, für Nerz einen Posten im Fachamt Fußball zu installieren. Davon wollte Linnemann nun offensichtlich nichts mehr wissen. Eine Zusammenarbeit mit Nerz kam für ihn nicht mehr in Frage. Deshalb trat Linnemann die Flucht nach vorn an. Mit der Ernennung Herbergers zum Reichstrainer wollte er sich auf elegante Art auch der Abmachung mit Nerz entledigen. Seine Integrität als Amtsleiter berührte das nicht. Die Abmachungen mit Nerz dürften nicht nur der breiten Öffentlichkeit unbekannt gewesen sein, sondern vermutlich selbst dem Reichssportführer. Diese Vereinbarung hatte zu keinem Zeitpunkt offiziellen Charakter. Hier stand Linnemann niemandem gegenüber im Wort. Er war der Fachamtsleiter und nach dem Führerprinzip mit den Machtbefugnissen eines Alleinherrschers ausgestattet, der es sich anders überlegt hatte. Und nach Niederlagen von historischer Dimension die Trainer auszuwechseln, gehört ja auch heute noch zur gängigen Praxis im Fußball. Dabei lässt man meistens dem Trainer den Vortritt. So rief Linnemann Herberger zum Reichstrainer aus und meinte, damit das Problem mit Nerz ebenfalls gelöst zu haben. Allerdings erwies sich das als ein Vorgriff auf die noch ausstehenden Veränderungen im Fachamt Fußball, die auch eine Neubestimmung der Kompetenzen des Fachamtsleiters beinhalteten. Darauf dürfte ihn jemand von oben aufmerksam gemacht haben. Der Beschluss in Sachen Reichstrainer wurde auf Eis gelegt, und um ihn nicht bloßzustellen, dürfte die Presse angewiesen worden sein, den Absender der Pressemitteilung, in der Herbergers Ernennung zum Reichstrainer mitgeteilt wurde, nicht bekanntzugeben. Dabei bleibt allerdings die Frage offen, warum die Presse nicht schon bei der Veröffentlichung der Meldung den Absender beim Namen genannt hat. Andererseits war es nicht zwingend geboten, ausdrücklich auf den Absender Bezug zu nehmen. Alles in allem kann man davon ausgehen, dass die Pressemitteilung auf Felix Linnemann zurückging. Eine andere Erklä-

124

rung fällt schwer. Herberger dürfte darüber mehr gewusst haben, als er später zugab. In seinen Unterlagen fand sich mit Datum vom 31. Oktober eine Notiz über ein Gespräch mit Felix Linnemann. „Ich sollte mich noch ein paar Tage gedulden. Es sei noch nicht alles entschieden. Er könne noch nichts sagen. Ich merkte, dass Linnemann kontra Nerz ist, mir gut will, aber scheinbar nicht alles so gut und glatt läuft, wie er es vorhatte und wie er es sich gedacht hatte." Danach folgt in Klammern ein Kommentar Herbergers. „Linnemann war in den Tagen nach der Niederlage gegen Norwegen zu schnell, zu hart und zu weit gegen Nerz vorgeprellt." Folgt man Herberger in seinen Notizen weiter, dann war es vor allem Dr. Carl Krümmel, der zugunsten seines frisch gebackenen Direktors an der Reichsakademie für Leibesübungen, Dr. Nerz, intervenierte. Krümmel, ein Mann, dem die harte Gangart in Wort und Tat wie kaum einem anderen von Natur aus lag, setzte sich nun für seinen Angestellten und Mitarbeiter Otto Nerz ein. Der rüde Umgang mit einem seiner Männer berührte auch sein eigenes Ansehen. Herberger wusste auch hier mehr, als er seinen Notizen anvertraute. In seinen Aufzeichnungen finden sich viele Andeutungen. Was fehlt, sind die konkreten Ausführungen. Krümmel habe bei Tschammer wegen des Umgangs mit Nerz protestiert.

Da wird was dran sein, es erklärt aber nicht, warum Nerz durch den Beschluss vom 2. November mit so weitreichenden Kompetenzen ausgestattet wurde, die auf jeden Fall sehr viel mehr waren, als eine nur förmlich gemeinte Rehabilitierung. Darauf wiederum hatte Krümmel mit Sicherheit keinen Einfluss. Auf jeden Fall griff von Tschammer ein. Der Beschluss vom 2. November ist das Werk des Reichssportführers. So sah es auch Herberger. „Tschammer sei über die Behandlung von Otto Nerz verärgert gewesen." Es darf angenommen werden, dass dieser Beschluss Linnemann mehr oder weniger diktiert wurde. Am Ende blieb ihm nur noch übrig, fügsam seine Unterschrift unter den Beschluss zu setzen. Damit standen auch die beiden großen Verlierer dieser Linnemann so gründlich missratenen Rochade in Sachen Betreuung der Nationalmannschaft fest: Er selbst und Seppl Herberger. Linnemann bloßzustellen, lag allerdings auch nicht im Interesse des Reichssportführers. Denn er hielt an ihm als Fachamtsleiter fest, wie er an den meisten bürgerlichen Sportführern festhielt. Herberger versuchte, den Beschluss vom 2. November 1936 und die Rolle von Tschammers als Taktik abzutun. Der Beschluss sei nur gefasst worden, um Nerz nicht bloßzustellen. Diese Argumentation überzeugt nicht, dafür war der Beschluss in Bezug auf Otto Nerz zu eindeutig. Peco Bauwens, der erste Präsident des DFB nach dem zweiten Weltkrieg, kannte den Beschluss vom 2. November und auch die Hintergründe. Er hätte die Sache richtig stellen können. Doch auch er sah untätig zu, wie die Geschichte auf die Kurzformel reduziert und dabei gefälscht wurde: Nerz sei wegen der Niederlage gegen Norwegen in Ungnade gefallen. Das es sich hierbei um die Lesart Herbergers handelte, wusste Peco Bauwens. Aber er ließ es durchgehen. Außerdem hatte Bauwens ganz entschieden dazu beigetragen, dass Herberger als Bundestrainer sein eigener Nachfolger geworden war. Herberger hatte so freie Hand, die Geschichte aus seiner Sicht und vor allem auch zu seinen Gunsten darzustellen. Er machte reichlich Gebrauch davon.

Dem vermeintlich nach den Olympischen Spielen in Ungnade gefallenen Otto Nerz wurde im übrigen mit Datum vom 23. Februar 1937 das Deutsche Olympia-Ehrenzeichen zweiter Klasse verliehen. Unterschrieben vom „Führer und Reichskanzler" Adolf Hitler. Und post festum schrieb das Reichssportblatt am 15. August 1939 wenige Tage vor Kriegsausbruch, als die Fußballwelt noch in Ordnung war, in einer Vorausschau auf das nächste Olympische Fußballturnier im Jahr 1940: „Das Reichsamt hat nämlich einen neuen Kampfplan ausgegeben! Unser olympischer Wille diktiert ihn. Wo die sportliche Ehre unseres Vaterlands auf dem Spiel steht, haben alle anderen Interessen und Interesschen zurückzutreten." Für Otto Nerz wird das, was dann weiter im Reichssportblatt stand, sicher eine Genugtuung gewesen sein, und Herberger hätte darüber eigentlich schamrot werden müssen. Das Reichssportblatt schreibt: „Schon ein flüchtiger Blick zurück auf 1936 ließ die wichtige Forderung erkennen: Unsere Nationalmannschaft muß vor den olympischen Prüfungen Ruhe haben, Ruhe und nochmals Ruhe. 1936 kam unsere Mannschaft abgespannt aus einer aufpeitschenden, unverkürzten Spielzeit." Hier wurden zum ersten Mal die tatsächlichen Gründe für das schwache Spiel der deutschen Fußball-Nationalmannschaft gegen Norwegen genannt.

Wer nun geglaubt hatte, mit dem Beschluss vom 2. November sei alles geklärt, hatte allerdings Herberger nicht auf seiner Rechnung. Der Stratege Herberger setzte am schwächsten Punkt des Beschlusses an. Er trug jetzt den Titel Reichstrainer. Zwar war er ein Mann ohne Reich, aber er hatte den Titel, und das zählt in Deutschland viel. Der Titel wurde denn auch zu Herbergers Ausgangsposition bei seinen Bemühungen, den Beschluss peu à peu zu seinen Gunsten auszuhöhlen. Linnemann konnte ihm allerdings dabei kaum helfen, er war selbst durch diese Geschichte schwer angeschlagen, und zudem bahnte sich zusätzlicher Ärger, diesmal mit Reinhard Heydrich von der SS, an. Auf Tschammer konnte Herberger auch nicht hoffen, denn auf dessen Initiative ging der Beschluss vom 2. November zurück. Hilfe konnte nur von ganz oben kommen. Und sie kam in Person des NSDAP-Gauleiters von Danzig, Albert Forster, einem der fünfzig wichtigsten Männer des NS-Regimes, mit der gesamten Elite des Dritten Reichs persönlich bekannt und zudem ein Protektionskind von Göring und Hitler. Er bestellte Seppl Herberger nach dem Spiel gegen Italien am 15. November 1936 auf einen Kaffee in ein Nebenzimmer des Hotels „Russischer Hof". Dieses Spiel wird in der Statistik als das erste Länderspiel Herbergers als Reichstrainer geführt. Allerdings erst in der Nachkriegsstatistik. Die Angabe stammt von Herberger selbst. Doch das ist nachweislich falsch und lässt sich anhand Herbergers eigenen Aufzeichnungen unter Zuhilfenahme zeitgenössischer Presseberichte vollständig widerlegen. Die Zuständigkeit für das Länderspiel gegen Italien lag nicht nur formal, sondern auch tatsächlich allein bei Otto Nerz. Herberger wusste das, denn er hatte sich nach Bekanntgabe des Beschlusses des Fachamts Fußball geweigert, unter diesen Bedingungen den Posten des Reichstrainers anzunehmen. In der Presse ist von Herberger - im Zusammenhang mit der Vorbereitung auf dieses Spiel - auch nicht als Reichstrainer, sondern nur als Sportlehrer die Rede. Neben Herberger wurden noch die Sportlehrer Lehmann und Knöpfle zur Vorbereitung herangezogen. Es ist nicht einmal sicher, ob Herberger überhaupt aktiv an der Vorbereitung auf dieses Länderspiel beteiligt war. Zumindest scheint er nicht immer dabei gewesen zu sein. Im Fußball-Jahrbuch 1937, herausgegeben vom Deutschen Reichsbund für Leibesübungen und redigiert von Carl Koppehel in seiner Verantwortung als Reichsfachamts-Pressewart, wird auf Seite fünf ein Bild veröffentlicht, das von Tschammer und Osten bei einem Besuch der Nationalmannschaft während des Trainings vor dem Spiel gegen Italien am 15. November 1936 zeigt. Es darf angenommen werden, dass alle, die damit zu tun hatten, auch zugegen waren, wenn der Reichssportführer zur Stippvisite kam. Der Bildtext lautete: „Der Reichssportführer begrüßt die deutsche Nationalmannschaft, Dr. Nerz, die beiden Sportlehrer Lehmann und Knöpfle". Dann folgen die Spieler. Herberger ist auf dem Bild nicht zu sehen, weder an der Seite von Otto Nerz, noch neben seinen beiden Kollegen und wird im Bildtext auch nicht erwähnt. Das besagte Jahrbuch enthält Beiträge von Nerz und Herberger. Nerz' Beitrag: „Gedanken und Kämpfe unserer Nationalmannschaft seit 1930." Herberger schreibt einen allgemeinen Beitrag über Trainingsgestaltung, in dem die Nationalmannschaft nicht einmal als Wort vorkommt. Unverkennbar schreibt Nerz als der Verantwortliche der Nationalmannschaft und Herberger als Sportlehrer. Unter der Rubrik „Fachamtsgeschäftsstelle" auf Seite 226 des Jahrbuchs werden alle Funktionäre des Fachamts von Felix Linnemann bis hin zu den Gaufachwarten namentlich genannt. Als Verantwortlicher für die Nationalmannschaft findet sich nur der Name Otto Nerz. Im übrigen wird Herberger in den Berichten der Sportpresse über das Länderspiel gegen Italien überhaupt nicht erwähnt, weder im „Kicker" noch in der „Fußball-Woche" und auch nicht im „Reichssportblatt".

Aber es gibt noch eindeutigere Beweise dafür, dass Herbergers 1. Länderspiel nicht sein erstes war. An Felix Linnemann schreibt Herberger am 12. Dezember 1936: „Ich frage mich, was ich als Reichstrainer eigentlich zu tun habe, wenn Dr. Nerz für die Schulung, Betreuung und Aufstellung der allein verantwortliche Mann ist." Und am 18. Dezember 1936 wendet er sich an Guido von Mengden: „Nun bemühe ich mich seit etlichen Wochen, um zu erfahren, wie meine Tätigkeit als Reichstrainer eigentlich gedacht ist. Das Ergebnis meiner Bemühungen ist bis auf den heutigen Tag gleich Null. Die am vergangenen Montag in Berlin stattgefundene Sitzung hat auch zu keinem Resultat geführt. Einzig und allein die Herrn Dr. Nerz gegebenen Aufgaben sind eindeutig klar bestimmt. Sie sind aber auch so umfassend, dass für den Reichstrainer keine Möglichkeit zu einer selbstständigen Tätigkeit verbleibt." Und am Schluss des Briefes heißt es dann: „Allein im Interesse der Erhaltung der Kameradschaft und des Mannschaftsgeistes innerhalb der Nationalmannschaft als der für die Kampfkraft der Mannschaft notwendigen Voraussetzung, muss ich es ablehnen, den Posten des Reichstrainers unter den gegebenen Verhältnissen zu übernehmen." Da gibt es wohl nichts zu interpretieren. Bei der von Herberger erwähnten Sitzung handelte es sich um eine Sitzung des Fachamts Fußball. Das heißt im Klartext: Linnemann kam Herberger nicht entgegen. Linnemann hielt buchstabengetreu an dem Beschluss vom 2. November fest. Herbergers Brief an von Mengden ist deshalb als eine Reaktion auf diese Sitzung anzusehen, die für Herberger weniger als nichts gebracht hatte. Guido von Mengden und Herberger kannten sich vom Westdeutschen Spielverband her, wo von Mengden bis 1933 als geschäftsführender Direktor des Verbands tätig war.

Die Rolle, die von Mengden in dieser Affäre gespielt hat, bleibt im Dunkeln. Aber scheinbar agierte er hinter dem Rücken von Tschammer und Ostens gemeinsam mit einem anderen Bekannten Herbergers aus dessen Zeit in Westdeutschland, Christian Busch, inzwischen zum Reichshauptsportwart aufgestiegen. Sie ergriffen beide Partei für Herberger. Beide haben sich nach dem Krieg zu diesen Vorgängen öffentlich nicht geäußert. Es dürfte allerdings kein Zufall sein, wenn ein anderer Insider der Geschehnisse von damals, nämlich Carl Koppehel, in seiner 1954 erschienenen „Geschichte des Deutschen Fußballsports", herausgegeben vom DFB, Herbergers Tätigkeit als Reichstrainer auf das Jahr 1937 datiert. Herberger selbst im übrigen auch. Nachzuschlagen in dem Buch „Fußball WM", erschienen 1973, auf Seite 102. Da schreibt Herberger nämlich selbst: „Als ich 1937 Reichstrainer wurde (...)." Es dürfte sich kaum um einen Druckfehler handeln. Möglicherweise hat sich Herberger hierbei wieder einmal in seinem eigenen Strickwerk verheddert. Unterschiedliche Angaben zum selben Vorgang sind bei ihm keine Seltenheit. Auf jeden Fall dürften die Beweise ausreichen, den DFB zu einer Korrektur seiner Länderspielstatistik zu bewegen.

Das Länderspiel Nr. 134, Deutschland gegen Italien am 15. November 1936, muss Nerz zugeordnet werden. Das Jahr des Dienstantritts Herbergers als Reichstrainer muss von 1936 auf 1937 korrigiert werden. Doch es folgen noch weitere Korrekturvorschläge. Es wird überhaupt sehr schwer sein festzulegen, welches denn nun tatsächlich Seppl Herbergers erstes Länderspiel als Reichstrainer war.

Doch zurück zu dem Gespräch nach dem Spiel gegen Italien zwischen Forster und Herberger im „Russischen Hof". Auch hierbei bilden die Angaben Herbergers die einzige Quelle. Albert Forster soll Herberger gegenüber geäußert haben: „Herberger, Sie bekommen, was sie wollen, Sie müssen sich nur noch etwas gedulden." Nun hatte Forster mit dem Sport direkt eigentlich nichts zu tun. Warum er sich so sehr für den Wechsel von Nerz zu Herberger einsetzte, verriet Forster bei dieser Gelegenheit ebenfalls, wobei die Leutseligkeit eines so hohen NS-Funktionärs im Umgang mit einem einfachen Staatsbürger, der Reichstrainer werden wollte, doch etwas verwundert. Herberger hat es so dargestellt. Er, Forster, habe sich am 7. August durch die 0:2-Niederlage gegen Norwegen vor dem Führer ganz persönlich blamiert. Eigentlich war vorgesehen, dass Adolf Hitler den Ruderwettkämpfen in Grünau beiwohnte. Er habe am Tag zuvor den Führer überredet - wohl in Erwartung eines grandiosen Sieges über Norwegen -, das Fußballspiel Deutschland gegen Norwegen zu besuchen. Und dann diese Niederlage vor den Augen des „Führers". Es waren genau genommen gar keine politischen, sondern persönliche Gründe, warum sich Forster bei der Besetzung eines Trainerpostens einschaltete. Für die erlittene Schmach machte er Nerz verantwortlich. Aber warum weihte er dann einen Mann wie Herberger so weit in die Dinge ein? Denn das einzige, was Herberger zum Gelingen des Plans von Forster beitragen konnte, war auszuharren. Aber das würde wiederum bedeuten, dass Forster unbedingt Herberger auf dem Posten des Reichstrainers sehen wollte. Warum? Hier fällt eine vernünftige Erklärung schwer. Dass Forster seine Finger im Spiel hatte, musste Nerz schon im Oktober gewusst haben. In dem Briefentwurf an Linnemann steht am oberen Rand des ersten Blattes handschriftlich von Nerz hinzugefügt: „Vor Glasgow". Das bezieht sich auf die beiden Länderspiele gegen Schottland und Irland am 14. bzw. 17. Oktober. Dann schreibt Nerz: „Linnemann hat die Presse genauso unterrichtet wie Herrn von Mengden, Herrn Breitmeyer, Herrn Staatsrat Forster." Das mit der Presse bezieht sich im übrigen nicht auf den Vorgang im Zusammenhang mit der Ausrufung Herbergers zum Reichstrainer im September, sondern auf einen Artikel im „Völkischen Beobachter" vom 18. August. Das Ziel, Nerz abzulösen, hätte Forster ja auch ohne Herberger verfolgen können. Dass Linnemann seinerseits Kontakte zu Forster hatte, ließe sich möglicherweise damit erklären, dass Forster während der Olympischen Spiele im persönlichen Stab Adolf Hitlers als eine Art Zeremonienmeister tätig war. Der von Willy Simetsreiter bezeugte Besuch Hitlers in der Kabine der Nationalmannschaft dürfte zwischen Linnemann als Fachamtsleiter und Forster besprochen worden sein. Sie dürften sich somit vorher bereits gekannt haben. Über was und warum Linnemann Forster informiert haben soll, darüber gibt der Text von Otto Nerz keine Auskunft. Breitmeyer, inzwischen im Stab von Tschammer tätig, spielt in Herbergers Aufzeichnungen keine Rolle. Über die mögliche Rolle Guido von Mengdens in dieser Affäre wurden bereits Vermutungen angestellt. Zwischen Linnemann und Forster scheint bezüglich der Person Otto Nerz Übereinstimmung bestanden zu haben. Dann griff von Tschammer und Osten zugunsten von Otto Nerz ein. Tschammers Stern erreichte ja mit den für Deutschland so erfolgreich verlaufenden Olympischen Spielen seinen Höhepunkt. Hitler dürfte mit seinem Reichssportführer im höchsten Maße zufrieden gewesen sein. Eine Entscheidung gegen Tschammer durchzusetzen, war deshalb gerade zu diesem Zeitpunkt nicht möglich. Wenn Forster gegenüber Herberger äußerte, er müsse sich nur noch etwas gedulden, dann kann das nur eine Anspielung auf im Gang befindliche Prozesse gewesen sein. Herberger notierte danach: „Die Entscheidung gegen Otto Nerz fiel ganz oben." Jedoch - „ganz oben", das war Forster nicht, und von Tschammer stand hinter Nerz. Auf jeden Fall dürfte Herberger nach dem Gespräch mit Albert Forster wieder Land gesehen haben. Mit Forster an seiner Seite ließ sich einiges ausrichten.

Mit Datum vom 18. Dezember 1936 gingen gleich zwei Briefe von Otto Nerz an Herberger. In den einem Schreiben nimmt Nerz zu ihrer zukünftigen Zusammenarbeit Stellung. Unter Punkt 2 schreibt Nerz: „Ihre Aufgabe in meinem Referat 'Nationalmannschaft' sehe ich z.Z. so. Bei der Auswahl, Aufstellung, Konditionsarbeit, Begleitung und Betreuung werde ich Sie einsetzen. Es ist meine Absicht, Sie so in die Aufgabe eines Reichstrainers hineinwachsen zu lassen. Ich will mehr und mehr in den Hintergrund treten und mich anderen Aufgaben widmen. Es ist selbstverständlich, dass solange ich die Verantwortung zu tragen habe, die letzte Entscheidung - abgesehen vom Fachamtsleiter - bei mir liegen muss." Was Herberger bewogen haben mag, einzuschlagen, dürfte Nerz' Ankündigung gewesen sein, sich selbst Schritt für Schritt zurückzuziehen und Herberger nach und nach die Verantwortung zu übertragen. Die Frage, ob das Nerz' Überzeugung war, oder ob er nur auf Druck reagierte, oder ob er einfach wieder einmal nachgab, lässt sich anhand dieses Briefes allerdings nicht schlüssig beantworten. Unverkennbar schreibt Nerz aus der Position des Vorgesetzten. Nerz erklärt Herberger, nicht in welchem Zeitraum dieser Rückzug erfolgen und ab wann er beginnen soll. Das bleibt vage. Und was ihre Rollenverteilung angeht, macht Nerz gar keine Zugeständnisse. Es bleibt dabei, wie es im Beschluss des Fachamts vom 2. November fixiert wurde: Nerz ist der Verantwortliche. Doch Herberger akzeptiert. Und er besaß ja noch die Zusage von Albert Forster. Diese Briefe von Nerz an Herberger kreuzten sich mit dem Schreiben Herbergers an Guido von Mengden.

Herberger nahm nun sein Amt als Reichstrainer unter der Verantwortung von Otto Nerz an. Vermutlich zum 1. Januar 1937, möglicherweise aber auch erst später, denn bis Mai 1937 wird Herberger von Duisburg aus bezahlt. Ob es zwischen ihm und Nerz danach zu einer Aussprache gekommen ist, darüber teilt Herberger nichts mit. Scheinbar verkehrten sie vor allem schriftlich miteinander. Ob und wie ihre Zusammenarbeit funktionierte, musste die Praxis zeigen. Es schien gut zu gehen. Das erste Länderspiel unter ihrer gemeinsamen Regie fand am 31. Januar 1937 in Düsseldorf gegen Holland statt. Es handelte sich um das Länderspiel Nummer 135. Mit ihm beginnt die Ära Nerz/Herberger. So sollten es auch die beim DFB für die Statistik Zuständigen sehen. Zufrieden notiert Herberger: „Nerz hat meinen Aufstellungsvorschlag für Hannover akzeptiert." Möglicherweise stimmten sie nur zufällig überein, denn bei den nächsten Spielen wird die Nationalmannschaft nicht ein einziges Mal in der von Herberger gewünschten Aufstellung antreten.

Das Spiel gegen Holland endete 2:2 unentschieden. Danach folgten zehn Siege hintereinander. Im Spiel gegen Frankreich am 21. März 1937 trat eine andere Mannschaft an, als die gegen

Holland. Sie wird bis auf Lenz identisch mit der Elf sein, die sieben Wochen später in Breslau in der „Hermann-Göring-Kampfbahn" Dänemark mit 8:0 besiegt und dafür mit dem Beinamen „Breslau-Elf" geadelt wird. In Breslau gegen Dänemark erreichte die deutsche Fußball-Nationalmannschaft in der Spielkultur ihren Höhepunkt. Mit der Aufstellung der Mannschaft gegen Frankreich allerdings hatte Herberger rein gar nichts zu tun. Er weilte zu diesem Zeitpunkt mit einer B-Auswahl in Luxemburg. Beide Spiele fanden am gleichen Tag statt. Trotzdem werden sie in der Länderspielstatistik als Spiele Nr. 136 und Nr. 137 geführt, und beide werden auf das Konto von Herberger als Reichstrainer verbucht. Gegen Frankreich siegte die Nerz-Mannschaft glatt mit 4:0, und Herberger gewann in Luxemburg - nicht gerade gegen einen Angstgegner - mühsam mit 3:2. Nach Luxemburg mit einer B-Auswahl abkommandiert zu werden, während Nerz am gleichen Tag die A-Auswahl betreute, das kam schon fast einer Demütigung gleich. Zerknirscht notierte Herberger: „Nerz ist wieder obenauf." Das war ein schwerer Rückschlag für ihn auf dem Weg zur Alleinherrschaft, auf dem er sich zwischendurch wohl selbst schon gesehen hatte. Im übrigen bezeichnet Herberger das Spiel in Luxemburg selbst als B-Länderspiel. Möglicherweise zeichnet Linnemann für diesen Rückschlag verantwortlich. Werner Sottong, beim Spiel gegen Frankreich als Assistenztrainer von Nerz für die Vorbereitung hinzugezogen, erinnerte sich in einem 1998 geführten Gespräch an folgendes: Er sei damals Trainer bei den Stuttgarter Kickers gewesen. Anfang April 1937 sei eine kurzfristig ergangene Einladung des Reichsbundes für Leibesübungen, gezeichnet von der Schulenburg (Mitarbeiter von Tschammer und Ostens), an ihn ergangen. Es ging um die Berufung von Sottong zum Reichssportlehrer und um seine zukünftige Tätigkeit. Auch andere erhielten eine solche Einladung nach Berlin. Sottong kann sich an Hohmann, Knöpfle, Lehmann, Tauchert und Kurt Otto erinnern, denen er dann in Berlin begegnete. Kurt Otto, zu diesem Zeitpunkt Trainer der polnischen Fußball-Nationalmannschaft, trug einen Brief von Felix Linnemann mit einer Einladung genau zu diesem Termin bei sich. Darin teilte Linnemann Kurt Otto mit, er habe gute Aussichten, Reichstrainer zu werden. Dann stellte von der Schulenburg Herberger als neuen Reichstrainer vor. Kurt Otto zeigte danach seinen Kollegen das Schreiben Linnemanns. Auch Werner Sottong hatte diesen Brief des Fachamtsleiters in den Händen. An den Inhalt konnte er sich noch genau erinnern. An dem vom Reichsbund anberaumten Termin für die Fußball-Lehrer nahm kein einziger Vertreter des Fachamts Fußball bzw. des DFB teil, obwohl nach dem Beschluss vom 2. November für die Betreuung der Reichsbundlehrer Fußball das entsprechende Fachamt zuständig war. Die konkrete Verantwortung lag bei Otto Nerz. Nerz war zu dieser Besprechung offensichtlich auch nicht eingeladen worden. Auf jeden Fall nahm er nicht daran teil und sein Name fiel auch nicht. Hier scheint es zwischen November 1936 und April 1937 Veränderungen bei Zuständigkeiten gegeben zu haben. Wenn Linnemann Herberger durch Otto ersetzen wollte, denn anders lässt sich der Brief kaum interpretieren, dann müsste Linnemann in puncto Herberger seine Meinung geändert haben. Dass es dann wiederum anders kam, ließe sich mit einen Schlag erklären, der gegen Linnemann von sehr weit oben geführt wurde. Und zwar vom Chef des SS-Sicherheitsdienstes, Reinhard Heydrich, der rechten Hand Heinrich Himmlers. Ab Juni 1936 war Heydrich auch für die Polizei zuständig und wurde als Chef der Kriminalpolizei Linnemanns oberster Vorgesetzter. Auf eine persönliche Anordnung von Heydrich wurde Felix Linnemann nach Stettin versetzt. Dienstantritt von Linnemann in Stettin war der 1. April 1937. Das ließ sich zweifelsfrei anhand der amtlichen Personalunterlagen feststellen. Vorangegangen war eine heftige Auseinandersetzung zwischen Heydrich und Linnemann, bei der Heydrich Linnemann Mangel an nationalsozialistischer Überzeugung vorwarf. Felix Linnemann hat das glaubhaft in seinem Entnazifizierungsverfahren nach dem Zweiten Weltkrieg dargestellt. Als Zeugen konnte Linnemann Heydrich allerdings nicht mehr angeben. Auf Heydrich wurde am 27. Mai 1942 auf Anweisung der tschechischen Exilregierung in London erfolgreich ein Attentat verübt. Aus so berufenem Munde mangelnde nationalsozialistische Überzeugung vorgeworfen zu bekommen, kommt schon einer vorgezogenen positiven Entnazifizierung Felix Linnemanns gleich. Es ist durchaus denkbar, dass Heydrich auf den Kriminalbeamten Linnemann schlug und damit den Fachamtsleiter treffen wollte. Aus der Reichshauptstadt in die Provinz versetzt zu werden, kam einer Degradierung gleich. Und der Fachamtsleiter befand sich jetzt fern seiner Amtsstelle. Linnemann war in seiner Position als Fachamtsleiter auf jeden Fall geschwächt. Das sah auch Herberger so. Jetzt dürfte ihm diese Veränderung sogar ins Konzept gepasst haben. Dass Linnemann Herberger durch Otto ersetzen wollte, ist durchaus denkbar. Denn Linnemann hatte schon 1936 vor dem Spiel gegen Polen am 13. September allen Grund, sich über Herberger zu ärgern. Linnemann übertrug die Verantwortung für dieses Spiel Herberger, weil Nerz sich in Urlaub befand. Möglicherweise kurz nachdem die Pressemitteilung mit der Berufung Herbergers zum Reichstrainer heraus war, flatterten Linnemann Zeitungsartikel auf den Schreibtisch, die ihn gegen Herberger einnahmen. Herberger hatte vor dem Spiel gegen Polen einem Journalisten in einem Interview die Mannschaftsaufstellung bekanntgegeben. Dazu war er nicht berechtigt. Linnemann war darüber erbost. Herberger dementierte zwar, aber ob der Kriminalrat Herberger das abnahm, darf bezweifelt werden. Und für das Spiel gegen Luxemburg am 27. September, auch ein B-Länderspiel, das am gleichen Tag wie das Spiel in Prag gegen die Tschechoslowakei stattfand, lud Herberger ganz offensichtlich Spieler auf eigene Faust ein. Einer davon war Ernst Kuzorra, den der Bannstrahl des Reichstrainers Otto Nerz vor Jahren getroffen hatte. Nerz beschwerte sich darüber bei Linnemann. Und im März 1937, im Zusammenhang mit dem Länderspiel gegen Frankreich, drohte Herberger wieder mit seinem Rücktritt. Vielleicht war die Drohung diesmal etwas zu laut ausgefallen und Felix Linnemann wollte die Gunst der Stunde nutzen, um Herberger auf diese Weise loszuwerden. Das fiel in den gleichen Zeitraum, in dem Linnemann den Brief an Kurt Otto nach Warschau geschrieben hatte. Dann kam die Versetzung Linnemanns nach Stettin, und das Blatt wendete sich scheinbar wieder zugunsten Herbergers.

Doch bei der Vorbereitung auf das Länderspiel gegen Belgien in Hannover am 25. April 1937 lief es wieder nicht nach Herbergers Vorstellungen. Nerz ignorierte die Vorschläge Herbergers für die Aufstellung der Mannschaft erneut. Diesmal drohte Herberger nicht mit seinem Rücktritt, sondern nur mit seiner sofortigen Abreise. Drohen gehörte zur Taktik. Vierzehn Tage vor Breslau war Herberger auf jeden Fall der große Durchbruch noch nicht gelungen. Die Festung Nerz hielt noch stand. Da verfolgte Felix Linnemann schon als Zaungast aus Stettin das Treiben in Berlin.

Das Spiel gegen Belgien am 25. April wurde mehr schlecht als recht mit 1:0 gewonnen, ebenso das darauffolgende Spiel gegen die Schweiz. Von der Leistung her gesehen zwei mäßige Spiele. Im Sturm lief nicht viel, die Verteidigung allerdings stand gut. Für den Sturm war Herberger und für die Verteidigung Nerz zuständig, schrieb Herberger in seinen Aufzeichnungen. Sie hatten sich die Arbeit geteilt. Danach folgte am 16. Mai 1937 die Begegnung gegen Dänemark. Es sollte das Spiel der Spiele werden, mit fünf Toren des Waldhöfers Otto Siffling. Beides, den Mann und das Spiel, reklamierte Herberger später für sich. Dabei war alles an diesem Spiel das Werk von Otto Nerz. Es wurde „System" gespielt, und bis auf Anderl Kupfer, den Schweinfurter, waren alle vor der Zeit Herbergers als Reichstrainer unter Otto Nerz in die Nationalmannschaft berufen worden. Auch Otto Siffling, an sich ein klassischer Halbstürmer, in Breslau eigentlich mehr aus Verlegenheit auf dem Mittelstürmerposten eingesetzt, spielte in dieser Position nicht zum ersten Mal in der National-mannschaft. Nach 1945 wurde das allerdings zu einem genialen Schachzug Herbergers hochstilisiert. Das liest sich dann so: „Wenn ich es schwer hatte, Nerz von Sifflings Rolle, wie sie mir für den Mannheimer vorschwebte, zu überzeugen, so lag das daran, dass Nerz mir meist entgegenhielt, mit Siffling spielen wir zwar schön, aber ohne Durchschlagskraft." Dabei hatte Otto Siffling bereits gegen Portugal am 27. Februar, gegen die Tschechoslowakei am 27. September und gegen Italien am 15. November 1936 Mittel-stürmer gespielt. Gegen Italien erzielte er beide Treffer zum 2:2 unentschieden. Keines der drei Spiele mit Otto Siffling als Mit-telstürmer wurde verloren. Das „Reichssportblatt" schrieb nach dem Spiel in Breslau: „Die Berechnung von Dr. Nerz stimmt. Der Einsatz dieses hochklassigen Kombinationsspielers auf ungewohn-tem Posten erwies sich als wirkungsvoller denn das Lotteriespiel mit unerfahrenen Stürmern." Mit der Aufstellung für das Spiel gegen Italien hatte Herberger nun, wie wir inzwischen wissen, rein gar nichts zu tun. Es wieder mit Siffling in der Sturmmitte zu versuchen, nachdem es vorn in den letzten beiden Spielen über-haupt nicht geklappt hatte, lag auf der Hand. Sensationell war der Einsatz als Mittelstürmer gegen Dänemark in Breslau auf je-den Fall nicht. Herberger wurde in dem Bericht des Reichssport-blatts über das Breslau-Spiel namentlich nicht ein einziges Mal genannt. Auch nicht im „Kicker" und der „Fußball-Woche". Die Breslau-Elf als eine „Herberger-Elf" zu bezeichnen, wäre damals keinem Sportreporter in den Sinn gekommen. Und dass Otto Sifflings Einsatz als Mittelstürmer gegen Dänemark auf Herberger zurückzuführen ist, darf zumindest bezweifelt werden. Herberger erzählte die Geschichte, wie Otto Siffling in der Breslau-Elf Mittelstürmer wurde, nach dem Zweiten Weltkrieg besonders gern: Beim Bankett nach dem Spiel gegen die Schweiz am 2. Mai 1937 in Zürich habe ihm Nerz einen Zettel mit der Mannschaftsaufstellung für das Spiel gegen Dänemark über den Tisch gereicht. Der Name Siffling habe nicht auf Nerz' Zettel gestanden. Herberger habe Nerz das Papier zurückgereicht, auf dem nun der Name Siffling als Mittelstürmer draufstand. Otto Nerz habe akzeptiert und schon hatte die Breslau-Elf „ihren Vater": Seppl Herberger. Denn ohne die fünf Tore des Otto Siffling hätte es die Breslau-Elf als Markenzeichen über die Zeit hinaus vermutlich gar nicht gegeben. Die Geschichte könnte auch erfunden sein. Den Zettel hatten ja nur Nerz und Herberger in Händen, und als Herberger die Geschichte zu seinem eigenen Ruhm verbreitete, war Otto Nerz bereits tot. Solche Manipulationen sind Herberger durchaus zuzutrauen. Dichtung und Wahrheit lagen bei ihm oft dicht nebeneinander. Er hat ja auch zumindest sehr dreist seinen eigenen beruflichen Werdegang nachweislich falsch dargestellt, worauf noch einzugehen sein wird. 1956 scheint es dem Leiter der Pressestelle des DFB, Carl Koppehel, mit Herbergers selbstgefälligem Umgang mit der Geschichte zu viel geworden zu sein. Der „Kicker" hatte am 30. Januar 1956 in großen Lettern für die nächste Nummer eine Story über die „Sagenhafte Breslau-Elf" angekündigt. Im Text der Vorankündigung, der nur aus sieben Zeilen bestand, heißt es: „Breslau-Elf! So nennen wir jene deutsche Nationalelf, die am 16. Mai 1937 in Breslau die Dänen mit 8:0 überfuhr. Wie kam es zu der Aufstellung? Von welchen Überlegungen ging Herberger aus?" Was bei einer solchen Ankündigung folgen wird, kann man sich unschwer denken. Nur von Herberger war in der Vorankündigung die Rede. Dagegen scheint Koppehel protestiert zu haben. Aufgeregt schrieb der Chef des Kicker, Friedebert Becker, am 14. Februar 1956 an Herberger: „Vielleicht berichtete Ihnen Herr Huber schon über den Fortgang der Dinge. Bald nach meinem Anruf bei Ihnen erhielt der Verlag einen Brief von Herrn Koppehel. (Abschrift anbei). Ich verständigte sofort Herrn Huber, der mir empfahl, Koppehel zu antworten (....). Gespannt bin ich, wie Koppehel nun weiter vorgeht." Die Kopie des Briefes von Koppehel an Becker fand sich nicht in Herbergers Nachlass, was mit Sicherheit auch kein Zufall ist. In dem Schreiben von Becker an Herberger heißt es dann weiter: „Bei dem beiliegenden Fortsetzungs-Artikel zur „Breslau-Elf" hielt ich mich exakt an die von Ihnen geschriebenen Unterlagen. Ich denke, dass es so in Ihrem Sinn ist. Bei Hans Pfosch war ja auch das eine oder andere nicht genau, aber ich wollte nicht zu viel ändern. Das heikle Thema Nerz hoffe ich so umgangen zu haben. Wenn Ihnen das eine oder andere aber dennoch nicht zusagen sollte, so alarmieren Sie mich bitte (oder Redaktion in Köln, 2881). Wir können das bis Sonntag noch ändern oder streichen. Wie Sie sehen, habe ich aber betont, dass es sich um „Aufzeichnungen nach dem Gedächtnis" unserer Unterhaltung handelt, also nicht etwa um einen Artikel von Ihnen. Damit brauchen Sie sich nicht so genau an das einzelne Wort gebunden fühlen, es sind ja freie Nacherzählungen von mir - dem DFB gegenüber auch ratsam." Dieser Brief spricht Bände. Wie die Geschichte gedacht war, zeigt sich in dem Manuskript von Becker, dass dem Brief an Herberger beigefügt war. Darin heißt es gleich am Anfang: „Wer aber war der Vater der sagenhaften Breslau-Elf? Der aufmerksame Leser fühlt es zwischen den Zeilen unserer Reportage: Josef Herberger." Das war die Botschaft. Im Artikel selbst kommt dann dieser Satz nicht vor. Er wurde durch einen anderen ersetzt: „Dass die Breslau-Elf im Stil der Weltmeisterschafts-Mannschaft 1954 so ähnelt, ist kein Zufall, wenn man bedenkt, dass Herberger maßgeblich an ihrem Aufbau beteiligt war." Diese Korrektur dürfte auf den Druck von Koppehel zurückzuführen sein. Die beiden vorangegangenen Artikel zur „Sagenhaften Breslau-Elf" stammten von dem im Brief Beckers an Herberger erwähnten Hans Pfosch, einem erfahrenen Journalisten. Was der zu Breslau schrieb, wird Herberger bestimmt die Laune erst einmal verdorben haben. Pfosch geht in seinem Artikel nicht nur mit dem Namen Herberger sehr sparsam um und nennt stattdessen Nerz, sondern auch die Art, wie er mit Herberger umgeht, dürfte den Bundestrainer erbost haben. Pfosch schreibt nämlich zur Breslau-Elf: „Kein Wunder also, wenn Reichstrainer Dr. Otto Nerz und seine rechte Hand Seppl Herberger sich vor die Aufgabe gestellt sahen, einen Angriff zu nominieren, der spielerisches Können und torstrebige Zielklarheit miteinander zu verbinden, der schön und zugleich auch erfolgreich zu stürmen versprach." Der Vater der Breslau-Elf, nur „die rechte

Hand" eines anderen, das mutet fast schon wie eine gezielte Gehässigkeit an, denn Pfosch wusste ja, dass Nerz zu diesem Zeitpunkt tatsächlich gar nicht mehr Reichstrainer war. Schade, dass der Chef des „Kicker" Herberger nicht gefragt hat, warum Otto Siffling unter Herbergers alleiniger Verantwortung als Reichstrainer kein einziges Länderspiel mehr bestritten hat.

Herberger hat nicht nur immer wieder, und zum Teil auch erfolgreich, versucht, die Geschichte der deutschen Fußball-Nationalmannschaften zu seinen Gunsten umzuschreiben, sondern er war auch bemüht, seine Biographie auf bürgerlichen Standard anzuheben. Dazu gehören der einjährige Besuch des Gymnasiums und die Tätigkeit als Bankkaufmann. Nichts davon stimmte. Entweder behauptete es Herberger selbst (Gymnasium) oder er widersprach nicht (Bankkaufmann), wenn es zeit seines Lebens so geschrieben wurde. Herberger wusste nur zu gut, warum er seine Memoiren nie schrieb, sondern es bei Ankündigungen beließ. Diese waren allerdings immer wieder gut für einen Artikel. Herberger als Bundestrainer a.D. sorgte selbst dafür, dass er im Gespräch blieb. Er pflegte nicht nur die eigene Legende, sondern er managte sie auch.

Seinem Vorgänger als Reichstrainer, Otto Nerz, hat Herberger nach dem Krieg ganz besonders übel mitgespielt. Erst hat er sich dessen Leistungen auf seinem Konto gutschreiben lassen, das gilt auch für geistige Inhalte. Der Satz „Der Ball ist rund" stammte nachweislich von Nerz und nicht von Herberger. Nerz hat zwar nie geistige Eigentumsrechte auf diesen Satz reklamiert, aber er hat ihn nachweislich verwendet. Auch der Ausspruch „Ein Spiel dauert 90 Minuten" ist eine Nerz-Weisheit. Und natürlich „1:0 ist auch gewonnen!" Der DFB hielt in seinem Buch zum 100-jährigen Bestehen an dieser falschen Legende fest. Es handelt sich dabei nicht um Irrtümer. Die Herausgeber wussten, was sie taten. Sie haben den Forschungsstand mit Vorsatz ignoriert.

Dem Spiel in Breslau folgten Auswärtssiege gegen Lettland in Riga mit 3:1 und gegen Finnland in Helsinki mit 2:0. Dazu kam noch ein Heimsieg über Estland in Königsberg mit 4:1. Da war nicht alles Gold, was glänzte. Dann standen die Paarungen gegen Norwegen am 24. Oktober in Berlin und gegen Schweden am 21. November in Hamburg auf dem Spielplan der Nationalmannschaft. Natürlich wurde das Spiel gegen Norwegen zur

Olympia-Revanche hochstilisiert. Die Spieler nahmen das ernst, besonders Otto Siffling vom SV Waldhof. 3:0 hieß es am Ende für Deutschland. Siffling erzielte alle drei Treffer. Das Spiel der deutschen Mannschaft, so Herberger später, habe sogar die Leistung von Breslau übertroffen. Siffling spielte wie gegen Dänemark in Breslau Mittelstürmer, und auch gegen Schweden agierte er in der Mitte. Zweimal traf er in diesem Spiel, zweimal Helmut Schön, der 1964 Herbergers Nachfolger als Bundestrainer wurde. Von dieser deutschen Mannschaft mit Siffling in der Mitte ging Glanz aus. Jetzt überstrahlte der Waldhöfer alle. Nerz legte ihm keine Zügel an. So konnte sich Siffling in seiner geradezu genialen künstlerischen Kreativität voll entfalten. Alle, die Siffling in seiner Glanzzeit spielen sahen, schwärmen noch heute von seinem eleganten, körperlosen und technisch perfekten Spiel. Siffling war schnell und torgefährlich mit beiden Füßen und mit dem Kopf. Aber das größte an ihm, und das sahen wohl nur die Experten, war Sifflings Umgang mit dem freien Raum. Das war wie ein Doppelpassspiel mit seinem eigenen Schatten. Siffling ließ sich so auch gar nicht erst zum Zweikampf stellen. Doch der James Dean des deutschen Fußballs „tanzte" nur einen Sommer und einen Herbst lang. Schon 1938 zeigten sich die Symptome einer schweren Lungenkrankheit, an der Otto Siffling ein Jahr später am 20. Oktober 1939 mit 27 Jahren starb. In seinen letzten acht Länderspielen zwischen Mai 1937 und April 1938 erzielte er zwölf Tore.

Das Verhältnis zwischen Nerz und Herberger blieb das ganze Jahr 1937 über gespannt und nahm teilweise sogar Formen unkontrollierter Feindseligkeit an. Wilhelm Schmidt, der Stellvertreter Linnemanns im Fachamt Fußball, ermahnte beide im Juni, als sich die Mannschaft zum Länderspiel in Finnland aufhielt, ihre Streitigkeiten nicht in der Öffentlichkeit auszutragen.

In einem Brief vom 4. September 1937 an Felix Linnemann schreibt Herberger: „Bei dieser Gelegenheit möchte ich noch einmal daran erinnern, dass es allein aus sachdienlichen Gründen unerlässlich ist, dass auch der Reichstrainer zu den letzten, der endgültigen Mannschaftsaufstellung vorausgehenden Besprechung zwischen Ihnen, als der letzten entscheidenden Stelle, und Dr. Nerz zugezogen wird." Das war ein Vierteljahr nach Breslau. So überragend scheint es selbst Monate danach um Herbergers Zuständigkeit in der Chefrolle für die Nationalmannschaft nicht bestellt gewesen zu sein. Und am 10. Oktober 1937 schreibt der „Angriff": „In der Zwischenzeit sind gewisse Dinge neu geordnet worden. Der für die Betreuung und Aufstellung allein verantwortliche Mann ist Dr. Otto Nerz." Noch 1938, kurz vor dem Rücktritt von Otto Nerz, sollte Herberger auf einer Arbeitstagung über die Nachwuchsschulung referieren, während Nerz das Chefthema bearbeitete: Formation, System, allgemeine Taktik. Die Einladung zu diesem Lehrgang vom 13. bis 16. Mai 1938 war nur von Nerz unterschrieben. Die Tagung fand dann allerdings nicht statt. Die Gründe sind nicht bekannt. Aber der Brief an Felix Linnemann vom 4. September 1937 zeigt auch noch etwas anderes. Trotz der Strafversetzung durch Heydrich hielt von Tschammer und Osten an Linnemann als Fachamtsleiter fest und hat seinerseits Linnemanns Kompetenzen auf jeden Fall nicht beschnitten. Doch ein Opfer musste gebracht werden. Von Tschammer beantragte für Linnemann und Nerz im Mai 1937 die Aufnahme in die Partei. Für Herberger musste er keinen Antrag stellen. Der war bekanntlich schon im Frühjahr 1933 der Partei Adolf Hitlers beigetreten.

1938 stand die Weltmeisterschaft in Frankreich für Deutschlands Fußballelite auf der Tagesordnung. Nach den Erfolgen des Jahres 1937 zählten viele Fußballbegeisterte in Deutschland, aber auch viele Experten und solche, die sich dafür hielten, die eigene Mannschaft bei dieser Weltmeisterschaft zu den Favoriten. Doch es kam ganz anders. Das Weltmeisterschaftsjahr begann gar nicht gut für die Helden von Breslau, Berlin und Hamburg. Es gab nur magere Ergebnisse und die Mannschaft überzeugte nicht. Dreimal hieß es 1:1-Unentschieden, und nur gegen Luxemburg, aber auch da nur mit Ach und Krach, wurde in Wuppertal am 20. März mit 2:1 gewonnen. Allerdings handelte es sich bei diesem Spiel aus deutscher Sichtweise wieder um ein B-Länderspiel. Am gleichen Tag spielte die A-Auswahl in Nürnberg gegen Ungarn. Und das auch mehr schlecht als recht. Die Fußballsaison mit dem Kampf um die deutsche Meisterschaft als Höhepunkt ging im März mit den Gruppenspielen in die entscheidende Phase. Die Spitzenspieler waren erst jetzt richtig gefordert, und zwar Sonntag für Sonntag. Das ging an die Substanz. Nerz wäre es am liebsten gewesen, wenn in dieser Phase überhaupt keine Länderspiele mehr zur Austragung gekommen wären. Aber er konnte sich wieder einmal nicht durchsetzen. Inwieweit auch hierbei der Kampf zwischen Nerz und Herberger eine Rolle gespielt hat, lässt sich nicht mit Sicherheit beantworten. Fast sieht es so aus, als sei das Länderspiel gegen die Schweiz am 6. Februar als vorerst letztes Länderspiel in der möglichen Bestbesetzung gedacht gewesen. Dann sollten Nachwuchsmannschaften zum Zuge kommen. Aber nach dem mageren 1:1 gegen die Schweiz vertrat Herberger die Auffassung, nun müsse man weiter die Asse einsetzen, um sie auf Herz und Nieren zu prüfen. Gebracht hat es nichts, außer Ratlosigkeit bei den Verantwortlichen, Herberger und Nerz eingeschlossen. Das B-Spiel gegen Luxemburg am 20. März beleuchtet auch die weitere Entwicklung des Kampfes um die Kompetenzen für die Nationalmannschaft zwischen dem Referenten und dem Reichstrainer. Wie schon gegen Frankreich im Jahr zuvor sollte Otto Nerz gegen Ungarn die A- und Seppl Herberger gegen Luxemburg die B-Auswahl betreuen. Dies ausgerechnet im Westen, wo Herberger so lange als Verbandstrainer gearbeitet hatte. Für ihn wäre das eine Zumutung besonderer Art gewesen. Am 4. September 1937, vermutlich gleich nach Festlegung dieses Termins, schrieb Herberger in einem Brief an Linnemann: „Von Dr. Xandry erfahre ich gestern, dass Sie die Spiele Ungarn und Luxemburg, die für März 38 im Länderspielprogramm stehen, an einem Sonntag austragen lassen wollen. Das würde heißen, dass Dr. Nerz die A-Mannschaft betreuen würde, mir die B-Mannschaft bliebe." Und am Schluss dann fast schon flehend: „Bitte, Herr Linnemann, machen Sie Ihren Beschluss der Austragung der genannten Länderspiele an einem Termin rückgängig." Linnemann tat es nicht, obwohl dafür noch reichlich Zeit gewesen wäre. Herberger gelang dann wenigstens ein Teilerfolg. Das Spiel in Wuppertal wurde dem Fußball-Lehrer Karl Hohmann anvertraut.

Deutschland wäre zur Weltmeisterschaft in Frankreich auf jeden Fall mit einer müden Truppe angereist, die kaum in der Lage gewesen wäre, in einem kräfteraubenden Turnier vor allem den teilnahmeberechtigten Profimannschaften Paroli zu bieten. Breslau - das war Schnee von gestern. Was zählt, ist letztlich der Augenblick. Am 12. März 1938 marschierte die Wehrmacht in Wien ein. Österreich wurde ein Teil des Deutschen Reichs. Daraus ergaben sich für die Fußballer, aber auch für die politisch Verantwortlichen, wenige Wochen vor Beginn der Weltmeisterschaft Probleme besonderer Art. Beide Teams hatten sich bereits für die Teilnahme an der WM qualifiziert. Aber sich national vereinen und dann getrennt dem Ball hinterherjagen, das passte auch nicht so recht zusammen. Ganz zu schweigen von der denkbaren Situation, dass sich beide Mannschaften dann möglicherweise sogar im Endspiel gegenübergestanden hätten. Die Fußballer diesseits und jenseits der Alpen wären am liebsten bis in alle Ewigkeit getrennt marschiert. Die Österreicher schworen auf ihre „Wiener Schule", Fußball des alten Stils, und die Deutschen auf das WM-System. Beide hielten sich für heiße Anwärter auf den WM-Titel, auch wenn den „Reichsdeutschen" nach den Pleiten im Frühjahr heimlich Zweifel gekommen sein könnten. Was am Ende dabei herauskam, dürfte zu den skurrilsten Geschichten im Sport gehören. Es wurde rein politisch entschieden. Und so sah es dann auch aus. Die Nationalmannschaft habe bei der Weltmeisterschaft „halbe-halbe" anzutreten, lautete die Weisung. Und weil das bei elf schlecht geht, wurde es gestattet, alternierend mal mit sechs von der einen und fünf von der anderen Seite anzutreten. Vom sportlichen Standpunkt aus betrachtet war das absoluter Nonsens. Die politische Führung brauchte für diese Entscheidung recht lange. Und als man so weit war, stand die Weltmeisterschaft bereits unmittelbar vor der Tür. Damit war wichtige Zeit nutzlos vertan. Jeder spielte zunächst weiter für sich, die Deutschen zuletzt am 24. April in Frankfurt gegen Portugal. Am 3. April 1938 traten sich beide Mannschaften in Wien gegenüber. Österreich gewann 2:0. Die erste Niederlage für Deutschland nach anderthalb Jahren. Aber nicht für die DFB-Statistiker. Für sie war das bereits eine innerdeutsche Begegnung. Also fand das Spiel vor ihren Augen keine Gnade. Bei näherer Betrachtung ein durchaus akzeptabler Standpunkt. Als letztes Spiel vor der WM, und das entsprach ganz der Nerz-Linie, stand eine Begegnung mit England am 14. Mai auf dem Plan, und am Tag darauf ein Spiel gegen Aston Villa. Gegen England ging Deutschland mit 3:6 unter. Mit einer nur aus deutschen Spielern bestehenden Mannschaft anzutreten, wie es geplant war, ging jetzt schon nicht mehr. Aber von heute auf morgen aus zwei Mannschaften eine zu bilden, das war ebenfalls unmöglich. Also nahm man aus Gründen der politischen Kosmetik einen Österreicher mit ins Spiel.

Das war Hans Pesser von Rapid Wien. Auch am nächsten Tag, als nun umgekehrt die Österreicher aus den gleichen Gründen mit einem Fußballer aus dem Reich gegen Aston Villa anzutreten hatten, war das Jackl Streitle von den Bayern. Beim Spiel der Spiele gegen England saß Seppl Herberger vermutlich bereits allein auf der Trainerbank. Otto Nerz war mit Schreiben vom 12. Mai 1938 von seinem Posten als Verantwortlicher für die Nationalmannschaft des Fachamts Fußball zurückgetreten.

Wenn ein Trainer zwei Tage vor einem Länderspiel zurücktritt, dann tut er das aus Protest. Doch in Diktaturen geht das nicht. Also schob Nerz berufliche Überbelastung vor. Das war schon die zweite Provokation. Er hätte es ja auch mit Krankheit versuchen können. Einen Kollegen zu finden, der ihn krank geschrieben hätte, wäre wohl kaum das Problem gewesen. Nach der Weltmeisterschaft hätte Nerz dann unspektakulär zurücktreten können. Der Öffentlichkeit wurde der Rücktritt von Nerz erst am 25. Mai 1938 mitgeteilt. Herberger wurde von Nerz nicht informiert. Das dürfte auch kein Zufall gewesen sein. Hans von Tschammer und Osten wird wohl gewusst haben, weshalb Nerz tatsächlich zurückgetreten war. Es ist schon ungewöhnlich, dass der Reichssportführer öffentlich auf den Rücktritt eines Fachamtmitarbeiters reagiert. Von Tschammer teilte mit, er werde sich in Fußballfragen auch weiterhin auf den wertvollen Rat von Dr. Nerz stützen. Und auch der „Kicker" und die „Fußball-Woche" trommelten für Nerz, obwohl sie sich vorher oft genug mit ihm angelegt hatten. Von Tschammer hielt seine schützende Hand über Otto Nerz, das wollte er mit seiner öffentlichen Stellungnahme signalisieren.

Immerhin wurde Otto Nerz im Wintersemester 1938/39 von seinem Amt an der Reichsakademie für Leibesübungen suspendiert. Ob hier ein Zusammenhang besteht, ist nicht bekannt, aber denkbar wäre das schon. Dass Nerz mit seinem Rücktritt unüberlegt gehandelt hat, darf ausgeschlossen werden. In Herbergers Unterlagen findet sich folgende handschriftliche Notiz: „Nerz auf dem Rückzug. Bei Aufstellung der Elf für Spiel in Frankfurt (24.4.) nicht mehr dabei. Zu diesem Zeitpunkt stand sein Ausscheiden scheinbar schon fest." Und an anderer Stelle notiert Herberger im gleichen Zusammenhang: „Nerz war bei allem kühl bis ans Herz hinan." Andererseits schreibt Nerz, kurz bevor er

144

nach England abreist, um die englische Mannschaft abzuholen und nach Deutschland zu begleiten, am 2. Mai an Herberger: „Zur Aufstellung der englischen Nationalmannschaft möchte ich Ihnen nur kurz mitteilen, dass die Stärke des Sturms in ihren Einzelspielern besteht! Alle fünf sind gute Dribbler und sie dribbeln auch. Sie schießen auch gut. Wichtig ist, dass unsere Spieler darauf eingestellt werden, dass der Gegner am Ball nicht frei laufen darf! Sofort angreifen! Sonst laufen sie auf und davon und richten allerhand Unheil an!" Das klingt nicht so, als wenn der Rücktritt für ihn zu diesem Zeitpunkt schon beschlossene Sache gewesen wäre. Möglicherweise hat Herberger mit seinen Andeutungen, Nerz habe seinen Rücktritt schon im April vorbereitet, wieder einmal Nebelbomben geworfen, um die Forschung auf die von ihm gewünschte Fährte zu locken. Denn zum Zeitpunkt des Portugal-Spiels gab es den unsinnigen Beschluss der politischen Führung, deutsch-österreichisch „halb und halb" anzutreten, noch nicht. Es macht aus Herbergers Sicht schon einen Sinn, Otto Nerz' Rücktritt nicht als Protest gegen diese Entscheidung erscheinen zu lassen. Bei einer solchen Entscheidung konnte ein Trainer, wenn er Charakter hat, nur zurücktreten. In einer Diktatur gehört dazu allerdings Mut. Nerz besaß beides. Auch Linnemann soll bis kurz vor dem Anpfiff des Länderspiels gegen England von der Anordnung, mit einer deutsch-österreichischen Mannschaft nach einem von oben festgelegten Proporz anzutreten, nichts gewusst haben. Das würde aber bedeuten, dass er in dieser Frage gänzlich übergangen worden war und die Anordnung, die nun einmal einen Empfänger haben musste, direkt an Otto Nerz als Referenten der Nationalmannschaft erging. Der politische Druck, kurzfristig mit einer gemeinsamen Mannschaft aus Österreichern und Reichsdeutschen bei der WM anzutreten, scheint vom Sportführer des Gaues 18 (Österreich), SS-Standartenführer Dr. Rainer, einem Nationalsozialisten per se, ausgegangen zu sein. Ihm hätte von Tschammer eine solche Zusage gemacht.

Das Verhältnis zwischen Otto Nerz und Seppl Herberger scheint sich in den letzten Monaten ihrer Zusammenarbeit merklich gebessert zu haben. Es gibt zwar keine gegenseitigen Besuche zum Tee, aber Nerz redet jetzt Herberger in seinen Briefen wieder mit „Lieber Herberger" an, und Herberger seinerseits Nerz mit „Lieber Herr Nerz." (Das „Du" hatte es zwischen den beiden zu keiner Zeit gegeben.) Dies wird auch von Fußball-Lehrer Werner Sottong bestätigt, der beide zusammen in dieser Zeit erlebt hat.

Solche Skrupel wie Otto Nerz plagten Seppl Herberger nicht. Herberger akzeptierte willig, was die politische Führung anordnete und wurde amtlicher Reichstrainer. Wie befohlen trat er beim ersten Spiel der deutschen Mannschaft bei der Weltmeisterschaft in Frankreich am 4. Juni 1938 gegen die Schweiz in Paris mit sechs Spielern aus dem Reich und fünf aus Österreich an. Otto Nerz soll als Beobachter des Spiels auf der Tribüne unter den Zuschauern gesessen haben. Das Spiel endete 1:1. Deshalb durfte Herbergers gemischte Truppe dann noch einmal gegen die Schweiz antreten. Nur wer siegte, gelangte in die nächste Runde. Deutsch-Österreich verlor mit 2:4, nachdem die Mannschaft bereits mit 2:0 geführt hatte. Kritik an Herberger wurde nicht geübt, und alle, die mit der Sache zu tun hatten, wussten auch warum. Die Kritik hätte sich ja gegen die politisch Verantwortlichen richten müssen. Das ging nicht. Aber ohne Schuldige ging es auch nicht. Weil die wahren Gründe in der Presse nicht diskutiert werden durften, suchte man die Ursache bei den Zuschauern. Ernst Werner mit seiner Leidenschaft fürs Dramatische schrieb in der „Fußball-Woche": „Das Getobe der Menge entnervte die deutsche Mannschaft." Herberger sah die Schuld für die Niederlage in individuellen Fehlern. Nach dem Krieg machte er die Nationalsozialisten verantwortlich. Ein verheißungsvoller Auftakt für ihn als nunmehr amtlicher Reichstrainer war das auf jeden Fall nicht. Es dauerte sechzehn Jahre, bis Herberger seine Chance zur Rehabilitierung bekam. Wir wissen jetzt, wie er sie genutzt hat. Deutschland wurde 1954 Weltmeister. Für die nationalsozialistische Führung, die die Bedeutung des Fußballs für die Massen längst erkannt hatte und sich gern mit den Fußballern dem Volk präsentierte, wurde das Erlebnis mit der Nationalmannschaft zu einem extremen Wechselbad der Gefühle. Glanz in Freundschaftsspielen, wenn es um wenig ging, und (mit Ausnahme der Weltmeisterschaft 1934) Elend, wenn es um Großes ging. Erst 1936 bei den Olympischen Spielen im eigenen Haus und dann 1938 bei der Weltmeisterschaft in Frankreich.

Mit Otto Nerz trat 1938 der Schöpfer der modernen deutschen Fußball-Nationalmannschaft nach zwölfjähriger erfolgreicher

Tätigkeit von der Bühne ab. Nach Berechnungen des Autors trug Nerz von 1926 bis 1938 in 91 Länderspielen die Verantwortung für die Nationalmannschaft, davon in 77 Spielen in alleiniger Verantwortung und in 14 Spielen mit Seppl Herberger als nichtamtlichem Reichstrainer an seiner Seite. Als erstes Spiel von Otto Nerz als Reichstrainer kann das Spiel gegen Holland in Amsterdam am 31. Oktober 1926 angenommen werden. Dieses Datum geht auf Angaben von Elli Nerz, der Ehefrau von Otto Nerz, zurück, die bis 1989 gelebt hat. Als letztes Spiel, orientiert am Rücktrittsdatum vom 12. Mai, wäre das Spiel gegen Portugal am 24. April 1938 in Frankfurt anzusehen.

Als Alternative zu diesem Vorschlag zur Korrektur der Länderspiel-Statistik wäre auch denkbar, die Spiele ab 1937, allerdings ohne das Spiel gegen Italien am 15. November 1936, bis einschließlich des Spiels gegen Portugal unter Nerz/Herberger zu führen. Das ist zulässig, weil keine offizielle zeitgenössische Statistik über die Verantwortlichkeit der Trainer geführt wurde, auch nicht zwischen den Zeilen beim „Kicker" oder der „Fußball-Woche". Insofern stellt einer Korrektur auch keinen rückwirkenden Eingriff in die Geschichte dar. Die jetzt bestehende Zählart wurde erst nach dem Krieg eingeführt und ist im wesentlichen auf den Einfluss von Herberger zurückzuführen. Wider besseren Wissens gibt Herberger das Spiel gegen Italien als sein erstes Länderspiel in der Funktion des Reichstrainers an. Das diese Angabe falsch ist, dafür wurden hier bereits genug Fakten genannt. Deshalb dürfte eine Korrektur dieses Teils der Länderspielstatistik unumgänglich sein. Es bleibt abzuwarten, ob der DFB den Mut zur Wahrheit aufbringt. Herbergers Ansehen und seine Fans dürften mit dieser Korrektur noch gut genug bedient sein. Die B-Länderspiele aus der Statistik ganz herauszunehmen, scheint aber nicht sinnvoll zu sein, weil diese Spiele schon damals als offizielle Länderspiele in der Statistik des DFB bzw. des Fachamts Fußball geführt wurden. Hier gilt, was für den politischen Teil reklamiert wird: Rückwirkend in die Geschichte eingreifen, ist unzulässig. Eine Peinlichkeit wie die aus Anlass des 100. Geburtstags von Seppl Herberger im Jahr 1997, sollten sich die für die Statistik zuständigen Verantwortlichen des DFB auf keinen Fall noch einmal leisten. Im Begleittext zu einer von der Deutschen Post AG herausgegebenen Sonderbriefmarke aus Anlass von

Herbergers Geburtstag erhielten unter der Überschrift „Ihnen verdankt der deutsche Fußball seinen Ruf" in Bild und Text die Trainer von Herberger bis Berti Vogts eine Würdigung. Derjenige allerdings, dem die deutsche Fußball-Nationalmannschaft ihren Aufstieg zu verdanken hat, nämlich Otto Nerz, wurde nicht erwähnt. Das ist peinlich und ohne Stil. Es sei hier nur am Rande erwähnt, dass die Sonderbriefmarke auf eine Initiative des Autors dieses Buches über eine Petition an den Deutschen Bundestag (Pet 2-13-009961 vom 18.04.1995) zustande kam und nicht vom DFB ausging. Das Bundesministerium für Post und Telekommunikation teilte dann dem Petitenten Schwarz-Pich mit Schreiben vom 06.02.96 mit: „Ich freue mich, dass damit Ihrem Wunsch entsprochen werden kann." Die Ironie der Geschichte treibt oft seltsame Blüten.

Kapitel 4
Auf dem Weg ins Nichts
Die zweite Etappe der Umgestaltung des Sports

Wenn Hitler Ende 1938 einem Attentat zum Opfer
gefallen wäre, würden nur wenige zögern, ihn einen der
größten Staatsmänner der Deutschen, vielleicht den
Vollender ihrer Geschichte zu nennen.
Die aggressiven Reden und Mein Kampf,
der Antisemitismus und das Weltwirtschaftskonzept
wären vermutlich als Phantasiewerk
früher Jahre in Vergessenheit geraten.

Joachim Fest

1936 erreichte der Stern Adolf Hitlers seinen Zenit. In dieser Stellung wird er einige Jahre verharren, um dann senkrecht abzustürzen und wie ein böser Spuk im Abgrund zu verschwinden. Er hatte die Welt ins Unglück gestürzt. Mit ihr auch das eigene Volk, dessen Schicksal er am Ende mit seinem eigenen verbinden wollte. Durch das, was in Auschwitz, Majdanek und Treblinka geschah, in Ravensbrück und Buchenwald, sind die Deutschen gekennzeichnet bis ans Ende ihrer Tage. Die überwiegende Mehrheit von ihnen wollte das nicht. Aber das Verbrechen und damit die Schuld waren zu groß, als das man sich hätte auf den Einen herausreden können.

Doch 1936 hätten selbst die Gegner Hitlers nicht gewagt, eine solche Entwicklung zu prophezeien. Wer es trotzdem tat, wurde nicht ernst genommen. Und dann der Blick zurück auf die ersten drei Jahre des „Tausendjährigen Reichs". Es ist interessant, einen prominenten Zeitzeugen wie Sebastian Haffner - fast schon wie im Selbstgespräch - zu beobachten, wie er in seinem Buch „Anmerkungen zu Hitler" eine fiktive Unterhaltung von HitlerGegnern aus jener Zeit in Szene setzt: „Wer, etwa im Jahr 1938, in Kreisen, in denen es noch möglich war, ein kritisches Wort über

Hitler sagte, bekam unweigerlich früher oder später, manchmal nach halber Zustimmung („das mit den Juden gefällt mir auch nicht"), die Antwort zu hören: 'Aber was hat der Mann alles geleistet." Als Hitler an die Regierung kam, zählte das Heer der Arbeitslosen nach Millionen, drei Jahre später gab es so gut wie keine Arbeitslosigkeit mehr. Begünstigt wurde eine solche Entwicklung allerdings durch das Abflauen der Weltwirtschaftskrise. Nach außen stellte Hitler Deutschlands Souveränität wieder her. Seite um Seite zerriss er den Versailler Vertrag, bis von ihm nur noch die Hülle übrig blieb. Diesen Vertrag aus dem Jahr 1919 empfanden die Deutschen, jenseits aller sonstigen politischen Meinungsverschiedenheiten, als Unrecht. (Auch der Kommunistenführer Lenin hielt den Versailler Vertrag für ein imperialistisches Machwerk.) Hitler hatte Erfolge vorzuweisen, und das in relativ kurzer Zeit. Seine Popularität nahm zu. Auf ihrem Höhepunkt, lesen wir bei Haffner, dürften mehr als 90 Prozent der Deutschen Hitler-Anhänger gewesen sein. „Wie das?", fragt sich der Leser. Waren nun auch die Sozialdemokraten und Kommunisten nach den Anhängern und Mitgliedern der bürgerlichen Parteien mehrheitlich ins Hitler-Lager gewechselt? Es muss wohl so gewesen sein. „Aber der Terror gegen die politischen Gegner und die Diskriminierung der Juden? Es war alles schlimm", schreibt Haffner, „aber doch ein bisschen weniger schlimm als angedroht." Und bald kehrte so etwas wie Normalität ein. Die Deutschen richteten sich ein im neuen Deutschland. Es ließ sich leben, und für viele war es ein besseres Leben als vorher, zumindest was die sozialen Lebensverhältnisse anging. Das gilt vor allem für die Arbeiterschaft. Das war die positive Bilanz der Deutschen nach drei Jahren Hitler-Herrschaft. Hitler hatte sie hinter sich geschart. Mit blanker Unterdrückung lassen sich solche Werte nicht erreichen. Mit der politischen Überzeugung ist es wie mit dem Glauben - sie lässt sich nicht erzwingen. Zu diesem Zeitpunkt ahnten nur wenige, dass es zum Krieg kommen würde. Hitlers Vision lief letztendlich auf eine Neugestaltung der Welt unter seiner Führung hinaus. Eine Anmaßung, wie es sie in der neueren Geschichte noch nicht gegeben hatte. Drei Jahre nach den Olympischen Spielen marschierten deutsche Truppen in Polen ein - der Beginn des Zweiten Weltkriegs. 1936 Krieg und Massenvernichtung der Juden vorauszusagen, wäre als eine düstere Prophezeiung abgetan worden. Erhielten Hitler und das neue Deutschland nicht gerade

1936 im Zusammenhang mit den Olympischen Spielen viel Lob aus dem Ausland? Mancher Kommentar in bürgerlichen Zeitungen des Auslands liest sich wie ein Machwerk aus der Feder von Propagandaminister Joseph Goebbels. Und wollten sie Hitler nicht alle gern Glauben schenken, als er anlässlich der Olympischen Spiele der Welt zurief: „Der sportliche, ritterliche Kampf weckt beste menschliche Eigenschaften. Er trennt nicht, sondern eint die Gegner im gegenseitigen Verstehen und beiderseitiger Hochachtung. Auch hilft er mit, zwischen den Völkern die Bande des Friedens zu knüpfen. Darum mag die Olympische Flamme nie erlöschen." Nur wenige dürften damals geahnt haben, dass es sich hier um die verlogenste Rede gehandelt hat, die jemals von einem Staatsmann gehalten wurde. Solche Sätze bildeten aber in Hitlers Rhetorik durchaus keine Ausnahmen. Wir begegnen ihnen auf Schritt und Tritt. Es war Teil einer Politik, die keine moralischen Skrupel kannte und alles dem Zweck unterordnete. Hier wurden alle Regeln einer zivilisierten Politik aufgehoben.

Bis 1936 hatten die Nationalsozialisten ihre Macht im Inneren gefestigt. Die soziale Lage für Millionen, und die kamen überwiegend aus der Arbeiterschaft, hatte sich verbessert. Aber nicht nur das, die Nationalsozialisten werteten die Arbeiterschaft als gesellschaftliche Schicht insgesamt auf. Sebastian Haffner sowie der amerikanische Soziologe David Schoenbaum, darauf sei in diesem Zusammenhang noch einmal hingewiesen, haben auf die linke Komponente in der nationalsozialistischen Politik aufmerksam gemacht. Aus der Sicht der besitzenden Klasse gesehen, bedeutete das nicht nur eine Minderung ihrer realen gesellschaftlichen Macht und eine größere Unterordnung unter den Willen des neuen Staates, sondern auch eine verminderte Bedeutung bürgerlicher Werte und Lebensnormen. In Hitlers Volksbegriff steckt tendenziell ein Stück klassenlose Gesellschaft. Im bürgerlichen Lager wird das bis auf den heutigen Tag in der Diskussion über das Dritte Reich ausgeklammert, weil man als Gegner der klassenlosen Gesellschaft an einer solchen Diskussion objektiv kein Interesse hat, und die Linke muss es verleugnen, weil es ihr ureigenstes Terrain ist, auf dem sie allerdings kläglich versagt hat. Natürlich lässt sich einwenden, Hitler hätte das alles nur mit Blick auf den Krieg getan. Das ist schon richtig, wenn auch zu kurz gegriffen. Nach mehr als sechzig Jahren sagt sich das besonders leicht dahin. Und doch handelt es sich hier schon um Teile eines Umbauprogramms der Gesellschaft. Wohin das geführt hätte, lässt sich bestenfalls erahnen. Im übrigen ändert es nichts an der Tatsache, dass Millionen von der Sozial- und Gesellschaftspolitik Hitlers zunächst einmal profitierten.

Veränderungen an der gesellschaftlichen Basis des Dritten Reichs begannen sich auch auf den Sport auszuwirken. Die sogenannte zweite Etappe der Umgestaltung des Sports in Deutschland - und damit ist immer der Umgang mit den Resten der bürgerlichen Sportbewegung gemeint - erweist sich bei näherer Betrachtung nicht als eine politische Zwangsmaßnahme von oben, wie das im Frühjahr 1933 der Fall war, sondern vor allem als die Folge von Veränderungen an der gesellschaftlichen Basis. Die Gefahr für den substanziellen Fortbestand der bürgerlichen Vereine ging Mitte der dreißiger Jahre weniger von einem direkten Einwirken der NSDAP als Staatspartei oder einer ihrer Gliederungen wie der SA, der SS oder der Hitlerjugend (HJ) aus, sondern vor allem von der Formierung einer originären nationalsozialistischen Sportbewegung. Vieles davon bleibt in Ansätzen stecken, weil der Krieg andere Schwerpunkte setzte. Das erschwert ein Urteil über Vorgänge und deren mögliche Ergebnisse. Deshalb lässt sich über vieles auch nur spekulieren. Und die einzelnen Gliederungen der Partei stimmten in ihrem Umgang mit dem Sport durchaus nicht immer überein. Oftmals waren die Interessen sogar konträr.

Die HJ erhob zwar Anspruch auf die Monopolstellung für die Jugend, aber sie wäre nicht in der Lage gewesen, die Sport treibende Jugend auch nur effektiv zu betreuen, dafür fehlten ihr so ziemlich alle Voraussetzungen. Das gilt insbesondere für den Leistungssport. Aber selbst mit dem Jugendbereich des Fußballs mit seinen tausenden Mannschaften hätte sich die HJ-Führung übernommen. Ganz davon abgesehen, dass es aus sportlicher Sicht wenig Sinn macht, die Jugend vom Erwachsenenbereich zu trennen. Das wäre einer Heranführung des Nachwuchses an die Seniorenmannschaften wenig dienlich gewesen. Hier trat, nachdem sich der Qualm der radikalen Rhetorik verzogen hatte, bald Ernüchterung ein. Dabei wurde der Reichssportführer von Tschammer und Osten von den ihn umgebenden ehemaligen bürgerlichen Sportfunktionären sachkundig beraten. In Sachen Jugendbetreuung kam es zwischen von Tschammer und dem Reichsjugendführer Baldur von Schirach zu einem Arrangement. Die Verantwortung für die Jugend außerhalb von Schule, Elternhaus und Kirche oblag der HJ Baldur von Schirachs. Damit drohte den Vereinen der Jugendbereich zunächst einmal verloren zu gehen. Folgt man den Darstellungen Guido von Mengdens, dem Stabsleiter von Tschammers, aus dem Jahr 1980, der bei diesem Arrangement mit Baldur von Schirach von Tschammers wichtigster Berater war, so ging es auch hierbei wie schon im Frühjahr 1933 lediglich um einen, den veränderten Verhältnissen entsprechenden „Bestandserhalt" auf möglichst hohem Niveau. In diesem Fall statt mit Linnemann nun mit von Mengden als strategischem Berater. Von Mengden zufolge ging es insgesamt nur darum, die Vereine vor einer Totalamputation des Jugendbereichs zu bewahren, um mehr nicht.

Der grundlegende Vorgang selbst, nämlich die totale Erfassung der Jugend durch den nationalsozialistischen Staat, war nicht abwendbar. Angesichts der breiten Unterstützung, der sich das Hitler-Regime in der Bevölkerung Mitte der dreißiger Jahre erfreute, sich zu widersetzen, wäre nicht nur in der Sache aussichtslos und für die Widerstand leistenden mit erheblichem persönlichen Risiko verbunden gewesen. Es hätte möglicherweise sogar radikalere Lösungen zur Folge gehabt. Guido von Mengden hält das, was am Ende in der Frage der Zuständigkeit im Jugendbereich des Sports herauskam, gemessen an dem, was im Interesse der Vereine machbar war, und was ohne sein Zutun mit einiger Wahrscheinlichkeit eingetreten wäre, für einen Erfolg. Von Mengdens schärfster Kritiker, Hajo Bernett, urteilt in dieser Frage für seine Verhältnisse auffallend zurückhaltend. Was in der Praxis bei dieser Umgliederung im Jugendbereich des Sports am Ende - und das gilt bis Kriegsausbruch - herauskam, liest sich auf jeden Fall sehr viel weniger dramatisch, als es sich vom konzeptionellen Ansatz her vermuten ließ. So hieß es in einer Erklärung der HJ im Juni 1937: „Die HJ gedenkt in der nächsten Zeit, im verstärkten Umfang geeignete Hitlerjungen zum Eintritt in die Jugendabteilungen der Vereine des DRL aufzufordern." Revolutionär klingt das nicht gerade. Eher wie ein freiwilliges Eingeständnis der HJ-Führung, der Aufgabe selbst nicht gewachsen zu sein. Von Mengden hatte das bei seinen Überlegungen mit einkalkuliert. Als ei-

nem der erfahrensten Sportmanager konnte ihm diese Schwach-
stelle der HJ eigentlich auch gar nicht entgehen.

Bei den Fußballern lief es darauf hinaus, dass mehr oder weniger alles beim alten blieb. Darin stimmten alle Zeitzeugen, die
unabhängig voneinander befragt wurden, ohne Einschränkungen
überein. Dabei reagierten die Befragten mit Unverständnis auf
diese Frage. Fußball in ihrem Verein und Betätigung in der HJ
waren in ihrem praktischen Erleben als Jugendliche zwei Paar
Stiefel gewesen. Im Fußball gab es keine einschneidenden Veränderungen gegenüber der bisherigen Praxis. Wie eh und je begannen die Buben als Straßenfußballer und schlossen sich dann ohne
Umweg über die HJ einem Verein an. Die HJ blieb ihnen damit
zwar nicht erspart, aber sie war nicht der Transmissionsriemen
auf dem Weg in die Vereine. Gute Fußballspieler, berichtete ein
Zeitzeuge aus eigener Erfahrung, wurden sogar - um Doppelbe-
lastungen zu begegnen - vom HJ-Sport befreit, um sich ganz auf
den Fußball in ihrem Verein konzentrieren zu können.

Die SS stellte allein schon wegen ihrer verhältnismäßig geringen Zahlenstärke keine relevante Gefahr für die Vereine dar. Außerdem hatte sie von ihrem Selbstverständnis her überhaupt keine Ambitionen, den Sportvereinen Konkurrenz zu machen. Auf
einer Führertagung des Reichsbundes für Leibesübungen, die Ende
Juni 1937 in Berlin stattfand, äußerte sich SS-Brigadeführer Herr-
mann zum Verhältnis SS-Sport und DRL-Sport. „Die SS bejaht
den Leistungssport und zieht ihre tüchtigsten Wettkämpfer in SS-
Sportgemeinschaften zusammen. Diese SS-Sportgemeinschaften",
führte er dann weiter aus, „stellen sich hinein in den DRL", dessen Existenz und Aufgabenstellung die SS eindeutig bejahe. Die
SS wolle keine Sonderrechte innerhalb des DRL, „die Sportgemeinschaften fühlen sich in diesem Sinne als vollgültige Mitglieder des DRL."

Die SA hatte nach den „Röhm-Putsch" 1934 genug mit sich
selbst zu tun. Sie war zu nichts mehr so recht zu gebrauchen. Mit
dem politischen Widerstand wurde die Gestapo auf dem Dienst-
weg fertig, und nachdem 1935 die Wehrpflicht eingeführt worden war, verlor die SA weiter an Bedeutung. Eine ernst zu neh-
mende Gefahr für den Bestand des bürgerlichen Sports ging von
der SA nur in der Phase der Machtergreifung aus, die auch den
Höhepunkt im Dasein der SA bildete. Unter ihrer Regie wäre die

Umgestaltung des Sports im Frühjahr 1933 mit Sicherheit um einiges radikaler ausgefallen. Vermutlich hätte die SA auch keine Rücksicht auf die Olympischen Spiele genommen. Doch mit der langen Leine war es spätestens vorbei, als Hitler im Frühsommer 1933, nicht ohne Drohen im Unterton, die revolutionäre Phase der politischen Umgestaltung für beendet erklärte. Die SA - zumal ein reines Männerunternehmen und mit einem Sportverständnis, das vom militärischen Zweck her geprägt war, ausschließlich der Wehrertüchtigung zu dienen - wäre auch gar nicht in der Lage gewesen, einen so vielfältigen Sportbetrieb, wie ihn die bürgerlichen Vereine in ihrer Gesamtheit ausmachten, mit Millionen an Mitgliedern, zu ersetzen oder auch nur zu übernehmen. Ihr eigener Sportbetrieb mit 25-Kilometer-Gepäckmärschen, Handgranatenwerfen und anderem wirkte auf die Jugend nur wenig anziehend. Das befriedigte den Spieltrieb nicht.

Zwar musste von Tschammer vor Zugriffen oder Angriffen auf die Reste der bürgerlichen Sportbewegung durch Gliederungen der Partei immer auf der Hut sein, aber eine echte Gefahr für den Bestand der bürgerlichen Vereine ging letztlich entscheidend nur von der Organisation „Kraft durch Freude" (KdF) aus, einer Unterorganisation der Deutschen Arbeitsfront, die 1933 zunächst an die Stelle der Gewerkschaften getreten war. Ihr Sportbetrieb muss als Keimzelle einer originären nationalsozialistischen Sportbewegung angesehen werden.

Der Aufgabenbereich der KdF reichte von der Arbeitsplatz- bis zur Freizeitgestaltung mit einer starken Ausrichtung auch auf den Sport. Der Ideengeber für „Kraft durch Freude" soll Hitler selbst gewesen sein, und mit der Durchführung beauftragte er „seinen größten Idealisten", damit meinte er Dr. Robert Ley, einen von den bewährten alten Kämpfern. Der wiederum hielt sich allerdings im Vergleich mit Hitler für den besseren Nationalsozialisten. Mit diesem Mann wird es Hans von Tschammer und Osten bei seinen letzten Gefechten für den Erhalt der Reste der bürgerlichen Sportbewegung zu tun bekommen. Die KdF war Reisebüro, Arbeiterbildungsverein, Theatergemeinde, Arbeitsplatzgestalter und Sportverband in einem. Viele Arbeiterfamilien buchten ihre Urlaubsreise, oftmals die erste in ihrem Leben überhaupt, bei Kraft durch Freude. Mit etwas Glück konnte der Dreher der Motorenwerke in Mannheim mit seiner Angetrauten die Hochzeitsreise auf dem Passagierdampfer „Robert Ley" nach Madeira antreten. Aber auch Reisen zu Auswärtsspielen der deutschen Fußball-Nationalmannschaft wurden organisiert. Zehntausend sollen die deutsche Fußball-Nationalmannschaft zu Auswärtsspielen begleiteten haben. Es waren zwar Aufpasser dabei, aber eine Mauer um Deutschland mussten die Nationalsozialisten nicht errichten.

Vieles hatten die Nazis aus der Arbeiterbewegung übernommen, als sie die Deutsche Arbeitsfront ins Leben riefen, oder sich zumindest ideell daran orientiert. Und viele Arbeiterfunktionäre fanden hier nach einer politischen Quarantänezeit wieder Brot und Arbeit. Und sie leisteten gute Arbeit. Nicht wenige konvertierten, wenn schon nicht ideologisch, so doch in der Praxis zum Nationalsozialismus. Im Sport konzentrierte sich die Arbeit der KdF zunächst auf den bisher sportlich untätigen beziehungsweise am Sport wenig oder gar nicht interessierten Teil der arbeitenden Bevölkerung. Sie galt es, an den Sport heranzuführen. Daraus wurde dann bald mehr. Für wenig Geld konnten junge Arbeiter und Arbeiterinnen Sportarten betreiben, die bisher den Privilegierten aus der Oberschicht vorbehalten waren, wie Reiten, Tennis oder Golf. Das war attraktiv und zog Millionen an. Der KdF und mit ihm sein Sportbetrieb wurde in den Betrieben angenommen. Er wurde zu einer wichtigen Säule der nationalsozialistischen „Volksgemeinschaft". Spätestens mit Beginn der Bildung von Betriebssportgemeinschaften im Jahr 1937, die auf einen Ende 1936 gefassten Beschluss zurückging, und mit der Hinwendung zum Wettkampfsport schlug dann für die bürgerlichen Vereine die Stunde der Wahrheit. Schon wenige Monate später, Mitte 1937, gab es nach Angaben der KdF-Führung bereits 10.000 Betriebssportgemeinschaften, 1940 waren es 20.000 mit ca. 8 Millionen Sport ausübenden, dreimal soviel, wie bei den bürgerlichen Vereinen als Mitglieder eingetragen waren. Die großen Betriebe begannen Sportstätten zu bauen und Fachpersonal für die sportliche und die medizinische Betreuung einzustellen. Das waren bezahlte Posten. Schon aus rein finanziellen Gründen konnten die bürgerlichen Vereine nicht mithalten. Mit Recht sah Guido von Mengden, von Tschammers Stabsleiter, von der KdF die größte Gefahr für den Bestand der bürgerlichen Vereine ausgehen. Dr. Robert Ley machte auch nie einen Hehl aus seiner Verachtung für die bürgerliche Auffassung vom Sport. Das kam noch dazu. Tendenziell lief das auf eine Vormachtstellung des KdF im Sport hinaus. Der Krieg verhinderte die totale Vereinnahmung des Sports durch den KdF.

Ein Problem stellte allerdings die Einstellung zum Hochleistungssport dar. Unabhängig davon, wie der Umgang damit bei Fortbestand des nationalsozialistischen Systems weiter verlaufen wäre, mittelfristig kamen die Nationalsozialisten aus übergeordneter Sicht ohne ihn nicht aus. Hitler hatte im Frühjahr 1933 sein Machtwort zu Gunsten der Austragung der Olympischen Spiele in Deutschland gesprochen, so indirekt den Hochleistungssport bejaht und damit den bürgerlichen Vereinen als dessen Träger unter seinen Schutz gestellt. Für Hitler, der auch weiterhin am Sport persönlich nur wenig Interesse zeigte, änderte sich an seiner Haltung zum Sport auch nach den Olympischen Spielen wenig. Zwar brauchte man nun nicht mehr so viel Rücksicht auf das Ausland zu nehmen, denn die Spiele waren vorüber, aber auf den großen Schlag, und das bedeutete Krieg, war Deutschland auch 1936 nicht ausreichend vorbereitet. Das Ausland zu brüskieren, dafür war die Zeit noch nicht reif. Hitler redete weiter mit Engelszungen. Deutsche Sportler reisten so ganz im Sinne des Diktators weiterhin als Sendboten des Friedens durch Europa. Und sie waren gute Werbeträger. Deutschland pflegte einen intensiven internationalen Sportverkehr. Bis Kriegsausbruch trug die deutsche Fußball-Nationalmannschaft Länderspiele gegen alle führenden europäischen Fußball-Nationen aus, unter ihnen auch die späteren Kriegsgegner Frankreich und England. Die Zahl der Länderkämpfe in den verschiedenen Sportdisziplinen insgesamt nahm stetig zu: von 63 Länderkämpfen im Jahr 1933 über 127 im Jahr 1936 auf 184 im Jahr 1938, das waren ein Jahr vor Kriegsbeginn statistisch 15,2 Länderkämpfe im Monat. Doch auf die Zahl der Länderkämpfe allein kam es natürlich nicht an. Es sollten möglichst viele Siege auch aus politischen Gründen errungen werden. Das ging in Vorbereitung auf die Olympischen Spiele nur mit den Sportlern aus den bürgerlichen Vereinen, die den Sport über seine allgemeine erzieherische und hygienische Bedeutung hinaus auch als Wettkampf- und Hochleistungssport bejahten. Für den Fußball gilt das sogar ausschließlich. Denn hier hatte sich bis auf die Gliederung in Gauligen rein gar nichts geändert. Es blieb beim Kampf um Punkte, Untergliederung in Leistungsklassen, verbunden mit Auf- und Abstieg, und es ging dabei um Titel auf allen Ebenen, von der letzten Staffel der Kreisliga bis zur Weltmeisterschaft und den Olympischen Spielen. Dies waren nach nationalsozialistischer Auffassung typische Elemente des liberalistischen Denkens im Sport, denen sie ursprünglich nicht nur ablehnend, sondern sogar feindlich gegenübergestanden hatten. Aber der Zweck heiligte auch hier die Mittel. Und Dinge unter dem Gesichtspunkte der Zweckmäßigkeit zu entscheiden, gehört ja zu den charakteristischsten Auffälligkeiten in Hitlers Führungsstil. Auch wenn der „Führer" vom Fußball selbst nichts verstand, aber „dass der Ball rund war", wusste auch er.

Wer A sagt, muss bekanntlich auch B sagen. Wenn man auf dem internationalen Parkett im Sport weiterhin erfolgreich mit dabei sein wollte, was ohne die bürgerlichen Vereine bzw. deren Sportler nicht ging und auch nicht ohne Bejahung des Leistungsgedankens, dann galt das ebenso für den Umgang mit den bürgerlichen Spitzenfunktionären, die Teil der Funktionärselite des internationalen Sports waren. Da gab es die internationalen Gremien, in denen deutsche Sportfunktionäre seit Jahren eine hervorragende Rolle spielten, wie Carl Diem und Dr. Theodor Lewald, oder bei den Fußballern Dr. Ivo Schricker, einer der Pioniere des deutschen Fußballsports, seit 1932 Generalsekretär der FIFA, und der Generalsekretär des DFB, Dr. Georg Xandry, den Guido von Mengden als einen „herzerfrischenden Bonvivant" charakterisierte, der mit seinesgleichen Freundschaften in ganz Fußball-Europa pflegte. Aber auch Felix Linnemann genoss im Ausland hohes Ansehen. Der Fachamtsleiter besaß die goldene Ehrennadel des Schweizerischen, Dänischen, Norwegischen und Schwedischen Fußballverbandes, außerdem verliehen ihm die Franzosen die „Medaille d'or pour l'Éducation Physique." Dr. Peco Bauwens schließlich war ein Schiedsrichter von internationalem Format. Bauwens gehörte der Regelkommission der FIFA an und vertrat die FIFA auch im „International Board", der höchsten Regelkommission. Und Reichstrainer Dr. Otto Nerz konnte in England auf mehr Freunde zählen, als im eigenen Land. Wenn an ihre Stelle plötzlich NS-Leute getreten wären, dann hätte das mit Sicherheit zu Problemen sachlicher und atmosphärischer Art geführt. Die Fußballfunktionäre pflegten im Umfeld eines Länderspiels nicht nur einen geselligen Umgang miteinander, sondern sie verstanden auch ihr Geschäft als Makler internationaler Fußballwettkämpfe. Peco Bauwens war den Nationalsozialisten wegen seiner Ehe mit einer Jüdin zwar stets ein Dorn im Auge, aber immer, wenn es darum ging, ihn von seinen Posten zu entfernen, war Felix Linnemann zur Stelle. Einmal drohte Linnemann in diesem Zusammenhang sogar mit seinem Rücktritt. Die Nazis gaben wegen der zu erwartenden Reaktionen aus dem Ausland nach, aber mit Linnemann wäre ihnen auch die wichtigste Autorität im deutschen Fußball verloren gegangen. Seine Versetzung im Frühjahr 1937 blieb der breiten Öffentlichkeit verborgen, und die Gründe dafür dürften nur dem engsten Kreis um Felix Linnemann bekannt gewesen sein. Die Nationalsozialisten erkannten sehr wohl, was ihnen nutzte und was ihnen schadete. Natürlich wussten die Kollegen von Linnemann und Bauwens im Ausland, dass die deutschen Kollegen zu Hause das DFB-Abzeichen unterm statt auf dem Rockaufschlag trugen. Sie wussten auch, wie es um die wirklichen Machtverhältnisse im deutschen Sport aussah. Aber letztlich spielten sie das Spiel mit. Es wurden Länderspiele wie eh und je mit dem DFB vereinbart, obwohl der nur noch als Briefkopf existierte. Und ausländische Mannschaften, gleich ob Vereins- oder Nationalmannschaften, erwiderten den ihnen in Deutschland entbotenen Willkommensgruß in den meisten Fällen nicht nach Art ihres Landes, sondern nach der neudeutschen Art mit erhobener rechter Hand. Das mussten sie natürlich zuvor zu Hause vor der Abreise nach Deutschland geübt haben. Mancher ausländischen Mannschaft gelang der „deutsche Gruß" fast so perfekt wie dem Vorbild.

Die Nationalsozialisten waren aus übergeordneten politischen Gesichtspunkten an vielen Auslandskontakten im Sport interessiert, deshalb mussten sie sich wohl oder übel auch weitgehend an die Spielregeln im internationalen Sportbetrieb halten. Und repräsentabel war man nur über den bürgerlichen Sport. Das gilt für den Wettkampf selbst wie für seine Spitzenfunktionäre. Beide machten, wo immer sie im Ausland auftraten, eine gute Figur.

Adolf Hitler kümmerte sich um solche Details nicht, aber stets, wenn sein Reichssportführer aus den eigenen Reihen unter Druck gesetzt wurde, wenn die SA von der einen Seite, die HJ und KdF von der anderen Seite an den Resten der bürgerlichen Sportbewegung zerrten und Ansprüche auf Teile oder das Ganze erhoben, konnte von Tschammer sich an Hitlers Stellvertreter Rudolf Heß oder an den Innenminister Wilhelm Frick um Hilfe wenden. Diese holten dann meist ein Machtwort von Hitler ein. Wer auch immer den Bestand der bürgerlichen Vereine im Grundsätzlichen antastete, so will es die Ironie der Geschichte, bekam es direkt oder indirekt mit dem obersten Führer zu tun. Dies entsprach weitgehend der Linie, die Hitler 1933 mit Blick auf die Olympischen Spiele 1936 eingeschlagen hatte.

Hitler wurde von Tschammers Trumpfkarte. In einer Rede vor Gausportwarten und Gausportreferenten der NS-Gemeinschaft „Kraft durch Freude" am 11. Februar 1937 im Haus des Deutschen Sports in Berlin, an der auch die Gauführer und Reichsfachamtsleiter des DRL teilnahmen, spielte von Tschammer diese Karte - mit einem Seitenhieb auf die Gegner des bürgerlichen Sports in den eigenen Reihen - voll aus. Unter Punkt 1 seiner Rede führte von Tschammer folgenden aufschlussreichen Gedanken aus: „Die Durchführung des internationalen Sportverkehrs ist nach den internationalen Gesetzen nur möglich, wenn Vereine für Leibesübungen und zum mindestens ein aus diesen Vereinen zusammengesetzter Bund für Leibesübungen besteht. Den internationalen Sportverkehr aber hatten wir und haben wir aus außenpolitischen Gründen unbedingt nötig. Der Führer will hierauf unter keinen Umständen verzichten, weil der internationale Sportverkehr am schnellsten und nachhaltigsten in der Lage ist, den politischen Brunnenvergiftern und Hetzaposteln das Handwerk zu legen." Klarer ging es nicht. Der Sport als Mittel der Politik. Wenn Hitler sich seiner zu diesem Zeitpunkt selbst schon so sicher war, dass er den großen Krieg demnächst beginnen wollte, dann war diese Vorgehensweise in der Tat ein raffinierter Schachzug. Von Tschammer redete weiterhin bei jeder sich bietenden Gelegenheit von der „völkerverbindenden Funktion" des internationalen Sportverkehrs und vom Frieden, als wenn er nichts anderes zu tun hätte. Wenn man seine Reden beziehungsweise Ansprachen liest, ist man sogar versucht, ihm zu glauben. Grundsätzlich ausschließen sollte man eine solche Denkungsart nicht. Mit Sicherheit konnten sich auch überzeugte Nationalsozialisten im Jahr 1937 das Dritte Reich in Fortsetzung auch ohne Krieg vorstellen. Und von Tschammer und Osten war Reichssportführer und nicht Kriegsminister - auch das sollte berücksichtigt werden. Seine Arbeit konnte nur im Frieden gedeihen. Mit den bürgerlichen Sportlern hatte er bei Olympia 1936 Ruhm und Anerkennung geerntet. Sein Werk. Ohne den pfleglichen, politisch zurückhaltenden Umgang mit der bürgerlichen Sportbewegung im Frühjahr 1933 wären die deutschen Erfolge von 1936 nicht möglich gewesen. Dass für große internationale Sportspektakel in Kriegszeiten kein Platz ist, dürfte von Tschammer bewusst gewesen sein. Und mit Kriegsbeginn sank sein Stern; als sich die militärische Niederlage abzeichnete, gab von Tschammer auf. Als Berufssoldat im Rang eines Hauptmanns im Ersten Weltkrieg dürfte er gewusst haben, was die Niederlage von Stalingrad im Februar 1943 militärisch für Deutschland bedeutete. In der Grundsatzrede von Tschammers folgte dann ein bemerkenswerter Satz an die Adresse der Kritiker aus den eigenen Reihen: „Solange wir internationalen Verkehr pflegen und solange das Bürgerliche Gesetzbuch besteht, bin ich gezwungen, die Form, nicht aber das Wesen des Vereins, als Zelle des deutschen Reichsbundes für Leibesübungen bestehen zu lassen." Zu diesem Zeitpunkt war von Tschammer, folgt man den Angaben von Felix Linnemann und Guido von Mengden, wegen seiner liberalen Personalpolitik ins Visier der Gestapo geraten. Nicht, dass er politisch verfolgt wurde - an der Linientreue von Tschammers dürfte es keine Zweifel gegeben haben und die geradezu kindliche Hingabe an den „Führer" war zudem echt. In einem auf einen Führer fixierten Staat ist das sogar wichtiger, als die allgemeine politische Überzeugung. Heydrich, von dem der Druck ganz offensichtlich ausging, drängte letztlich wohl auf eine stärkere nationalsozialistische Ausrichtung des DRL. Und mehr überzeugte Nationalsozialisten in der Führung des DRL und seiner unteren Organe, das hätte sich zwangsläufig auch inhaltlich ausgewirkt. Wie von Tschammer das Problem löste, wissen wir bereits. Er meldete seine bürgerlichen Funktionäre als Mitglieder bei der NSDAP bzw., wie bei von Mengden, in der SA an. Der oben zitierte Passus aus der Rede von Tschammers am 11. Februar 1937 liest sich fast wie eine Rechtfertigung. Den Hinweis auf die Verbindlichkeit des Bürgerlichen Gesetzbuches auch für Nationalsozialisten dürften die Eiferer aus den eigenen Reihen vermutlich als provokante Zurechtweisung empfunden haben.

Aber es gab auch noch andere Gründe, den Radikalen aus den eigenen Reihen, wenn sie wieder einmal zur Attacke auf die Reste der bürgerlichen Sportbewegung bliesen, in den Rücken zu fallen. Von Tschammer hatte richtig erkannt, dass das Vereinswesen in der Bevölkerung tief verankert war und wohl für keine Nation typischer ist als für die Deutschen. Und gerade im Fußball mit seinen Hunderttausenden von Aktiven und Vereinsmitgliedern, dem Heer von Funktionären und Betreuern, Zuschauern und den Millionen Zaungästen, die am Geschehen teilnahmen, die den Ball oft nur aus der Ferne kannten, war das besonders ausgeprägt. Dem Volk dieses Spielzeug aus der Hand zu schlagen und ihm stattdessen von oben zusätzlich Wehrsport als Ersatz zu verordnen, oder seine Vereine, mit denen sich viele mehr verbunden fühlten als mit der eigenen Familie, in NS-Gemeinschaften umzuwandeln mit dem ganzen politischen Brimborium, so töricht waren die führenden Männer um Hitler nicht. Das hatte Zeit. In diesem Punkt änderte sich ihre Haltung auch nach 1936 nicht. Das Bürgertum kam in Hitlers Buch „Mein Kampf" insgesamt nicht gut weg. Warum sollte er sich schützend vor seine Sportvereine um ihrer selbst willen stellen? Der Diktator folgte auch hierbei ausschließlich dem Gebot der Zweckmäßigkeit. Die Vereine in einem revolutionären Akt vollends gleichzuschalten, hätte für die Ausrichtung des Volkes auf den Nationalsozialismus insgesamt nur Nachteile gebracht. Das konnte warten. Warum also unnötig die Menschen verärgern?

Wann immer es brenzlig für die Vereine zu werden drohte, fand von Tschammer via Rudolf Heß oder Wilhelm Frick bei Hitler ein offenes Ohr. Bei Hitler wird das ausschließlich Berechnung gewesen sein, bei von Tschammer spielte in seinem Verhältnis zu den Resten der bürgerlichen Sportbewegung mit ihrem Vereinswesen wohl auch seine eigene Überzeugung eine Rolle. Von seiner Biografie her spricht alles dafür, dass von Tschammer sich diesen Standpunkt erst aufgrund seiner Erfahrungen als Reichssportkommissar zu eigen machte. Der Spross war aus adligem Haus, trat nach dem Dienst als Page am sächsischen Königshof (von Mengden) seine militärische Laufbahn mit der Erziehung an einer Kadettenanstalt zum Berufsoffizier an. Das deutsche Vereinsleben war dieser Gesellschaftsklasse vollends fremd. Der DDR-Schriftsteller Ludwig Renn, alias Arnold Vieth von Golßenau, diente mit von Tschammer im sächsisch-königlichen Heer. Er beschrieb die Lebensverhältnisse der jungen Adligen in Uniform in seinem 1944 erschienenen Buch „Der Adel im Untergang". Darin kommt auch von Tschammer vor, wobei allerdings nicht ganz sicher ist, ob er den späteren Reichssportführer oder einen seiner Brüder beschreibt. Renn verwendet nur den Familiennamen. Dieser von Tschammer wird in dem Buch als ein geistloser Schwätzer charakterisiert. Renn war, als er das Anfang der vierziger Jahre zu Papier brachte, bereits seit fünfzehn Jahren Mitglied der KPD und von Tschammer zum nationalsozialistischen Reichssportführer aufgestiegen. Deshalb ist bei Renns Urteil über von Tschammer, wenn er denn Hans von Tschammer und Osten gemeint hat, Vorsicht geboten. Die Darstellung des Adels als Klasse im Untergang allerdings überzeugt. Das Leben dieser jungen Männer erschöpfte sich in Bällen am sächsischen Königshof mit viel Zeremoniell und stupiden Saufereien in ihrer dienstfreien Zeit. Das war von Tschammers Sozialisation. Der Deutschen liebstes Kind, die Vereine, haben wohl in seinem Leben bis zu seiner Berufung zum Reichssportkommissar keine Rolle gespielt.

Es dürften deshalb vor allem Männer wie Felix Linnemann und später Guido von Mengden gewesen sein, die ihm die Bedeutung der Vereine nahe gebracht haben. Wenn von Tschammer auf der Tagung des Reichsbundes für Leibesübungen im Februar 1937 in seiner Rede äußert „die Vereine sind wertvollstes deutsches Volksgut", dann dürfte es sich hierbei um seine Überzeugung gehandelt haben und nicht um ein taktisches Manöver zur Beruhigung der Sporttreibenden und ihrer Funktionäre in den Vereinen und Fachämtern. Tschammer hatte sich im Frühjahr 1933 im Schnellkurs mit der Bedeutung der Vereine vertraut gemacht. Er hielt an dieser einmal eingenommenen Position auch später fest.

Aber die Nationalsozialisten erwiesen sich auch noch in einem anderen Punkt in Sachen Sport und Spiel als lernfähig. Sie erkannten den Eigenwert des Spiels an sich an. Das war neu. Das Spiel der Spiele im Sport, der Fußball, hatte wohl auch Pate bei diesem Erkenntnisvorgang gestanden. Von Tschammer selbst war ja auf seine alten Tage noch zum Fußballfan geworden, gleichviel, was er vom Spiel verstand, es begeisterte ihn. Dass unabhängig von der persönlichen Freude an diesem Treiben auch taktische Gründe bei der Bejahung des Spiels eine Rolle spielten, versteht sich. Das Motto „Brot und Spiele" ist zwar keine nationalsozialistische Erfindung, aber den Sinn machten sie sich bald zu eigen. Nationalsozialistische Sporttheoretiker drangen mit ihren Erkenntnissen über den Selbstwert des Spiels bis zum Kern des Wesens und der Bedeutung des Spiels vor. So bringt der Stud. Ref. Siegfried Winter im Jahr 1937 ganz Erstaunliches zu Papier. In der renommierten Zeitschrift „Leibesübungen und körperliche Erziehung" erscheint sein Aufsatz zum Thema „Warum treiben wir Leibesübungen?", in dem er u.a. schreibt: „(...), dass es wohl kaum jemanden gibt, der beim Sport - z.B. bei einem Fußballspiel - etwa immer an die Stählung des Körpers für sein Volk dächte." Dann teilt er den Sport im Nationalsozialismus in zwei Kategorien ein: „Der Turner und der Sportler, ja, sein ganzer Verein, überhaupt alle Vereine und die gewaltige Organisation Kraft durch Freude sind - vom Leibesübungen treibenden aus gesehen - die Träger der f r e i e n I n i t i a t i v e, während sich SA., SS., Schule, Wehrmacht, HJ., kurz, in allen staatlichen Institutionen, Leibesübungen treibende Vertreter der b e f o h l e n e n Schulung betrieben." Um dann zu dem Schluss zu kommen: „Urquell aller echten Leibesübungen war ganz sicher nichts anderes als das Spiel. Und so wie das Spiel bei der ganzen Menschheit den Grund zu all ihren Leibesübungen legte, so müssen auch wir - einem ungeschriebenen biogenetischen Grundsatz gehorchend - im Leben jedes einzelnen uns leibeserzieherisch anvertrauten jungen Menschen wiederum das Spiel zum Anfang und Ausgangspunkt aller unserer Körpererziehung machen." Das liest sich ganz anders als die sportideologischen Ergüsse von Bruno Malitz aus dem Jahr 1932. Die Nationalsozialisten hatten gelernt. Die Fußballer dürften Herrn Winter gern zitiert haben.

Mit der Bejahung des Spielgedankens übernahmen die Nationalsozialisten nach der Akzeptierung des Hochleistungssports damit einen zweiten Grundsatz der bürgerlichen Sportbewegung. Beides nunmehr von nationalsozialistischen Zielen her definiert.

Für die Fußballer als Sportler hatte sich nach 1933 nur wenig geändert - und manches sogar zum Vorteil. Möglicherweise nahm der Fußball bei den Nationalsozialisten von Anfang an eine Sonderstellung ein. Dieses riesige Gefüge ließ sich weder einfach beiseite schieben noch durch ein eigenes ersetzen. Zu diesem

Gefüge gehörten ja auch die Millionen Zuschauer, die Sonntag für Sonntag im ganzen Reich von den großen Städten bis ins kleinste Dorf zum Stadion oder zum Sportplatz pilgerten.

Reichssportführer von Tschammer konnte mit seiner Arbeit zufrieden sein. Der große sportliche Erfolg bei den Olympischen Spielen war die beste Bestätigung für die Richtigkeit seiner vorsichtigen Vorgehensweise gegenüber den bürgerlichen Vereinen im Frühjahr bzw. Frühsommer 1933. Und wie im Fußball eine erfolgreiche Mannschaft nicht ohne Not umgebaut wird, sah von Tschammer auch keinen Grund, seinen modifizierten bürgerlichen Sportbetrieb im nationalsozialistischen Gewande umzustrukturieren oder neu zu organisieren. Reagieren musste er auf die Zugriffe aus den eigenen Reihen. Und dieser Druck nahm im gleichen Maße zu, wie die nationalsozialistische Gesellschaft in ihrer Entwicklung fortschritt. Die Fußballer um Felix Linnemann konnten alles in allem zufrieden sein. Sie hatten mit der Einführung des Fachverbandsprinzips und dem Führerring als Dachverband unter den gegebenen Bedingungen Optimales erreicht. So hätte es bleiben können.

Allerdings erwies sich der Dachverband, den Linnemann ja für notwendig hielt, in Form des Führerrings als wenig praktikabel. Denn er entsprach eigentlich als föderalistisch aufgebautes Gebilde den Verhältnissen in einem demokratischen Staat und nicht den Bedingungen eines autoritären Regimes. Als beratendes Organ hatte der Führerring nichts zu entscheiden. Dafür war der Reichssportführer als Institution da. Und als Beratungskörper wiederum war das ganze Gebilde mit seinen 15 Fachämtern viel zu umständlich. Deshalb gingen in der Praxis die Entscheidungen auch am Führerring vorbei. Andererseits war der Führerring auch kein adäquater Ersatz für den DRA als Dachverband der bürgerlichen Sportverbände. Die Mitgliedschaft im DRA war freiwillig und berührte die Unabhängigkeit der Einzelverbände vom DRA und untereinander nicht. Mit der Gleichschaltung war das passé. Deshalb war dieser neue „Dachverband" auch nur als Zentralverband mit dem Reichssportführer als oberster Instanz denkbar. Doch dabei mussten auch vermögensrechtliche Gesichtspunkte berücksichtigt und auf das Ausland Rücksicht genommen werden. Notwendig wurde dieser Zentralverband aber auch, um dem Zugriff aus den eigenen Reihen so effektiv wie möglich begegnen zu können. Die Eingriffe in einen losen Verband wären auf jeden Fall wesentlich leichter gewesen. Eine insgesamt recht schwierige Aufgabe, vor der von Tschammer von Osten stand, als er sich daran machte, den Reichsführerring in einen „Deutschen Reichsbund für Leibesübungen" (DRL) umzuwandeln.

Am 30. Januar 1934, dem ersten Jahrestag der nationalsozialistischen Machtergreifung, proklamierte von Tschammer den Deutschen Reichsbund für Leibesübungen (DRL). Das, was im Juli 1934 aus Anlass der Deutschen Kampfspiele in Nürnberg Form annahm, erwies sich nach Einschätzung von Guido von Mengden allerdings als ein von Anfang an „unregierbares und nicht funktionsfähiges Gebilde". Es war das Werk von Laien - und von einem Laien, nämlich dem Reichssportführer, verkündet worden. So sollte von der Zentrale aus das Presse- und Werbe-, Finanz-, Wirtschafts- und Versicherungswesen gesteuert werden. Leicht überspitzt ausgedrückt, wäre das in konsequenter Anwendung darauf hinausgelaufen, dass z.B. der DRL als Zentrale für jedes Plakat zuständig gewesen wäre, mit dem für eine Sportveranstaltung irgendwo in der Provinz geworben wurde. Guido von Mengden listet in seinem Buch „Umgang mit der Geschichte und mit Menschen" demonstrativ einige Beispiele auf, um zu zeigen, dass „dieser Bund der Vereine ein unregierbares und nicht funktionsfähiges Gebilde geworden wäre." Von Tschammer legte das unausgegorene Projekt deshalb auf Eis. Die Sache war gründlich verfahren und musste grundsätzlich neu angepackt werden. Dieser Zustand währte fast zwei Jahre. Eines zeichnete sich trotzdem deutlich ab, seine Grundlinie verließ von Tschammer nicht. Es blieb bei der Eigenständigkeit der Vereine, und was auf überzeugte Nationalsozialisten wie Ketzerei wirken musste, es blieb auch bei der freien Wahl des Vorsitzenden und der Vorstandsmitglieder durch die Mitgliederversammlung. Zwar konnte von oben eingegriffen werden, aber das blieb die Ausnahme. Für diese liberale Haltung von Tschammers gab es einleuchtende Gründe. Die Vereine existierten auf der Basis der freiwilligen Zugehörigkeit der Mitglieder. Viele von ihnen, die in jungen Jahren als Aktive ihrer sportlichen Betätigung nachgegangen waren, stellten sich später dem Verein als ehrenamtlich tätige Funktionäre zur Verfügung oder übernahmen andere Aufgaben, angefangen vom Zeug - oder Platzwart, der Betreuung von Jugendmannschaften, oder sie setzten sich am

Sonntag ins Kassenhäuschen und kassierten Eintritt. Entscheidend für die Funktionsfähigkeit eines Vereins war deshalb auch, dass der Vorstand vom Vertrauen der Mitglieder getragen wurde. Diese Vereine übernahmen die Nationalsozialisten, trotz aller Probleme, vor denen auch die Vereine in den Zeiten der großen Wirtschaftskrise Ende der zwanziger Jahre gestellt waren, als intakte, funktionsfähige Gebilde mit einem hohen Maß an Konsistenz. Jeder Eingriff von oben barg deshalb auch erhebliche Risiken in sich. Mit der Abschaffung der freien Wahl der Vorstände wären willkürlichen Eingriffen von örtlichen Parteifunktionären Tür und Tor geöffnet gewesen. Das hätte die Funktionsfähigkeit der Vereine bedroht und damit auch von Tschammers eigenes Werk in Gefahr gebracht. Eine solche Sichtweise der Dinge kann man von Tschammer und Osten, so wie er uns bisher begegnet ist, durchaus zutrauen.

Der Reichssportführer ahnte wohl selbst, dass dieser DRL, den er 1934 ins Leben gerufen hatte, so nicht funktionieren konnte. Zwei Jahre nach der Proklamation des Deutschen Reichsbundes für Leibesübungen war man bei der Umsetzung in der Praxis keinen Schritt weitergekommen. Den DRL gab es auf dem Papier, ansonsten lief alles wie bisher. Ein Dauerzustand konnte das nicht sein. Von Tschammer hielt nun Ausschau nach einem Berater, der etwas von der Sache verstand. Es sollte wieder ein Mann aus den Reihen der Fußballer werden, nämlich Guido von Mengden. Bis zur Machtübernahme durch die Nationalsozialisten bekleidete Guido von Mengden die Position des Direktors beim Westdeutschen Spielverband (WSV). Nach der Auflösung der Landesverbände kam er als Pressechef beim DFB unter. In den zwanziger Jahren gehörte von Mengden der DVP an, der Partei des „großen Europäers" Gustav Stresemann, von 1923 bis 1929 war er Außenminister in verschiedenen Regierungen der Weimarer Republik. Die Biographien alter Kämpfer der NSDAP lesen sich auf jeden Fall anders. Aber von Mengden fing Feuer, als sich die Nationalsozialisten 1933 ans Werk machten. Von Mengden stand zu seiner Überzeugung auch nach dem Krieg, schwor ab und wurde Hauptgeschäftsführer des Deutschen Sportbundes. Er war der Wunschkandidat von Willi Daume, 1950 bis 1970 Präsident des Deutschen Sportbundes, auf diesem Posten. Daume gehörte zu den wichtigsten Sportfunktionären der Nachkriegszeit in der

Bundesrepublik. Von Mengden war ein kluger Kopf und begnadet im Umgang mit Worten. Von Tschammers beste Reden stammen von Guido von Mengden. Die bürgerliche Sportbewegung mit ihren Stärken und Schwächen kannte von Mengden besser als von Tschammers Berater aus den Reihen der Partei. Von Mengden schlug das Angebot von Tschammers, an seine Seite zu wechseln, zunächst aus. Immerhin war so etwas auch im Dritten Reich möglich, zumindest bei von Tschammer, ohne deswegen gleich als Staatsfeind verfolgt zu werden. Aber letztlich saß von Tschammer natürlich am längeren Hebel. Von Mengden gehörte ja als Angestellter des DFB zu seinem Dienstbereich. Und so wurde von Mengden dann schließlich per Dienstbefehl versetzt. Am 1. März 1935 wechselte er zu von Tschammer zunächst als Pressechef, später wurde er dessen Stabsleiter. Von Mengden verfolgte die gleiche Linie wie einst Linnemann im Frühjahr 1933. Es galt, von der alten Substanz soviel zu retten, wie möglich war. Das hieß vor allem Erhalt der Vereine. Das ging nur mit und nicht gegen von Tschammer. Guido von Mengden musste dem Reichssportführer ein Konzept für einen funktionsfähigen DRL unterbreiten. In der Nachkriegsliteratur wird auch in dieser Phase der Entwicklung so getan, als sei es möglich gewesen, seitens des Sports dem nationalsozialistischen System Widerstand entgegenzusetzen. Das ging aber im Sport ebenso wenig wie in anderen Bereichen des gesellschaftlichen Lebens, und zwar galt das 1935 bzw. 1936 in einem noch höheren Maße als im Frühjahr 1933. Die Nazis saßen fest im Sattel, und das Volk stand hinter Hitler. Einen nennenswerten Widerstand gab es praktisch nicht. Einfluss auf Entscheidungen des nationalsozialistischen Staates zu nehmen, ging grundsätzlich nur mittels einer Strategie der Anpassung. Alles andere geht an der Realität vorbei. Linnemann folgte dieser Einschätzung im Frühjahr 1933 und von Mengden 1935. Guido von Mengden beriet sich über sein Vorgehen mit Felix Linnemann. Diesen beiden erfahrenen Sportfunktionären dürfte klar gewesen sein, dass die bürgerliche Sportbewegung mit jedem Schritt der Anpassung einen weiteren Teil der ihnen noch verbliebenen Selbstständigkeit verlor. Dass am Ende ein vollständiges Aufgehen des Sports im nationalsozialistischen System stehen würde, scheint von Mengden zumindest klar gewesen zu sein. Was sie in der jeweiligen Situation als einziges tun konnten, war zu versuchen, auf das Tempo dieses Prozesses Einfluss zu nehmen, mehr nicht. Aber gab es dazu tatsächlich eine Alternative, außer in Form des Rückzuges ins Privatleben? Kaum! Und selbst der Rückzug ins Privatleben war nicht frei von Risiken, wie es das Beispiel Otto Nerz zumindest vermuten lässt. Und nicht zu vergessen, die Nationalsozialisten ließen dem Sport durch den Staat eine Unterstützung zuteil werden, um die Generationen von bürgerlichen Sportfunktionären in der Zeit des Kaiserreichs und in der Zeit der Weimarer Republik mit allerdings nicht allzu großem Erfolg gekämpft hatten. Die Nationalsozialisten werteten den Sport auf und damit auch die Arbeit der ehrenamtlich tätigen Funktionäre. Sie machten den Sport zum Anliegen des Staates. Länderspiele wurden zu gesellschaftlichen Ereignissen. Und 1936 avancierte Deutschland bei den Olympischen Spielen zur Sportnation Nummer eins auf der Welt. Woher sollte da Widerstand kommen? Männer wie Linnemann hingen mit dem Herzen am Sport. Ein Großteil der sportlichen Erfolge im Dritten Reich ging ja auf ihr Konto. Einmal als Funktionäre in ihren Fachämtern, aber, und das trifft besonders auf Linnemann zu, auch als Strategen. Gleichgültig wie die Geschichte ansonsten im Frühjahr 1933 verlaufen wäre, Linnemann fuhr einen Kurs der Anpassung, um vom bürgerlichen Sport soviel wie nur möglich zu retten. Die Vereine blieben weitgehend unangetastet. In Verbindung mit der staatlichen Förderung wurde daraus die Basis für die großen Erfolge des deutschen Sports nach 1933. Natürlich auch zum Vorteil des Regimes. Aber hätten die Fußballer, und damit sind auch die Funktionäre gemeint, aus Protest gegen das neue System die Fußballstiefel an den Nagel hängen sollen? Eine solche Alternative kann historisch nicht ernsthaft diskutiert werden. Doch unterschwellig wird in der Sportgeschichtsforschung genau das getan. Die reale Lebenssituation der Menschen im Dritten Reich wird bei den Untersuchungen fast vollständig ausgeblendet. Das gilt allerdings nicht nur für Bernett und seine Schüler, sondern auch für andere Bereiche der Forschung über das Dritte Reich.

Nachdem Guido von Mengden am 1. März 1935 seine Arbeit bei von Tschammer aufgenommen hatte, bemühte er sich, den Deutschen Reichsbund für Leibesübungen in eine tragfähige Form zu bringen. Im Zusammenschluss der bürgerlichen Sportvereine in einem Bund sah von Mengden eine Chance, zu überleben. Andernfalls lief dieses bis dahin als relativ loses Gebilde in Form des „Führerrings" Gefahr, von den Rändern her von SA, HJ und der NS-Gemeinschaft „Kraft durch Freude" ausgezehrt zu werden. Abwehrfähig aber, so schätzte von Mengden die Lage ein, war nur ein funktionsfähiger und politisch respektierter Zentralverband. Darum ging es ihm. An der Vorgabe selbst konnte er nichts ändern. Es ging einmal mehr darum, Bestehendes zu erhalten, aber zugleich in eine Form zu bringen, die der politischen Situation des sich weiter entwickelnden nationalsozialistischen Systems gerecht wurde. Ein Zurück gab es nicht.

Von Mengden richtete für den DRL eine hauptamtliche Verwaltung mit sieben Abteilungen ein, an deren Spitze er selbst stand. Seine wichtigsten Mitarbeiter holte er sich nicht aus den Reihen der NSDAP oder der SA, sondern aus dem bürgerlichen Lager. Arthur Stenzel vom DFB übertrug er die Wirtschaftsabteilung und die Sportabteilung Wilhelm Busch, der in der Zeit der Weimarer Republik als Sportwart des Westdeutschen Spielverbandes tätig war. Die Fachverbände wurden jetzt in Fachämter umgewandelt. Diesen Fachämtern oblag die fachtechnische Leitung ihres Sportbereichs. Das entsprach einer Verwaltungsstelle. Deshalb wurden jetzt die Vereine, die bisher Mitglieder ihres Verbandes waren, zu Mitgliedern des DRL. Der DRL selbst wurde zu einem Verein im Sinne des bürgerlichen Rechts. Wie das Ganze zu verstehen war, machte Hans von Tschammer und Osten in seiner Neujahrsansprache 1935 deutlich: „Der Reichsbund für Leibesübungen ist eine Einrichtung des Staates." Dies erschwerte den Zugriff von Organisationen der Partei, aber es band auch stärker an den nationalsozialistischen Staat. Die Vereine selbst behielten einen hohen Grad an Eigenständigkeit. Sie konnten weiter arbeiten wie bisher.

Auch der DFB wurde jetzt durch das Fachamt Fußball ersetzt. Wie schon 1933 bei der Auflösung des Deutschen Reichsausschuß für Leibesübungen legte von Tschammer mit Rücksicht auf das Ausland äußersten Wert darauf, dass sich der DFB selbst auflöste, aber doch nicht ganz vollständig, wie sich zeigen wird. Aufgrund der Satzungsänderung aus dem Jahr 1933 konnte dies Felix Linnemann allein entscheiden. Dies erfolgte auf einer Sitzung am 18. April 1936. Die sich aus diesem Umbau ergebenden Veränderungen für die Praxis wurden auf die Zeit nach den Olympischen Spielen verschoben. In dieses Vakuum fällt dann das Durcheinander um den Trainer der Fußball-Nationalmannschaft im Herbst 1936. Felix Linnemann war jetzt Fachamtsleiter. Was dessen Aufgaben waren, umriss der Reichssportführer in einer Rede im Dezember 1936 so: „Die Reichsfachamtsleiter führen im Rahmen einer vom Führer des DRL zu erlassenden Fachordnung den sportlichen Betrieb, die sich aus ihm ergebende Verwaltung, und, soweit der Führer des DRL nicht anders bestimmt, den Auslandsverkehr durch. Sie sind verantwortlich für die deutsche Vertretung in den internationalen Fachverbänden. Die Reichsfachamtsleiter sind Mitglieder der Reichsführung des DRL. Als solche sind sie berechtigt, für das jeweilige Fachgebiet alle notwendigen sachlichen Anordnungen zu treffen." Zunächst einmal bedeutete dies, dass sich die Aufgabe der Fachämter gegenüber den Vereinen auf den sporttechnischen Teil reduzierten. Damit änderte sich im sportlichen Bereich nichts, und das sie nun Mitglieder des Reichsausschuss für Leibesübungen statt - wie nach der Regelung von 1933 - Vereine des DFB waren, dürfte die Vereinsfunktionäre kaum erschüttert haben. In puncto Nationalmannschaft wurde es schon komplizierter. Mit Rücksicht auf das Ausland blieb der DFB offiziell als „kameradschaftliche Vereinigung" bestehen. Eingetragen im Vereinsregister unter der Nummer 5831. Felix Linnemann nannte dieses Gebilde, dem er vorstand, ironisch seine „Traditionskompanie". Diese „Traditionskompanie" blieb für den Kontakt zum Ausland zuständig. Für die Fußballer galt die von Tschammer in seiner Rede im Dezember 1936 angedeutete mögliche Ausnahmeregelung beim Auslandsverkehr. Nach außen trat Linnemann als Bundesführer allerdings ohne Bund im Rücken in Erscheinung. Die Durchführung der Meisterschaften und des Vereinspokals, Aufgaben mit sporttechnischem Charakter, fielen in den Bereich des Fachamts, dem er als Fachamtsführer vorstand. Für diesen Bereich war Linnemann autonom, für die Kontakte zum Ausland nicht, hier lagen die Entscheidungen bei der Reichssportführung. In der Person Linnemann fiel nun die Funktion des Fachamtsleiters mit der des Bundesführers zusammen. Da konnte der Fachamtsleiter mit dem DFB-Führer, der offiziell den Titel Bundesführer trug, schon durcheinander geraten. Es gibt z.B. keinen Hinweis darauf, ob nun der Fachamtsleiter oder der Bundesführer für die Ernennung des Trainers der Nationalmannschaft zuständig war. Als Bundesführer war Linnemann Vorsitzender einer privaten Vereinigung. Wenn er in dieser Funktion über die

Besetzung des Trainerposten für die Nationalmannschaft entschied, besaß er einen größeren Spielraum. So scheint er denn in der zweiten September-Woche 1936 Herberger in seiner Funktion als Bundesführer zum Reichstrainer ernannt zu haben und aufgrund eines Eingriffs von oben musste er dann als Fachamtsleiter seine Entscheidung revidieren. Das ist die einzige Erklärung für die Vorgänge um Nerz und Herberger im Herbst 1936, die einen Sinn macht.

Anfang 1937 stellte Felix Linnemann sein neues Fachamtsteam vor. Es ähnelte dem des alten DFB wie ein Ei dem anderen. Das Fachamt Fußball blieb nazifrei. Auch das hätte Hajo Bernett zu denken geben müssen. Linnemanns Stellvertreter war und blieb Dr. Wilhelm Schmidt (Hannover), ebenso Arthur Stenzel (Berlin) als Kassenwart. Jugendwart wurde Dr. Wilhelm Erbach (Krefeld) und Hauptsportwart Hans Wolz (Berlin), beides altgediente und erfahrene Fußballfunktionäre. Dazu gehörten auch die beiden Ex-Sozialdemokraten Carl Koppehel als Pressewart und Dr. Otto Nerz als Referent für die Nationalmannschaft. Und natürlich blieb auch Dr. Georg Xandry, was er auch schon vorher war: Generalsekretär. Keiner von diesen Männern war der NSDAP vor 1933 beigetreten. Und Linnemann selbst sowie Nerz und Stenzel gehörten zum Zeitpunkt der Neuregelung im Sport der Partei nicht an. Von Tschammer scheint daran keinen Anstoß genommen zu haben. Sein Stabsleiter Guido von Mengden kam ja selbst vom DFB. Bei der Gestapo und bei der SA scheint man hingegen schon registriert zu haben, was sich da im Hause von Tschammers tat. Am 27. November 1936 staunten der Reichssportführer und sein Stabsleiter von Mengden nicht schlecht, als sie in der Tagespresse einen Führererlass lasen, demzufolge in Zukunft parallel zum Parteitag der NSDAP Kampfspiele unter der Leitung der SA stattfinden sollten. Davon wussten beide nichts. Von Tschammer eilte daraufhin zur SA-Führung nach München. Aber da scheint er auf Granit gestoßen zu sein. Doch nicht nur das. Von Tschammer rief von München aus seinen Stabsleiter an und teilte ihm mit, er habe ihn soeben im Rang eines Sturmbannführers in die SA eingereiht. Noch am Telefon protestierte Guido von Mengden gegen diese eigenmächtige Entscheidung des Reichssportführers. Von Tschammer bat ihn dann - und das spricht Bände über das, worüber in München vermutlich verhandelt wurde, und in welcher Position sich von Tschammer dort befand - aus Loyalität zu ihm diese Entscheidung zu akzeptieren und keinen Skandal daraus zu machen.

Es gibt keinen Grund, an dieser Darstellung Guido von Mengdens zu zweifeln. Im Frühjahr 1937 wiederholte sich dann der gleiche Vorgang, als von Tschammer durch Heydrich wegen des geringen Anteils an Parteimitgliedern in seinem Ressort unter Druck geriet und daraufhin ähnlich reagierte wie in München: Für Linnemann, Nerz, Stenzel und andere Funktionäre stellte der Reichssportführer Anträge auf Aufnahme in die NSDAP und übernahm die Burgschaft für sie. Warum er von Mengden in die SA und die anderen in die NSDAP beorderte, lässt sich zum einen damit erklären, dass von Mengden bereits Mitglied der NSDAP war, und zudem die SA sich möglicherweise bei von Tschammer darüber beklagt hatte, dass sein Stabsleiter nicht der Organisation seines Chefs angehörte. Ernst Werner schrieb dazu nach dem Krieg: „Der Ring um von Tschammer sollte gesprengt werden." Mehr ließ er hierzu leider nicht verlauten. Der Journalist dürfte mehr gewusst haben. Bis zur Versetzung Linnemanns nach Stettin am 1. April 1937 dürften sich Felix Linnemann und Ernst Werner in Berlin öfters begegnet sein.

Die Neugliederung im Sport führte auch zu einigen Verwirrungen in der Presseberichterstattung. Oftmals lässt sich nicht erkennen, ob der Name DFB aus alter Gewohnheit oder in seiner neuen Funktionsbestimmung als Privatverein verwendet wurde. Amtliche Mitteilungen erfolgten über das „Reichssportblatt" und die sportfachlichen Mitteilungen über die im Zuge der Umgestaltung des Sports in Organe des Fachamts Fußball umgewandelten Fachzeitschriften „Kicker" und „Fußball-Woche". Dabei wurde der „Fußball-Woche" die Zuständigkeit für die Nord-Gaue und dem Kicker für die Süd-Gaue übertragen.

Auf der letzten Sitzung des alten DFB am 18. April 1936 durfte sich Otto Nerz in seiner zukünftigen Rolle im Fachamt üben. Denn Nerz, und nicht Prof. Glaser als Vorsitzender des Spielausschusses, erstattete den Bericht über das zurückliegende Fußballjahr, sowohl über das Wirken der Nationalmannschaft als auch den Kampf der Vereine um die deutsche Meisterschaft und den Von-Tschammer-Pokal. Darüber zu entscheiden hatte Linnemann. Und zu diesem Zeitpunkt stand die Berufung von Otto Nerz an die Reichsakademie für Leibesübungen schon fest. Einiges spricht dafür, dass Linnemann und Nerz schon übers Nerz' weitere Verwendung nach den Olympischen Spielen Anfang des Jahres 1936 gesprochen hatten. Glaser verlor dann auch bei der Umgestaltung im November 1936 seinen Posten als Spielausschussvorsitzender.

Auf der letzten Sitzung des DFB spricht Felix Linnemann, wenngleich im Zusammenhang mit Erörterungen über die finanzielle Situation der Vereine, den bemerkenswerten Satz: „Wir wissen, dass die Vereine die Urzellen unserer Bewegung darstellen, die lebensfähig bleiben müssen." Mit der „Bewegung" dürfte er wohl kaum die nationalsozialistische gemeint haben. Welche Hoffnungen er mit dem Erhalt der Vereine als „Urzellen" verband, darüber lässt sich immerhin spekulieren. Was von Tschammer dazu äußerte, dürfte auch mehr als nur Rhetorik gewesen sein: „Der Nationalsozialismus weiß deshalb, dass die Zukunft der Leibesübungen nur in einer vom höchsten Verantwortungsgefühl getragenen freiwilligen Selbstverwaltung gesichert sein kann". Immerhin! Ob die Nationalsozialisten das so wie der Reichssportführer sahen, darf zumindest bezweifelt werden. Der Applaus aus den Reihen der Partei dürfte auch hier gering gewesen sein. Die meisten der bürgerlichen Sportbewegung entstammenden Sportfunktionäre in den Fachämtern und in den Vereinen werden aufgeatmet haben, denn damit war auch im Jahr nach Olympia der Erhalt der Vereine erst einmal gesichert.

Doch es dauerte nicht lange, da erhob die „Boa Constrictor", wie Guido von Mengden das Problem KdF zoologisch umschrieb, ihr Haupt, um den bürgerlichen Vereinen nun endgültig den Garaus zu machen. Robert Ley darf dies als Absicht unterstellt werden. Er führte seine Betriebssportgemeinschaften wie Bataillone gegen die Vereine ins Feld. Dem hatte der Rest der bürgerlichen Sportbewegung praktisch nichts mehr entgegenzusetzen. Der Kampf zwischen von Tschammer und Ley wurde letztlich mit ungleichen Mitteln geführt. Von Tschammer dürfte gewusst haben, wie dieser Kampf ausgehen wird. Guido von Mengden, der ja fast täglich mit ihm zusammen kam, stellte bei von Tschammer Resignation fest. Auf dem Papier herrschte Hans von Tschammer und Osten als Reichssportführer über ein imposantes Imperium. Ihm unterstand formal der ganze Sport im Reich, aber in Wirklichkeit war er nie mehr als der Chef der im DRL zusammengeschlossenen bürgerlichen Vereine. Eine Rettung vor den tödlichen Attacken allen voran des KdF gab es nur - aber auch das wäre letztlich nur ein zeitlicher Aufschub gewesen - wenn sich der DRL direkt in die Obhut der Partei begab, um damit sporttreibenden Parteigliederungen wie KdF, HJ, SS und SA gleichberechtigt gegenübertreten zu können. Genau hierin suchte dann von Tschammer, geleitet von Guido von Mengden, die letzte Zuflucht. Hier nimmt die Geschichte schon groteske Züge an. Die bürgerliche Sportbewegung rettete sich schutzsuchend in die Arme der Partei. Im „Zentner", dem klassischen Nachschlagewerk über den Nationalsozialismus aus dem Jahr 1985, heißt es dazu: „Um den DRL vor Übergriffen von HJ, DAF und SA abzusichern, gründete v. Tschammer Ende 38 den Nationalsoz. Reichsbund für Leibesübungen…". Diese Position wird in der Literatur weitgehend übereinstimmend so vertreten.

Das Konzept für den Rückzug auf die letzte Verteidigungslinie entwarf Guido von Mengden. Der ehemalige Hauptmann des Ersten Weltkriegs, Träger des Eisernen Kreuzes 1. und 2. Klasse, von Tschammer und Osten musste in dieses letzte Gefecht fast schon getragen werden. Folgt man den Ausführungen Guido von Mengdens, so musste er als sein Stabsleiter ständig auf ihn einreden, damit er sich noch einmal erhob. Der Weg führte wie immer, wenn von Tschammer mit seinem bürgerlichen Sportbetrieb in Not geriet und nur noch ein „Schutzerlass" Abhilfe schaffen konnte, über Hitlers Stellvertreter Rudolf Heß und über den für den Sport zuständigen Innenminister Wilhelm Frick. Von Mengden schrieb nach dem Krieg rückblickend über diese Rettungsaktion: „Aber es gelang uns auch, Dr. Frick davon zu überzeugen, dass der vereinsgetragene Sport gegen die Konkurrenz von KdF des 'Schutzes' der Partei bedurfte." Heß und Frick intervenierten dann erfolgreich beim „Führer". Hitler einmal mehr in der Rolle des Beschützers der in Not geratenen Reste der bürgerlichen Sportbewegung? Formal trifft dies sogar zu. Am 21. Dezember 1938 unterzeichnete Hitler den Erlass, der den vom Deutschen Reichsbund für Leibesübungen (DRL) zum Nationalsozialistischen Reichsbund für Leibesübungen (NSRL) mutierten Zentralverband unter den Schutz der Partei stellte. In dem von Hitler und außerdem noch von Frick und Heß unterzeichneten Erlass liest sich das unter Artikel 2 wie folgt: „Der NSRL ist eine von der NSDAP betreute Organisation." Wohlgemerkt „betreute Organisation" und nicht Gliederung der Partei. Das war die Quasigleichstellung mit anderen sporttreibenden Organisationen der NSDAP. Das Reichssportblatt, die Hauspostille des Reichssportführers, druckte dann den „Führererlass" in Mehrfachvergrößerung auf einer Doppelseite wie eine Siegesmeldung ab. Als nächster Schritt rückwärts wäre dann nur noch die Umwandlung der Vereine in nationalsozialistische Sportgemeinschaften geblieben, also die Umwandlung in Gliederungen der Partei selbst. Begrifflich zeichnete sich das auch schon ab. Denn immer mehr wurde von den bürgerlichen Vereinen als „Gemeinschaften" gesprochen. Aber der Kelch war noch einmal an den bürgerlichen Vereinen vorübergegangen. Ihnen blieb unter dem Dach des nationalsozialistischen Reichsbundes für Leibesübungen ein Rest von Selbstständigkeit.

Natürlich lässt sich nachträglich die Frage stellen, was mit der Strategie der Anpassung, um „zu retten, was zu retten ist", eigentlich gewonnen war, wenn es letztlich an der Tendenz in Richtung Untergang der bürgerlichen Sportbewegung nichts geändert hat. Es war eine Abwehr im Rückwärtsgang, das ist ganz unbestreitbar richtig. Aber in der aktuellen Lebenssituation stellen sich solche Fragen anders, als aus der Retrospektive. Bürgerliche Sportfunktionäre wie Felix Linnemann wollten vom Alten „retten, was zu retten ist", so war das im Frühjahr 1933, so war es bei der Umwandlung vom DRL zum NSRL 1938, nur jetzt in einer fast schon aussichtslos gewordenen Situation. Von Tschammers Rolle dabei ergab sich aus der Aufgabe, die ihm 1933 gestellt worden war. Der Sport sollte zwar gleichgeschaltet werden, aber mit Rücksicht auf die Olympischen Spiele galt es den bürgerlichen Sport in Deutschland als Teil des internationalen Sports und als Träger des Leistungssports in seiner Substanz zu erhalten. Bei von Tschammer scheint daraus ein Stück eigener Überzeugung geworden zu sein. Wenn er immer wieder von den Vereinen als „erhaltenswertem deutschen Volksgut" spricht, dann darf man ihm das schon als eigene Position abnehmen. Diese Haltung entsprach auch seiner politischen Mentalität. Von Tschammer war kein nationalsozialistischer Revolutionär. Er, der mit dem Untergang des Kaiserreichs „vaterlandslos", und durch die politischen Auswirkungen der Kriegsniederlage als Berufssoldat aus der vorgezeichneten Bahn geworfen geworden war, den der Ausgang des Ersten

Weltkriegs ebenso getroffen hatte wie der darauf folgende Vertrag von Versailles, und dem die Demokratie fremd war, suchte nach einem politischen Halt. Die Weltwirtschaftskrise Ende der zwanziger, Anfang der dreißiger Jahre mit ihren verheerenden Folgen für die deutsche Wirtschaft und die Regierungskrisen, die einander in immer kürzeren Abständen ablösten, taten das übrige. Erst jetzt trat von Tschammer der NSDAP bei.

Von Tschammers Linie im Sport entsprach vor allem den Bedürfnissen nationalsozialistischer Außenpolitik. Hier lag auch ihre stärkste Position im Umgang mit der Konkurrenz durch SA, HJ und KdF. Das galt noch 1937 und 1938. Im Zusammenhang mit der Ernennung von Tschammers zum Großoffizier des Ordens König Leopold II. von Belgien im Jahr 1937 schrieb Christian Buchfelder im Kicker: „(...) Diese Auszeichnung ist Ausdruck des Dankes dafür, dass Herr von Tschammer in treuer Ausführung des Willens unseres Führers und Kanzlers den deutschen Sport zu einem gewaltigen und idealen Instrument der Völkerversöhnung gemacht hat." Und Hitler stimmte freudig zu, als Deutschland für 1940 erneut die Austragung der Olympischen Winterspiele angeboten und dann auch zugesprochen wurde. Selbst nach Kriegsausbruch trieb Hitler die Pläne zur Durchführung der Spiele, verbunden mit einem hohen persönlichen Engagement, weiter voran. Das entsprach dem Kurs, den er im Frühjahr 1933 eingeschlagen hatte. Dabei blieb es. Dass der Diktator auch nach Kriegsbeginn weiter von der Durchführung der nächsten Olympischen Winterspiele in Deutschland ausging, ließe sich damit erklären, dass Hitler von einem schnellen und siegreichen Ende des Krieges überzeugt war.

Sich immer wieder mit „Schutzerlassen" vor die Reste der bürgerlichen Sportbewegung und des Reichssportführers zu stellen, war vor allem vom außenpolitischen Zweck bestimmt. Hitler sah die Dinge vom Zentrum her, seine Unterführer, wie Ley für den KdF, verfolgten eine Linie aus der Perspektive ihrer Organisationen. Sie trieben die Umgestaltung der Gesellschaft im Sinne des Nationalsozialismus auf ihren jeweiligen Gebieten voran. Hitler entschied stets aus der Sicht des Ganzen. Insofern stehen die Schutzerlasse zugunsten der Reste der bürgerlichen Sportbewegung nicht im Widerspruch zur nationalsozialistischen Politik insgesamt. Deutschland über den Sport positiv nach außen darzustellen, passte in Hitlers außenpolitisches Konzept, das sich im nachhinein als Teil eines der größten Täuschungsmanöver in der Weltgeschichte darstellt. Damit mussten letztlich auch der bürgerliche Sport in seinen Grundstrukturen, organisatorisch und personell, aber auch die Selbstverwaltung konserviert werden, auch wenn hier immer mehr Schein an die Stelle der Wirklichkeit trat. Mehr sollte da tunlichst nicht hineininterpretiert werden, weder in die eine noch in die andere Richtung.

Die Frage nach der Zukunft der bürgerlichen Sportbewegung bzw. der freien Vereine bei Fortbestand des Dritten Reichs erübrigt sich. Dass immer wieder versucht wurde, wenn auch im Rückwärtsgang, den Besitzstand zu verteidigen, selbst um den Preis der Vereinnahmung, ist zumindest nachvollziehbar. Natürlich waren sie hinterher klüger. Die Politiker im übrigen auch. Der erste Präsident der Bundesrepublik, Theodor Heuss, wusste später auch, dass er mit seiner Zustimmung zum Ermächtigungsgesetz 1933 objektiv zur Errichtung der nationalsozialistischen Diktatur beigetragen hatte. Diese Zustimmung ließ sich nicht mehr rückgängig machen, sie war Geschichte. Hajo Bernett bringt, als er sein Resümee über den Weg des Sports in die nationalsozialistische Diktatur zieht, auch recht Erstaunliches zu Papier. Er billigte von Tschammer immerhin zu, die Vereine „formal" erhalten zu haben. Nur - die Weichen für den Fortbestand der bürgerlichen Sportbewegung in modifizierter Form wurden im Frühjahr 1933 gestellt, und maßgeblich daran beteiligt war Felix Linnemann. Hätte Bernett eine solche Wertung über von Tschammer in Bezug auf die bürgerlichen Vereine gleich an den Anfang seiner Betrachtungen gestellt, wäre er vermutlich auch zu einem anderen Urteil über das Wirken von Felix Linnemann und dem Deutschen Fußball-Bund im Dritten Reich gekommen.

Wie immer die Geschichte ohne Krieg im Detail weiter verlaufen wäre, mit dem Fußball hätten die Nationalsozialisten vermutlich ihre größten Probleme bei der Umgestaltung des Sports gehabt. Nicht etwa, weil die Fußballer eine besondere Antipathie gegen das Dritte Reich hegten, sondern weil diese historisch gewachsene Struktur mit ihrem nach Millionen zählenden Heer von Aktiven, Funktionären, Zuschauern bzw. Anhängern nicht so ohne weiteres zu ersetzen war. Damit hätten vermutlich auch Leys aufstrebende Betriebssportgemeinschaften ihre Probleme gehabt.

Dafür spricht auch noch eine Besonderheit, die den Fußballsport von anderen Sportarten unterscheidet: Die Fußballer kamen durchweg von der Straße, auch die ganz Großen hatten dort angefangen. Lange bevor sie von den nationalsozialistischen Kinder- bzw. Jugendorganisationen erfasst und damit geprägt bzw. auch in ihrem sportlichen Tun geleitet wurden, waren sie emotional an diesen oder jenen Verein gebunden. Sie eiferten den Großen des Fußballs aus ihren Heimatvereinen nach, ob in Schalke Fritz Szepan oder in Mannheim-Waldhof Otto Siffling oder „König" Richard Hofmann im sächsischen Dresden. Die Fußball spielenden Buben wussten meist schon im Vorschulalter, für welchen Verein sie einmal um Punkte Fußball spielen würden. Ihr Weg führte von der Straße ohne den Umweg über die HJ direkt in den Verein. Bevor ihre nationalsozialistische Erziehung begann, wussten sie schon, zumindest als Fußballer, wohin sie gehörten. Dieser Übergang erfolgte nahtlos und er wiederholte sich von Generation zu Generation, so dass keine Lücken entstehen konnten. Mit dem Fußball hätten sich die herrschenden Nationalsozialisten auch bei Fortbestand des Dritten Reichs schwer getan.

Nach dem Abgang von Otto Nerz im Mai 1938 als Referent der Fußball-Nationalmannschaft schöpften die Gegner des „Systemfußballs" wieder Hoffnung. Da Seppl Herberger auch zu den „Systemgegnern" gehörte, durfte man gespannt sein, wie er mit diesem Teil des Nerz'schen Erbes umgehen würde. Die Fußball-Woche beteiligte sich ebenfalls an den Spekulationen über die Zukunft des Systemfußballs. „Abkehr vom W-System?" fragte Ernst Werner, ihr Chefredakteur. Doch Herberger hatte sich in der Praxis längst vom Wert des Nerz'schen Systemfußballs überzeugt und dachte deshalb gar nicht daran, Bewährtes über Bord zu werfen. Die Sensation blieb aus. Aber das hat Herberger nach 1945 wohlweislich für sich behalten.

Nach der verpatzten Weltmeisterschaft in Frankreich hatte Herberger zunächst ganz andere Sorgen. An der politischen Vorgabe für die Aufstellung der Nationalmannschaft hatte sich nichts geändert. Das fußballerische Gleichgewicht bei der Aufstellung der Nationalmannschaft zwischen Deutschland und Österreich musste stimmen. Die elf Besten des „großdeutschen Reichs" konnte Herberger so nie auf den Rasen schicken. Herberger löste das Problem so gut es ging und auf seine Weise. Einmal ließ er die

Deutschen stürmen und die Österreicher verteidigen, beim nächsten Mal durften sich die Österreicher hinten und die Deutschen vorne versuchen. Im ersten Länderspiel nach der Weltmeisterschaft, am 18. September 1938 in Chemnitz gegen Polen, trat die deutsche Mannschaft hinten mit Jakob, Janes, Münzenberg, Kupfer, Goldbrunner und Kitzinger an. Das war haargenau die Hintermannschaft der Breslau-Elf. Vorn spielten mit Hahnemann, Stroh und Pesser drei Österreicher, dazu kamen noch mit Schön und Gauchel zwei „Reichsdeutsche". Das waren acht Deutsche und nur drei Österreicher. Aber Herberger hatte vorgebeugt. Eine Woche später, am 25. September in Bukarest gegen Rumänien, trat Deutschland nun umgekehrt mit acht Österreichern und nur drei Deutschen an. Vom Führer des Gaus 18, Dr. Rainer, dürfte das Fachamt Fußball zeitig genug die Zustimmung für eine solche Vorgehensweise des Reichstrainers eingeholt haben. Beide Spiele wurden mit 4:1 gewonnen.

Aber Herbergers Vorgehensweise bei der Aufstellung der Nationalmannschaft hatte möglicherweise noch einen ganz anderen Grund. 1940 war wieder Olympiajahr. Wer einmal als Profi sein Geld verdient hatte, durfte nie mehr bei Olympia antreten, auch nicht, wenn er wie die österreichischen Berufsfußballer, reamateurisiert worden war. (Diese Reamateurisierung erfolgte nach dem Anschluss Österreichs im Jahr 1938 zwangsweise.) Die Ex-Profis aus Wien hätten bei den Olympischen Spielen 1940 in Helsinki nicht antreten dürfen. Das musste Herberger berücksichtigen. Beim 5:1-Sieg gegen Jugoslawien am 15. Oktober 1939 stand kein Österreicher in den deutschen Reihen. Das gleiche Bild bot sich den Zuschauern eine Woche später beim Spiel gegen Bulgarien in Sofia am 22. Oktober, das mit 2:1 gewonnen wurde. Offenbar hatte Herberger auf die Balkanreise überhaupt keine Österreicher mitgenommen. Zwar stellte Herberger danach wieder Österreicher auf, aber das Gros der Nationalspieler stammte aus dem „Altreich". Zwischen Herberger und den österreichischen Spielern scheint es auch atmosphärische Probleme gegeben zu haben. Herberger kannte die Ursache. Die österreichischen Profis seien über ihre Reamateurisierung gar nicht begeistert gewesen, auch wenn in der Presse das Gegenteil behauptet wurde.

Die Spiele gegen Jugoslawien und Bulgarien waren die Spiele zwei und drei nach Kriegsausbruch. Das erste Spiel fand am 24. September in Budapest gegen Ungarn statt. Es endete mit einer glatten 1:5-Niederlage für Deutschland. Das passte gar nicht zu den Erfolgsmeldungen von den Schlachtfeldern in Polen, wo sich die Wehrmacht gerade auf Warschau zubewegte. Herberger reagierte auf diese Niederlage schnell und bediente sich dabei durchaus politischer Mittel. Er wusste, dass solche Niederlagen der nationalsozialistischen Führung nicht recht waren. Hier setzte Herberger den Hebel an. Die meisten seiner Mannen trugen inzwischen die Uniform oder sie erwarteten ihre Einberufung. Eine optimale Vorbereitung auf die Länderspiele war so nicht möglich. Die Verantwortlichen in Berlin verstanden. Herberger wurde großzügig bedient. Wer zu Herbergers „Truppenteil" gehörte, erfreute sich bald einer ganzen Reihe von Privilegien. Aber Herberger wurde noch mit einem anderen Problem konfrontiert. Zwar wurde der Posten des Referenten der Nationalmannschaft im Fachamt Fußball stillschweigend abgeschafft bzw. nach dem Rücktritt von Otto Nerz nicht wieder besetzt, aber Herberger die Nationalmannschaft ganz allein überlassen wollte Linnemann wohl doch nicht. Er selbst konnte die Sache ja nur aus der Ferne von Stettin aus beobachten bzw. darauf Einfluss nehmen. Vieles lief jetzt an Linnemann vorbei. So bekam Herberger einen neuen Aufpasser. Linnemann übertrug diese Aufgabe seinem Stellvertreter, dem ehemaligen Nationalspieler Dr. Carl Zörner, auch ein Mann aus den eigenen Reihen. Zörner wurde nach dem Rücktritt von Wilhelm Schmidt als Stellvertreter Linnemanns zu dessen Nachfolger berufen. Dr. Wilhelm Schmidt war Ende 1938 aus Protest zurückgetreten. Schmidt führte auch den Vorsitz des DFB-Bundesgerichts. Mit zwei Urteilen - worum es ging wurde nicht bekannt - war der Reichssportführer nicht einverstanden. Schmidt wurde aufgefordert, die Urteile zu kassieren. Er weigerte sich und bat von Tschammer und Osten um Entbindung von seinen Ehrenämtern beim DFB bzw. beim Fachamt Fußball. Von Tschammer akzeptierte. Schmidt zog sich aus dem Fußballgeschäft zurück. Politisch behelligt wurde er wegen seines Rücktrittes nicht.

Viel Freude an seinem neuen Amt dürfte Zörner kaum gehabt haben. Der promovierte Jurist Dr. Zörner, nur drei Monate jünger als Herberger und in einem Großunternehmen in führender Position tätig, scheint von Felix Linnemann nicht gut beraten worden zu sein, und von Otto Nerz hatte er sich wohl auch keinen Rat eingeholt. In aller Unschuld machte er Herberger personelle Vorschläge bei der Berufung von Spielern für die Nationalmannschaft. Mal hielt er diesen, mal jenen Spieler für geeignet, an die Nationalmannschaft herangeführt zu werden. Doch Herberger wollte allein entscheiden. Das Klima zwischen Herberger und Dr. Zörner wurde immer frostiger. So schreibt Zörner nach einem Gespräch mit Herberger: „Wenn ich mich recht entsinne, hatten Sie mir damals zugesagt, Hoefmann bei einem der Spiele zu berücksichtigen. Ich stelle nunmehr zu meinem lebhaften Bedauern fest, dass im Gegensatz zu meiner Anregung Hoefmann, den ich in der letzten Zeit mehrfach habe spielen sehen, nicht berücksichtigt worden ist. Ohne auf Einzelheiten näher einzugehen, möchte ich betonen, dass ich es sehr gern gesehen hätte, wenn meine Anregung, die auf einer gewissen Kenntnis der Dinge basiert, in entsprechender Form berücksichtigt worden wäre." Ein Kommentar zu Zörners Schreiben erübrigt sich. Einen Durchschlag des Briefes schickte er an Linnemann nach Stettin. Allerdings befand sich dieser selbst in keiner beneidenswerten Situation. Herberger notierte offenbar nach einem Gespräch mit Reichssportwart Christian Busch: „Meine Formulierungen an Linnemann aus taktischen Gründen (...), dass Li. sich als Chef fühle." Das spricht Bände.

Das wenige, was dem Bundesführer und Fachamtsleiter noch an Kompetenzen verblieben war, wurde jetzt von einem Mann aus den eigenen Reihen, nämlich von Herberger, weiter ausgehöhlt. Unterstützung erhielt er dabei ganz offensichtlich von zwei weiteren ehemaligen Fußballfunktionären, nämlich Christian Busch und Guido von Mengden. Selbstbewusst notiert Herberger: „Ich sitze bei Tschammer, v. Mengden und Christian Busch fest im Sattel." Ob sich von Tschammer tatsächlich so um das Wohlergehen Herbergers gesorgt hat, darf allerdings bezweifelt werden. Das geht wohl vor allem auf das Konto von Christian Busch.

Nachdem sich Zörner auch noch selbst als Betreuer der Nationalmannschaft bezeichnete und der Presse gegenüber diese Rolle wahrzunehmen begann, wurde es Herberger zuviel. Der Reichstrainer teilte Zörner mit: „Ich strebe natürlich eine gute Zusammenarbeit an! Aber ich bin nicht gewillt, Ihnen meine Pläne und meine Vorhaben weiterhin wissen zu lassen, weder gewillt noch geneigt, wenn Sie der Zuträger der Presse sind." Einen solchen Ton gegenüber Linnemann oder Nerz anzuschlagen, hätte Herberger nie gewagt. Und auch Zörner gegenüber nicht, wenn er nicht die mächtigen Männer des Reichssportamtes hinter sich gewusst hätte. Es kam dann auch bald das Aus für Dr. Zörner in seiner Funktion als Verantwortlicher für die Nationalmannschaft im Fachamt Fußball. In Herbergers Aufzeichnungen findet sich folgende Notiz zum Abgang von Zörner: „Diese Sucht zu gefallen und zu gelten hat ihm den Todesstoß versetzt." Das lässt sich dann fast schon wörtlich nehmen. Der Stellvertreter von Felix Linnemann wurde zur Wehrmacht eingezogen und an die Front versetzt. Er fiel am 8. November 1941 als Artillerieoffizier in Russland. Dieser Marschbefehl an die Front, so Herberger in seinen Notizen, hatte seinen Ausgangspunkt bei der Reichssportführung. Der Nutznießer dieser Rochade mit tödlichem Ausgang war auf jeden Fall Seppl Herberger.

Auf Zörner folgte Hans Wolz, ebenfalls ein alter DFB-Haudegen. (Linnemann hat in seiner ganzen Zeit als Fachamtsleiter nicht einen einzigen Nationalsozialisten in ein führendes Amt berufen.) Ihn dürfte das Alter vor Torheiten geschützt haben. Wolz ging bei seiner Berufung zum Stellvertreter Linnemanns bereits auf die sechzig zu. Er dürfte durch die Beispiele Nerz und Zörner gewarnt gewesen sein. Er ließ Herberger gewähren. Herberger war nun am Ziel. Er entschied, die anderen, Wolz und Linnemann, durften, um die Form zu wahren, unterschreiben. Zu sagen hatten beide in puncto Nationalmannschaft kaum noch etwas. In den Aufzeichnungen des Reichstrainers aus dieser Zeit taucht stets der Satz auf: „Herberger, lassen Sie sich von niemandem reinreden." Einmal zitierte er damit Christian Busch und ein anderes mal den Reichssportführer von Tschammer und Osten.

Die Bilanz Herbergers als Reichstrainer bis zum Kriegsausbruch kann sich sehen lassen. Umwerfend allerdings ist sie nicht. 1939 wurden bis zum Kriegsausbruch von neun Spielen fünf gewonnen, drei verloren, eines endete unentschieden. Das erste Spiel nach Kriegsausbruch zeigte dann auch gleich die Probleme, vor denen nicht nur Herberger, sondern auch die Nationalsozialisten standen. Auf der einen Seite rief die Wehrmacht auch die jungen Fußballer zu den Waffen, auf der anderen Seite legte die politische Führung Wert auf eine Fortführung des internationalen Sportbetriebs. Die Normalität als bester Bündnispartner des Kriegs, so war das gedacht. Nur gab es dann gleich im ersten Spiel unter Kriegsverhältnissen eine peinliche Niederlage gegen Ungarn. An der Besetzung lag es nicht, doch die Vorbereitung war ungenügend gewesen. Herberger musste feststellen, dass vielen Spielern die Spielpraxis fehlte und die meisten konditionell nicht „in Schuss" und viele „geistig abwesend" waren. Es ist viel über Herbergers Aktivitäten zugunsten der Nationalspieler in Uniform geschrieben worden, wie er beispielsweise um ihre Freistellung rang. Zu seinen Großtaten auf diesem Gebiet gehörte das Mitwirken eines Teils der Nationalmannschaft an dem 1941 gedrehten Spielfilm „Das große Spiel", einem Fußballfilm mit großer Besetzung. In den Hauptrollen wirkten Stars von damals wie Gustav Knuth, René Deltgen, Heinz Engelmann und Maria Andergast mit. Herberger wurde als fachlicher Berater engagiert. Der findige Reichstrainer nutzte die Gunst der Stunde. Herberger konnte die Filmemacher davon überzeugen, dass die Spielszenen nur von erstklassigen Fußballern dargestellt werden konnten. Und so tummelten sich dann bald Lehner, Gellesch und Kupfer aus der legendären Breslau-Elf, der junge Fritz Walter und andere vor der Kamera. Das bedeutete vier Wochen Aufenthalt fern der Front, Verpflegung und Unterbringung an reservierten Tischen in einem gepflegten Hotel. Im weiteren Verlauf des Krieges wurde es jedoch immer schwieriger, die Seinen von der Front loszueisen. Dies wurde zudem erschwert, weil die Wehrmachtsführung nur noch der Freistellung solcher Soldaten zustimmte, die sich an der Front bewährt hatten. Deshalb half Herberger etwas nach und bediente sich einer List. Weil Orden der Gradmesser für soldatische Taten waren, „dekorierte" Herberger einige der Spieler, die auf seinem Wunschzettel standen, eigenmächtig mit repräsentativen militärischen Auszeichnungen und reichte diese manipulierte Liste bei der zuständigen Stelle ein. Dass er dabei nicht erwischt wurde, war sein Glück. Und dann gab es noch die „Roten Jäger" des Kommandanten Hermann Graf, wohin u.a. auch Fritz Walter abkommandiert wurde. „Aber auch andere Mütter haben Söhne" hieß es damals angesichts solcher Vorgänge. „Drückeberger" nannte die Bevölkerung die jungen Männer, die sich in der Heimat oder weit weg von der Front auf den Sportplätzen tummelten. Die Wehrmachtsführung wusste von dieser Stimmung, ebenso Herberger. Er gab deshalb an seine „Heimkehrer", die das Privileg hatten, für einige Tage das Gewehr gegen den Fußball eintauschen zu dürfen, die Order aus: „Männer, ihr müsst euch ganz klein machen und dürft nicht auffallen." Spielern, denen er gestattete, nach einem Länderspiel für zwei Tage einen Abstecher zu ihrer Familie zu machen, riet er, sich so wenig wie möglich in der Öffentlichkeit zu zeigen. Eine Form des Widerstands gegen das nationalsozialistische Regime, wie das einige Herberger besonders wohlgesonnene Autoren interpretieren, war das allerdings nicht. Herberger agierte ausschließlich als Fußballtrainer und nicht als Widerstandskämpfer. Der Krieg kam ihm ungelegen. Herberger war weder Militarist noch Nationalsozialist. Sein Vaterland war der Fußballplatz und seine Ideologie der Ball. Mehr nicht! Daran ändern auch einige Sätze nichts, die sich in seinen Aufzeichnungen fanden und durchaus als politisches Bekenntnis interpretiert werden könnten. So schreibt Herberger am 14. Dezember 1940 an den Soldaten Fritz Walter: „Ein guter Fußballer ist auch ein guter Soldat." Zu diesem Zeitpunkt bombardierte die deutsche Luftwaffe gerade englische Städte. Daran ändert auch die Ermahnung an seine Sportlehrer nichts, bei den Kursen bitte die politische Schulung nicht zu vergessen. Und auch nicht, dass Herberger nach Darstellung ehemaliger Fußballspieler auf einen zackig ausgeführten deutschen Gruß mehr Wert legte als Otto Nerz. Das hängt wohl eher mit der unterschiedlichen Persönlichkeit dieser beiden Männer zusammen. Nerz strahlte natürliche Autorität aus, er brauchte keine Hilfsmittel, um seine Autorität unter Beweis zu stellen. Herberger, Soldat im Kaiserreich, Nationalspieler in der Weimarer Republik und Reichstrainer unter dem Hakenkreuz, war Zeit seines Lebens weder Anhänger des einen noch des anderen politischen Systems und auch nicht Parteigänger der Nationalsozialisten. Herberger war weder Monarchist noch Republikaner, und er war auch kein Nationalsozialist. Vieles an systemkonformer Rhetorik war dem Amt geschuldet, das er ausübte, aber das gilt auch für Millionen anderer Menschen, die mit Rücksicht auf ihre berufliche Tätigkeit sich öffentlich oder im Dienst positiv im Sinne des Systems äußerten. Was er über die parlamentarische Demokratie dachte, die dem Dritten Reich folgte, behielt er für sich. Aber er ließ sich auch von niemandem und von keiner Partei vereinnahmen. Er bediente alle gleich. Er posierte nach 1954 für die Fotografen mit dem Sozialdemokraten Herbert Wehner und zum selben Zweck an gleicher Stelle mit dem Führer der CSU, Franz-Josef Strauß. Auch was Herberger im Abschlußbericht über seine Tätigkeit als Truppenbetreuer in Norwegen und Dänemark 1944 zu Papier brachte, darf - so überzeugend es auch klingt - unter dem Stichwort „Anpassung" eingeordnet werden. Am Schluss seines Berichts schreibt der Reichstrainer: „Solange deutsche Soldaten ihre Pflicht für Volk und Vaterland erfüllen und auf Wacht im Norden stehen, wird auch der gesunde Sportgedanke nicht wegzudenken sein. Gerade in dieser Hinsicht hat so manche Sportveranstaltung über ein Hindernis hinweggeholfen. Der Sport war stets Mittler, die Leistungsfähigkeit der Truppe nicht nur zu erhalten, sondern sogar noch zu erhöhen." Das wollte man oben hören, also schrieb es Herberger. In Wirklichkeit wusste er, dass die Soldaten im Jahr 1944 vom Krieg die Nase längst voll hatten. Herberger kannte die Stimmung in der Truppe. Aber der Text des Abschlussberichts zeigt bis in die Wortwahl hinein, dass Herberger die Fähigkeit zum politischen Denken besaß und, wenn es ihm geboten schien, davon auch Gebrauch machte. Darin dürfte er Felix Linnemann mit Sicherheit weit überlegen gewesen sein. Linnemanns politischen Äußerungen merkt man an, das ihm das innere Verständnis für Politik fehlte. Als Politiker wirkte Linnemann unbeholfen, seinen Gedanken fehlte der Schwung der eigenen Überzeugung, selbst wenn er Überzeugung vortäuschen wollte, fiel diese Unfähigkeit zum Politischen ins Auge.

Im Kriegsjahr 1940 gab es in zehn Spielen fünf Siege, zwei Unentschieden und drei Niederlagen. Mit Fritz Walter vom 1. FC Kaiserslautern und August Klingler von FV Daxlanden (ein Vorort von Karlsruhe) traten zwei Spieler in den Kreis der Nationalmannschaft, die beide vom Talent her den zukünftigen Weltklassespieler erahnen ließen. Fritz Walter wurde es; August Klingler fiel am 23. November 1943 in Kroatien. In seinen fünf Länderspieleinsätzen hatte er sechs Treffer erzielt. Unter den Länderspielpartnern fehlten mit Kriegsbeginn die „Feindstaaten". Deshalb gab es mit England, Frankreich, Holland und Belgien keine Länderspielbegegnungen mehr und auch nicht mit der Tschechoslowakei, die seit 1939 zwar im völkerrechtlichen Sinne, aber nicht mehr real existierte. Deutschland spielte gegen Auswahlmannschaften verbündeter Staaten wie Italien, Ungarn, Rumänien, die Slowakei (einen sogenannten „Schutzstaat"), gegen Kroatien, nach dem Einmarsch der Wehrmacht in Jugoslawien im April 1941 ein selbstständiger Staat, Bulgarien, das sich stark ans nationalsozialistische Deutschland anlehnte, und das besetzte Dänemark. Dazu kamen Länderspiele mit den neutralen Ländern Schweden und Schweiz. Insgesamt gesehen war das doch mehr Masse als Klasse. Für Herberger ein unbefriedigender Zustand. Zudem fehlten die ganz großen internationalen Herausforderungen. Wie die Olympischen Spiele von 1940 fiel auch die Weltmeisterschaft von 1942 dem Krieg zum Opfer. Seine wirkliche Klasse konnte Herberger erst nach dem Krieg unter Beweis stellen. Bei aller kritischen Distanz zum Menschen Herberger - ohne diesen Mann wäre Deutschland 1954 nicht Fußball-Weltmeister geworden. Das ist seine große historische Leistung.

Aufgrund des Krieges wurde auch das Projekt „Reichsliga" nicht realisiert. Herberger und Linnemann zogen in dieser Frage an einem Strang. Geplant war eine Gliederung in vier oder fünf Staffeln als oberste Spielklasse. Dabei sollte nach der Idee von Felix Linnemann der Aufstiegsmodus so geregelt werden, dass sichergestellt war, dass jeder Gau mit mindestens einer Mannschaft in einer der Staffeln der Reichsliga präsent war. Anderen Quellen zufolge soll nur eine Staffel mit sechzehn Mannschaften geplant gewesen sein. Aber das ist eher unwahrscheinlich. Der Einschnitt in die alten Strukturen wäre zu drastisch gewesen, und Punktspiele beispielsweise zwischen dem Hamburger SV und Rapid Wien hätten den zeitlichen Rahmen für Amateure mit Sicherheit gesprengt. Ärger hätte es aber auf jeden Fall gegeben. Denn für mehr als fünfzig Prozent der Vereine hätte das sportlich den Absturz in die Zweitklassigkeit bedeutet.

Herberger begrüßte diese Überlegungen vom Standpunkt der Nationalmannschaft, aber öffentlich hielt er sich sehr zurück. Die Reichsliga wurde vertagt. Es sollte fast ein Vierteljahrhundert dauern, bis das Kind als Bundesliga das Licht der Welt erblickte.

Das Schicksal des Wenigen, was vom DFB noch übrig geblieben war, erfüllte sich dann im April 1940. Die letzte Eintragung im Vereinsregister lautet: „Durch Beschluss der Mitgliederversammlung vom 27. April 1940 ist der Verein aufgelöst." Zu diesem Zeitpunkt weitete sich der Krieg aus. Rücksichten auf das Ausland waren jetzt nicht mehr notwendig. Zehn Jahre sollte es dauer, bis die grüne Fahne des DFB wieder am Mast wehte. Fünf Jahre DFB-lose Zeit gehen auf das Konto der Nationalsozialisten, die anderen fünf Jahre auf das Konto der Besatzungsmächte. Die Vereine aber überlebten auch die letzten Jahre des Dritten Reichs. Und der DFB lebte im Gewand des Fachamts Fußball weiter. Felix Linnemann verwendete noch 1942 Papier mit den DFB-Insignien im Briefkopf. Ein solcher Brief vom 9. Februar 1942 fand sich in Herbergers schriftlichem Nachlass. Wahrscheinlich praktizierte Linnemann das so lange, bis ihm der Vorrat ausging.

Kapitel 5
Aus, Aus , Aus..... der Krieg ist aus!
Akteneinsicht

Sie hätten keinen Hitler mehr
gewählt, auch wenn sie es gedurft hätten

Golo Mann

Am Strang hätte das Leben des Reichssportführers Hans von Tschammer und Osten mit Sicherheit nicht geendet. Die vier Anklagepunkte, an denen sich das Schicksal der wichtigsten Persönlichkeiten des Dritten Reichs aus Politik, Polizei, Justiz, Wehrmacht und Wirtschaft in den Nürnberger Prozessen 1945/46 entschied, waren für Tschammer alle eine Nummer zu groß. Die ersten drei Punkte: Verbrechen gegen den Frieden, Verbrechen gegen die Menschlichkeit und Kriegsverbrechen, entfielen aus sachlichen Gründen. Blieb Punkt vier, Mitgliedschaft in einer verbrecherischen Organisation. Tschammer gehörte der SA in führender Position an. Aber das braune Bataillon wurde in Nürnberg im Sinne der Anklagepunkte als nicht schuldig eingestuft.

Möglicherweise hätte von Tschammer und Osten in Nürnberg nicht einmal auf der Anklagebank Platz nehmen müssen. Tschammer gehörte bestenfalls zur zweiten Garnitur der nationalsozialistischen Führungselite. Die Männer aus der Politik, die in Nürnberg angeklagt wurden, hatten höchste Posten im Zentrum der Macht bekleidet. Dazu gehörte Tschammer nicht. Er agierte im Vorhof der Macht. Tschammer gestaltete den Sport um. Gemessen an dem, um das es in Nürnberg ging, war das bedeutungslos.

In seiner Amtsführung wird ihm zudem auch von Verfolgten und Gegnern des Naziregimes ein hohes Maß an Toleranz und Liberalität bescheinigt. Zu ihnen gehörten nicht nur führende bürgerliche, sondern auch jüdische Sportfunktionäre. Die Vereine blieben in ihrem Bestand weitgehend unangetastet, das hätte er sogar zu seiner Verteidigung vorbringen können. Seine ehema-

ligen Mitarbeiter lobten das menschliche Verhalten ihnen gegenüber. Diese Komplimente machten sie ihrem einstigen Chef nach
1945, als es mit Sicherheit keinen Vorteil mehr brachte, sich über
Tschammer lobend zu äußern. Diem und von Mengden meldeten nach dem Krieg sogar Zweifel an Tschammers nationalsozialistischer Überzeugung an. Aber das machte sich natürlich auch
in eigener Sache gut. Deshalb ist hier Vorsicht geboten. Darauf
wurde schon hingewiesen.

In der Nachkriegsforschung gibt es über von Tschammer und
Osten nur die Arbeit von Dieter Steinhöfer aus dem Jahre 1973.
Sie stieß allerdings auf Kritik aus den eigenen Reihen. Steinhöfer
habe Tschammer zu positiv dargestellt, lautete der Vorwurf. Nur
Beweise für das Gegenteil wurden nicht erbracht. Es blieb wieder
einmal bei subjektiven Wertungen. Auch hier hat Hajo Bernett
die Position wie schon bei DFB-Führer Linnemann apodiktisch
festgeklopft.

Aus Anlass des 100. Geburtstages des DFB fühlten sich nun
die Autoren Gerhard Fischer und Ulrich Lindner in ihrem Buch
„Stürmer für Hitler" verpflichtet, das Wirken des DFB in den Jahren zwischen 1933 und 1945 noch einmal kräftig braun nachzu-
tönen. Dabei ging es natürlich auch um von Tschammer und
Osten. Ihr Urteil über ihn scheint schon vorher festgestanden zu
haben. Es genügen ihnen zwei Sätze und eine reißerische Kapi-
telüberschrift, um Tschammer für ihre Wertung in die richtige Stellung zu bringen. Das liest sich dann in ihrem Buch so: „Etwa 100
Morde sowie zahlreiche Folterungen sollen unter seine Verantwortung fallen." In der Tat ein schwerer Vorwurf, selbst im Kon-
junktiv formuliert.

Nach den Beweisen gefragt, teilte einer der beiden Autoren
mit, das habe man bei Professor Dr. Hans-Joachim Teichler (Potsdam) entdeckt. Nur dieser wusste von der ihm zugeschriebenen
Entdeckung nichts. Am 3. Juni 1999 teilte er in einem Brief an
den Autor dieses Buches mit: „Wo Fischer und Lindner die Zahl
von 100 Toten her haben, weiß ich auch nicht." Wohin die Reise
bei den beiden Autoren gehen soll, verrät schon die Kapitelüber-
schrift: „Ein 'alter Kämpfer' als Sportführer." Natürlich ist das de-
nunzierend gemeint. Aber wer wie von Tschammer und Osten
erst 1930 in die Partei und in die SA eingetreten ist, der gehörte
eben nicht zu den Alten Kämpfern, dem Rückgrat der NSDAP.

190

Wer über das Dritte Reich schreibt, sollte das, selbst wenn es dabei nur um Fußball geht, wissen. Außer einiger Unwahrheiten und einer inkriminierenden Vermutung haben die beiden Autoren zur Aufklärung in Sachen Tschammer leider nichts beigetragen. Dass die Autoren in ihrem Buch mit Felix Linnemann genauso umgehen, versteht sich eigentlich schon von selbst. Bei ihnen wird Linnemann fast schon zu einem nationalsozialistischen Monster, einem Multifunktionär, der zugleich der SA und der SS angehört.

In der SA war Linnemann nie, und wie er fast schon im Pensionärsalter in die SS geriet, das wurde bereits dargestellt. Die Autoren haben sich erkennbar nicht die Mühe gemacht, die öffentlich zugänglichen Personenakten, wie sie im Dritten Reich seitens der NSDAP für alle Mitglieder angelegt wurden, einzusehen. Da wären sie auch auf die recht umfangreiche Akte Felix Linnemann gestoßen. Die Personenakte befindet sich im Bundesarchiv in Berlin und die Entnazifizierungsakte von Felix Linnemann kann problemlos im Staatsarchiv in Hannover eingesehen werden. Es muss Lindner und Fischer unterstellt werden, dass sie nicht wissen wollten, was in diesen Akten steht. Dass es diese Akten gibt müssen sie gewusst haben, wenn sie die Arbeiten von Professor Teichler gelesen und nicht nur darin geblättert haben.

Von Tschammer und Osten selbst konnte nach dem Krieg nicht mehr Rede und Antwort stehen, weder vor dem Militärtribunal noch vor einer Spruchkammer. Er starb am 25. März 1943 im Alter von 55 Jahren. Sein Biograph Dieter Steinhöfer schreibt über die letzten Lebensmonate Tschammers, sich dabei auf Aussagen von Personen aus dem persönlichen Umfeld des Reichssportführers stützend, dass Tschammers physische und psychische Verfassung nicht mehr die Beste gewesen sei. „Im privaten Umgang kann er seine Besorgnis und Resignation, den Zusammenbruch seiner Ideale und Träume, nicht mehr verbergen. Innenminister Fricks letzte Anweisung an von Tschammer, betreffend weitgehender 'Einschränkungen der Reichssportwettkämpfe', erstickt den Rest an Aktivitäten vollends. Eine Erkältung steigert sich zur Angina pectoris. Der erst 55-jährige hat keine Kraftreserven und wahrscheinlich nicht einmal den Willen, die schwere Krankheit zu überstehen." Bei einem Mann voller Eitelkeit und mit einem unverkennbaren Drang zur Publicity ausgestattet, der sich an seinen Erfolgen auf dem Gebiet des Sports wie ein großes Kind er-freute, wäre ein Zusammenhang, wie ihn Steinhöfer andeutet, durchaus nachvollziehbar. Tschammer war am Ende. Dazu passt auch seine letzte „große" Amtshandlung: Vier Wochen vor sei-nem Tod ordnet er die „Einordnung des Sports in die totale Kriegs-führung" mit weitreichenden Folgen für den Sport an. In Punkt drei wird verfügt, dass Länderspiele und andere internationale Begegnungen bis auf weiteres abgesetzt seien.

Das Fußball-Länderspiel Nr. 198 gegen die Slowakei in Preß-burg am 22. November 1942, das mit einem 5:2-Sieg für Deutsch-land endete, wird das letzte Länderspiel einer deutschen Natio-nalmannschaft für viele Jahre sein. Aber das wusste man erst hin-terher. Die im November 1942 gestartete Großoffensive der Ro-ten Armee vor Stalingrad endete im Februar 1943 mit einer mili-tärischen Katastrophe für die Wehrmacht. Das war der Anfang vom Ende des Dritten Reichs. Goebbels rief in seiner berüchtig-ten Rede am 18. Februar 1943 im Sportpalast in Berlin den „Tota-len Krieg" aus. Die Anordnung von Tschammer über die „Einord-nung des Sports in die totale Kriegsführung" dagegen ist frei von jeglichem Pathos. Von Durchhalteparolen keine Spur. Der Haupt-mann des ersten Weltkriegs wusste aus dem Unterricht an der Kriegsschule während seiner Ausbildung, wie es Napoleon in Russland ergangen war. Es dürfte ihm als Soldaten sehr viel klare-rer als den Zivilisten gewesen sein, dass dieser Krieg nicht mehr gewonnen werden konnte.

Aber mit der Anordnung Tschammers vom 18. Februar 1943 verabschiedete sich Deutschland nicht nur aus dem internationa-len Sportverkehr. Auch die Sportwettkämpfe im Reich wurden zur Karikatur ihrer selbst. Wenig blieb vom einstmaligen Glanz übrig. Es wurde nur noch ein örtlicher und ein nachbarlicher Sport-verkehr bis zu einer maximalen Entfernung von 100 km jenseits der jeweiligen Gaugrenze gestattet. Ausnahmen behielt sich der Reichssportführer ausdrücklich vor. 1944 wurde zum letzten Mal vor Kriegsende ein deutscher Meister im Fußball ermittelt. Der Dresdner SC schlug den Hamburger Luftwaffensportverein mit 4:0. Beide Vereine wurden im übrigen von hohen Militärs prote-giert. Beim Dresdner SC sorgte General Mehner dafür, dass sein Verein mit einer Mannschaft wie im Frieden antreten konnte, und der Hamburger Luftwaffensportverein war das Hobby von Oberst

Laicher vom Generalstab des Luftgaus Hamburg. Trainiert wurden die Hamburger von Herbergers ehemaligem Mannschaftskameraden beim SV Waldhof und in der Nationalmannschaft, Karl Höger. Gepfiffen wurde das Endspiel auch von einem Mannheimer: Emil Schmetzer. Er und Höger kannten sich aus ihrer Mannheimer Zeit persönlich sehr gut. Deshalb durfte sich Schmetzer gegenüber Höger auch offen äußern. Vor dem Spiel soll Schmetzer Höger prophezeit haben, dass die Hamburger dieses Endspiel nicht gewinnen werden. Im Tor der Hamburger stand Karl-Heinz Höger, der Sohn von Karl Höger. Als Zeitzeuge meinte Karl-Heinz Höger nach dem Krieg: „So hat der Schmetzer auch gepfiffen." Bei den Fußballern aus dem bürgerlichen Lager standen diese Retortenkinder des Dritten Reichs wie der Hamburger Luftwaffensportverein in keinem hohen Ansehen. Ansonsten war über den Fußball längst der Notstand hereingebrochen.

Die meisten Fußballmannschaften in Deutschland traten schon seit geraumer Zeit, wenn sie überhaupt noch elf Spieler für einen Wettkampf auf die Beine brachten, mit einer Mischung aus Jugendspielern und Altherren an. So kamen dann auch so extreme Ergebnisse wie ein 26:0 des 1. FC Kaiserslautern gegen den FK Pirmasens zustande. Nach Stalingrad wurden Freistellungen fast unmöglich, ebenso die Versetzung an einen Standort im Hinterland. Das ging nur über sehr gute Beziehungen. Aber wenn ein Verein elf spielfeldtaugliche Spieler auf die Beine brachte, dann trat man an. Der Mannheimer Autor Gerhard Zeilinger schreibt in seinem zweiten Band zur Mannheimer Fußballgeschichte: „Als das letzte Fußballspiel am 14.1.1945 in Mannheim ausgetragen wurde, war bereits der dumpfe Kanonendonner der sich unaufhörlich nähernden Westfront in der Pfalz zu hören."

Seppl Herberger war mit dem letzten Länderspiel im November 1942 praktisch arbeitslos. Aber er blieb auf der Gehaltsliste des Nationalsozialistischen Reichsbundes für Leibesübungen. Für ihn ging es jetzt auch darum, sich unabkömmlich zu machen, denn mehr und mehr wurden nun wegen der großen Verluste an der Front auch seine Jahrgänge zu den Waffen gerufen. Ganz am Ende des Krieges trug er dann auch noch einmal die Uniform, allerdings nur für wenige Tage, nämlich vom 25. September bis zum 5. Oktober 1944. Aus gesundheitlichen Gründen wurde der ansonsten sich bester Gesundheit erfreuende Reichstrainer für dienstuntauglich erklärt. Einer, der wie Herberger mit allen Wassern gewaschen war, schaffte auch das.

Herberger hatte Tschammers Anordnung vom 18. Februar natürlich aufmerksam gelesen. An den Rand der Anordnung, wo Tschammer sich selbst für mögliche Abweichungen von der Regel ein Türchen offen ließ, notiert er: „Spielraum für meine Pläne." Der Reichstrainer ohne eigenes Reich begab sich nun in die Niederungen der Gauebene. Denn Tschammer gestattete ja den Sportbetrieb bis zu 100 km vom Ort über die Gaugrenze hinaus. Für einen findigen Mann wie den Reichstrainer war da schon einiges möglich. Herberger plante und organisierte Lehrgänge für Nachwuchsspieler. Das gelang ihm tatsächlich bis 1944. Im März und April 1944 fanden Lehrgänge in Königshütte und Luxemburg statt. Ungetrübt aller, wenn auch manipulierten Berichte von der Front, schrieb eine Zeitung zu den beiden Lehrgängen: „Wenn auch Deutschland seit dem vorigen Jahr keine Länderspiele mehr austrägt, ruht die Arbeit des Reichstrainers Josef Herberger keineswegs. Es wird für die Zukunft, für die Zeit nach dem großen deutschen Sieg vorgesorgt." Zu diesem Zeitpunkt eröffnete die Rote Armee in der Ukraine ihre große Frühjahrsoffensive. So optimistisch wie der Pressemann dürfte Herberger zu diesem Zeitpunkt die militärische Lage für Deutschland kaum eingeschätzt haben. Trotzdem schreibt er am 13. März 1944 an Major Graf: „Durch Dr. Xandry haben Sie bereits von meiner Absicht gehört, einen Lehrgang in Luxemburg durchzuführen. Es ist der Anfang einer neuen dringend notwendigen Aufbauarbeit der Nationalmannschaft." Auf Deutschland nach der Niederlage dürfte sich das kaum beziehen, einen solchen Satz hätte er einem glühenden Patrioten wie Graf nicht folgenlos zumuten dürfen. Es ging wohl allem voran darum, sich und anderen den Gang an die Front zu ersparen. Und irgendwie musste man das ja begründen, auch wenn es wie hier eine recht fadenscheinige Begründung war. Solche Herberger-Sätze dann auch noch in Verbindung mit dem Aufbau eines neuen Deutschland nach dem Krieg zu bringen, schießt deshalb auch weit übers das Ziel hinaus.

Wohl überlegt hatte Herberger allerdings schon 1943 sein Hauptquartier als Reichstrainer von Berlin nach Weinheim an der Bergstraße nahe seiner Heimatstadt Mannheim verlegt, wo er mit seiner „Ev" bei den Schwiegereltern in der Karlstraße 12 wohnte.

Goebbels hatte angesichts der verstärkten Luftangriffe auf Berlin angekündigt, Ausgebombte würden eine neue Heimstätte im Warthegau finden. Aber in den Osten des Reichs, wo die Gefahr am größten zu werden drohte, wollte Herberger nicht. Und das Deutschlands Kriegsgegner die Reichshauptstadt auch militärisch „bevorzugt" behandeln würden, konnte sich Herberger leicht ausrechnen. Also ging er 1943 an die Bergstraße.

Und weil das Leben ja irgendwie weitergehen musste, stellte Herberger ein Gesuch auf Ausstellung eines Bezugsscheins für ein Schlafzimmer, eine Küche und ein Herrenzimmer. Auf seinem Wunschzettel standen auch ein Eisschrank, Gardinen sowie eine Couch, und selbst an eine Bettumrandung hatte er gedacht. Ob geliefert wurde, wissen wir nicht. Aber richtig entschieden hatte er sich mit seinem Umzug schon. Als Eva Herberger ihrem Gatten am Morgen des 28. März 1945 zum 48. Geburtstag gratulierte, rollten gerade amerikanische Panzer in Weinheim ein. Zu Kampfhandlungen kam es nicht, weil es keinen Gegner mehr gab. Der Krieg war aus.

Otto Nerz, Herbergers Vorgänger, hatte es nicht so gut getroffen. Die Reichsakademie für Leibesübungen wurde ein Opfer des Krieges. Gleich nach Kriegsausbruch wurde sie im Herbst 1939 geschlossen und Otto Nerz noch im September 1939 als Arzt zum Militär einberufen. Dabei blieb es bis Kriegsende. Gleichwohl hatte Nerz hierbei noch das Glück, dass er in Berlin bleiben konnte, was ihm dann aber, als es mit dem Dritten Reich zu Ende ging, auch sein Schicksal werden sollte. Während der Endkämpfe im Berliner Stadtzentrum versorgte Nerz seine Verwundeten in einem Behelfslazarett, dass in der U-Bahnhofstation am Zoo notdürftig eingerichtet worden war. Nerz blieb dort bis zum bitteren Ende. Er versuchte nicht, sich in Richtung Westen abzusetzen, wie das ja viele Nazi-Bonzen getan hatten. Nerz wurde Gefangener der Roten Armee. Im einem Gefangenenlager in Herzberge im Osten Berlins übertrug man Otto Nerz die medizinische Leitung des Lazaretts. Zweimal in dieser Zeit, erinnerte sich sein Sohn Robert, damals zehn Jahre alt, sei der Vater in Begleitung von zwei Rotarmisten zu Hause in Ruhleben gewesen, das zum britischen Sektor gehörte, um sich seinen Arztkoffer und medizinische Bücher zu holen. Frau Nerz erzählte später ihrem Sohn, sie habe auf ihren Mann eingeredet, diese einmalige Möglichkeit zur Flucht zu nutzen. Die Russen, die offensichtlich unbewaffnet waren, hätten das im britischen Sektor kaum verhindern können. Nerz soll seiner Frau geantwortet haben: „Ich kann die Kranken dort nicht in Stich lassen." Es war ihre letzte Begegnung. Im Herbst 1946 wurde Nerz in ein Sonderlager des sowjetischen Geheimdienstes nach Sachsenhausen bei Oranienburg überwiesen. Dieses Lager war von den Nationalsozialisten als Konzentrationslager errichtet worden. Die sowjetische Besatzungsmacht benutzte das Lager nun ihrerseits zum gleichen Zweck und sperrte hier ehemalige Nationalsozialisten oder Gegner ihres Besatzungsregimes ein. Dabei wurde recht willkürlich verfahren. In diesem Lager starb Otto Nerz 57-jährig am 19. April 1949. Todesursache: Meningitis. Mitgefangene berichteten, Otto Nerz sei regelrecht verhungert.

Die sterblichen Überreste von Otto Nerz wurden auf dem sogenannten Kommandantenhof, einem Außenbezirk des Lagers Sachsenhausen, unter drei Birken verscharrt. Dies ist durch einen inzwischen verstorbenen Mithäftling bezeugt, dem die Sowjets die Verantwortung für die „Bestattung" der Toten übertragen hatten. Die Stelle konnte mittlerweile identifiziert werden. Sie ist heute Teil der Gedenkstätte Sachsenhausen. In einem solchen Lager in Buchenwald, ebenfalls einem ehemaligen Konzentrationslager der Nationalsozialisten, hielten die Sowjets nach Aussagen eines ehemaligen Journalisten der Fußball-Woche auch Ernst Werner, den einstigen Chef des Blattes, fünf Jahre fest. Weil die Sowjets mit diesen Lagern international ins Gerede kamen, lösten sie diese 1950 auf. Für Ernst Werner kam diese politische Entscheidung in Moskau noch rechtzeitig. Für Otto Nerz kam sie zu spät. Auf das Konto der Truppen der Sowjetunion geht auch das Ende von Arthur Stenzel, dem langjährigen Verwalter der DFB Finanzen. Auf dem Vormarsch erschossen Rotarmisten den inzwischen dreiundsechzigjährigen in Hinterpommern vor den Augen seiner Frau und seiner Tochter. Verglichen mit dem Schicksal von Stenzel und Nerz, hatte Felix Linnemann noch Glück im Unglück. Er geriet in die Hände der Engländer. Es hätte auch anders sein können. 1939 war Felix Linnemann von der Kripo in Stettin zur Kripo nach Hannover gewechselt. Dort konnte er der Roten Armee nicht begegnen. Die Engländer internierten den schwer Herzkranken zwar ein halbes Jahr, doch dann entließen sie ihn. Georg Xandry, der Generalsekretär des DFB bzw. des Fachamts Fußball, wurde - wie viele der älteren Jahrgänge - gegen Kriegsende auch noch zum Militär eingezogen. Wie es ihm nach dem 8. Mai 1945 erging, darüber liegen keine Informationen vor. Doch so schlimm konnte es nicht gewesen sein, denn bald tauchte er im heimatlichen Neu-Isenburg auf und korrespondierte recht munter mit Seppl Herberger in Weinheim. Carl Koppehel blieb es vorbehalten, 1945 das Fachamt Fußball als Letzter zu verlassen und die Lichter auszumachen. Bis auf ihn und eine Sekretärin war das Fachamt Fußball verwaist.

Dann begannen die Aufräumungsarbeiten. Den politischen Teil behielten sich die Besatzungsmächte vor. Zunächst wurden die Deutschen politisch entmündigt und das Land in Besatzungszonen unterteilt. Einen deutschen Staat gab es nicht mehr. Die Alliierten im westlichen Teil des Landes erkannten aber bald, dass stabile Verhältnisse und ein schneller Wiederaufbau den besten Schutz gegenüber der kommunistischen Sowjetunion darstellten. Mit den Trümmerfrauen allein ließ sich das nicht erreichen. Fachleute waren vonnöten, in der Wirtschaft wie in den Verwaltungen. Die meisten von ihnen aber waren auf führenden Posten auch im Dritten Reich tätig gewesen. Um die Guten von den Bösen zu trennen, wurden Entnazifizierungsverfahren angeordnet. Über die mächtigsten Männer des Dritten Reichs saßen die Alliierten Militärrichter in Nürnberg zu Gericht, das Gros der Deutschen musste sich vor Spruchkammern verteidigen. Die Anwendung erfolgte in den verschiedenen Besatzungszonen unterschiedlich. In der amerikanischen Zone musste sich jeder Deutsche diesen Verfahren unterziehen, in den beiden anderen Westzonen wurde das nach Bedarf gehandhabt und in der Sowjetzone wurde das Willkürsystem der Besatzungsmacht auf diesen Teil Deutschlands übertragen. Es mussten im Zusammenhang mit den Verfahren schriftliche Erklärungen abgegeben und ein Fragebogen ausgefüllt werden. Zur politischen Bewertung der Personen stand dann den Spruchkammern eine Skala von eins bis fünf zur Verfügung. Haupttäter, also schwer belastete Personen, kamen in die Gruppe eins, in Gruppe zwei die Belasteten und in Gruppe drei die minder Belasteten. Wer in Gruppe vier eingestuft wurde, galt als Mitläufer, und die in der Gruppe fünf wurden als nicht betroffen angesehen. Insgesamt ein sehr zweifelhaftes Verfahren. Kein vernünftiger Mensch konnte erwarten, dass sich die befragten Personen selbst belasteten. Jeder versuchte, sich ins rechte Licht zu rücken und die Spruchkammer positiv für sich einzunehmen. Nazi wollte jetzt natürlich keiner mehr gewesen sein. Deshalb ist bei der Bewertung der schriftlichen Erklärungen der Befragten höchste Vorsicht geboten. Trotzdem sind diese schriftlichen Erklärungen in Verbindung mit dem Fragebogen ein gutes Mittel, sich ein Bild über die Karrieren einzelner Personen im Dritten Reich zu machen. Die Entnazifizierungs-Akten befinden sich heute in den jeweiligen Landesarchiven und sind dort, von Bayern abgesehen, weitgehend problemlos für jedermann zugänglich.

Neben diesen Akten sind die im Dritten Reich von der NSDAP angelegten Akten über Mitglieder der Partei von großem Interesse. Sie enthalten wichtige Daten zum politischen Werdegang der Person, wie den Zeitpunkt des Eintritts in die NSDAP oder in eine der Gliederungen der Partei, wie die SA oder SS. Diese Akten verwalteten bis vor wenigen Jahren die Amerikaner, seit 1994 sind sie auch im rechtlichen Sinne im Besitz der Bundesrepublik Deutschland. Der Zugang zu diesen Akten hat sich mit dem Besitzwechsel erheblich verschlechtert. Das in Berlin ansässige Bundesarchiv lässt sich oft Monate Zeit, bis der Antragsteller überhaupt bedient wird, manchmal wird ein Schreiben gar nicht erst beantwortet. Das erschwert die Arbeit der Forschung ganz erheblich. Ein Historiker meinte zu dieser Situation: „Es ist heute leichter, diese Personalunterlagen - von denen die Amerikaner Kopien angefertigt haben - in Washington als in Berlin einzusehen." Wenn für die vorliegende Arbeit die Akten aller führenden Männer des DFB trotzdem ausgewertet werden konnten, dann ist das kein Verdienst des Bundesarchivs. Die Akten wurden bereits vor 1994 in Zehlendorf am ursprünglichen Archivstandort eingesehen.

Bei Felix Linnemann, Otto Nerz und Seppl Herberger konnten bei der Auswertung beide Akten berücksichtigt werden.

Betreffs Felix Linnemann erging mit Datum vom 8. Dezember 1947 durch den Entnazifizierungsausschuss Stadtkreis Hannover folgender Beschluss, der hier wegen der tatsächlichen, aber auch wegen der vermeintlichen Rolle, die Felix Linnemann als Fachamtsleiter von 1933 bis 1945 spielte, im vollen Umfang wiedergegeben wird.

„Felix Linnemann ist ein international bekannter Kriminalist, der sich im Aufbau und Ausbildung der deutschen Kriminalpolizei vor der Hitlerzeit große Verdienste erworben hat. Daneben ist er im internationalen Fußballsport eine überall bekannte Persönlichkeit.

Als Hitler zur Macht kam, trat L. nicht in die Partei ein. Er wurde 1938 durch den damaligen Reichssportführer gezwungen, Mitglied zu werden, da er anderenfalls seine Ehrenämter im Sport verloren hätte.

Vordem hatte L. bereits Zusammenstöße mit dem berüchtigten Heydrich gehabt, der ihn deshalb von Berlin nach Stettin im Jahre 1937 strafversetzte.

Im Jahr 1940 wurde er als Obersturmbannführer in die SS eingegliedert. Hier hat es sich aber um die typische Dienstangleichung gehandelt, wie der Ausschuss einwandfrei festgestellt hat. L. hat nun in seinem Fragebogen angegeben, dass er Mitglied des Sicherheitsdienstes der SS gewesen sei. Diese Angelegenheit ist dahingehend aufgeklärt: Etwa um 1941 herum wurde die Sicherheitspolizei auch vielfach Sicherheitsdienst genannt. Es handelt sich dabei aber nicht um den SD., der als Abt. III dem Reichssicherheitshauptamt eingegliedert war, sondern um die Abt. V, die Kriminalpolizei. L. kann ferner aus dem Grund nicht Mitglied des Himmlerschen SD. (Abt. III) gewesen sein, weil dieser ebenso wie die Gestapo von der NSDAP besoldet wurde, L. aber sein Gehalt vom Staate bezogen hat. Das ist alle einwandfrei festgestellt. Es steht weiter fest, dass L. in seiner Amtsführung oft in Konflikt mit der Gestapo geraten ist, die verschiedentlich kriminelle Fälle an sich ziehen wollte, die zur Zuständigkeit Linnemanns gehörten. L. hat es verstanden, sich in diesen Fällen gegen die Gestapo durchzusetzen.

Der jetzige Chef der Kriminalpolizei Hannover, Kriminalrat Peter, stellt L. ein sehr günstiges Zeugnis aus. Gegen ihn (Peter, d. Verf.) schwebte ein Ermittlungsverfahren der Gestapo, das jedoch nicht ausreichte, um ihn zu überführen. Aber die Abschriften der Ermittlungsvorgänge wurden zu seinen Personalakten genommen. L. entfernte diese Abschriften und beförderte Peter sogar. Peter erklärte auf Befragung ausdrücklich, dass L. sein Amt sachlich geführt hat und nicht darauf sah, ob ein Beamter Parteigenosse war oder nicht, sondern nur nach der Tüchtigkeit beurteilte. So hat er einen Kriminalbeamtem namens Pius Wagner, der seit 1922 in der Partei war, nicht befördert. Peter hält Linnemann auch heute noch für tragbar.

Es liegen noch zahlreiche andere Zeugnisse vor von einwandfreien Personen, die alle bestätigen, dass L. sich nicht für die Bestrebungen der NSDAP eingesetzt hat. Auch in seiner Tätigkeit im Sport als Vorsitzender des deutschen Fußballbundes hat er sich gegen die Bestrebungen der HJ und der SA gewandt und hierbei ist es wiederholt zu scharfen Auseinandersetzungen gekommen.

L. ist heute schwer krank und erbittet lediglich die Zubilligung eines Ruhegehaltes.

Der Ausschuss hat unter Würdigung aller Umstände beschlossen, L. in Kat. IV einzureihen und ihm die Pension als Regierungsrat zuzubilligen."

Dieser Spruchkammerbeschluss steht im völligen Widerspruch zu dem Bild, das in der Literatur nach dem Zweiten Weltkrieg von Linnemann entworfen worden ist. Kein einziger Autor hat aus dieser Akte zitiert oder sie erwähnt. Das muss allerdings nicht heißen, dass niemand diese Akte gelesen hat. Dass es diese Akte gibt, wussten sie alle. Aber bei den meisten Autoren wird es wohl so sein, dass sie nicht wissen wollten, was in dieser Akte steht. Ihr Bild vom „braunen" DFB-Vorsitzenden war so rund, dass jede weitere Information diesem vorgefertigten Bild nur Abbruch tun konnte. Aber das heißt auch, dass sie die Wahrheit nicht wissen wollten.

Als Entlastungszeugen nannte Linnemann unter anderem den späteren Bundeskanzler Dr. Konrad Adenauer, dem er, als dieser im Dritten Reich verhaftet wurde, behilflich war. Adenauer und Linnemann kannten sich persönlich vom Deutschen Reichsausschuss für Leibesübungen. Adenauer, in den zwanziger Jahren Oberbürgermeister in Köln, bekleidete im Ehrenamt im DRA die Funktion eines 3. Beisitzers. Außerdem benannte Linnemann namentlich mehrere Juden, denen er in der Zeit des Dritten Reichs behilflich war. Inwieweit diese Zeugen einer mündlichen Befragung durch die Spruchkammer zur Verfügung gestanden hätten, ließ sich nach nunmehr 50 Jahren kaum noch überprüfen. Aber Linnemann nannte Namen. Als erfahrener Kriminalist dürfte er gewusst haben, was es bedeutet, Namen zu nennen. Bei Falschangaben hätte er seine Glaubwürdigkeit in Frage gestellt. Außerdem benennt er als Entlastungszeugen pauschal alle Mitarbeiter seiner jeweiligen Dienststellen bei der Polizei und die Mitarbeiter des Fachamts Fußball.

Namentlich nennt er aus dem Bereich des Fußballs Peco Bauwens, Carl Koppehel und Georg Xandry. Von den drei genannten finden sich in Linnemanns Spruchkammerakte auch schriftliche Erklärungen. Peco Bauwens erklärte an Eides statt. u.a.: „Als ich 1933 aus meinen im Deutschen Fußball-Bund bekleideten Ämtern ausgeschieden wurde, da meine Frau Nicht-Arierin war, versuchte man deutscherseits, mich auch aus meinen internationalen Ämtern zu entfernen. Dass dies nicht gelang, ist nicht zuletzt auf das Eintreten des Herrn Linnemann zurückzuführen, der sich immer wieder dem Verlangen nationalsozialistischer Kreise und Funktionäre, die meine Ablösung forderten, entgegengestellt hat." In einem Nebensatz geht Bauwens auch auf die Rolle Linnemanns im Frühjahr 1933 ein: „... dass es wohl auch ihm maßgeblich zu verdanken ist, dass der deutsche Fußballsport bis Ende 1938 aus der Partei geblieben ist." Die eidesstattliche Versicherung von Carl Koppehel ist schon wegen eines seiner Erklärung beigefügten Schreibens interessant. Absender war die Ortsgruppe der SED Kleinmachnow, Kreis Teltow.

In dem Schreiben bestätigt der Vorstand der SED-Ortsgruppe Herrn Koppehel, dass er Mitglied der SED sei. Und weiter heißt es in dem Schreiben: „Herrn Koppehel wird weiter bescheinigt, dass er bei der Wahl zur Gemeindevertretung am 20. Oktober 1946 als Kandidat für das Amt eines Gemeindevertreters aufgestellt war." Erst Mitglied der SPD, dann Pressewart im Fachamt Fußball im Dritten Reich, schließlich Kandidatur für die SED. Das liest sich dramatischer, als es tatsächlich war. Koppehel trat nach Kriegsende wieder der SPD bei, und durch die Zwangsvereinigung von KPD und SPD wurde er Mitglied der SED. Koppehel ging dann auch bald in die Westzone. Nach der Neugründung des DFB im Jahre 1950 übernahm der neue DFB-Präsident Dr. Peco Bauwens den Pressewart seines Vorgängers in gleicher Position. In seiner eidesstattlichen Erklärung im Spruchkammerverfahren von Felix Linnemann hebt Koppehel mit anderen hierin übereinstimmend die Verdienste des ehemaligen DFB-Präsidenten bei der Erhaltung der Unabhängigkeit des bürgerlichen Sports hervor. Zusätzlich nennt er Namen von Personen, denen Linnemann nach 1933, als sie politisch unter Druck gerieten, behilflich war. Erwähnenswert ist auch, wie Koppehel Linnemanns Reaktion auf politisch übereifrige Sportler darstellt: „Sportkameraden, die sportdienstlich in SA-Kleidung erschienen, hat Herr Linnemann in meiner Gegenwart darauf verwiesen, dass es unzweckmäßig sei, den Sport in eine solche Verbindung zu bringen, und die Erwartung ausgesprochen, dass für die Folge der Sportbetrieb neutral zu bleiben habe." Linnemann selbst geht in seiner schriftlichen Einlassung auch ausführlich auf die Gründe für seine Versetzung von Berlin nach Stettin im Frühjahr 1937 ein.

Ohne Linnemann vorab zu informieren, teilte Heydrich auf einer Pressekonferenz im Polizeiinstitut mit, dass „das Polizeiinstitut demnächst einen neuen Leiter bekommen wird." Gründe für Linnemanns bevorstehende Ablösung wurden nicht genannt. Linnemann bestand deshalb auf ein persönliches Gespräch mit Heydrich. Dieses Gespräch fand dann auch statt und wurde von Felix Linnemann in seiner Erklärung wie folgt wiedergegeben: „Trotzdem hielt ich mich für berechtigt und verpflichtet, Heydrich persönlich nach den Gründen dieser Ablösung zu befragen. Heydrich erklärte mir zunächst, dass Polizeiinstitut müsse seiner Bedeutung wegen einem Partei- und SS-Mann unterstellt werden, da ich beides nicht sei, könne ich nicht mehr der Leiter bleiben. Für einen Kriminalbeamten sei aber eine gefestigte politische Ausrichtung wichtiger als alles Fachwissen. Als ich ihn dann zur Antwort gab, dass dann ja auch ein guter Nationalsozialist ohne Fachwissen ein guter Lehrer, Schuster, Maurer und Ingenieur sein könne, verlor er die Haltung und schrie mir zu, dass ich damit die Berechtigung seiner Maßnahmen gegen mich vollends bewiesen habe." Zu den Gründen für sein exponiertes Engagement als DFB-Präsident und 3. Vorsitzender des DRA im Frühjahr 1933 äußerte sich Linnemann ebenfalls. „Ich blieb in diesem Amt (DFB), weil der Reichssportführer keine parteipolitischen Bedingungen stellte. Ich habe dann auch am schärfsten und energischsten die Ansprüche der SA, der HJ und der Partei an den Sport bekämpft, und ich glaube mir das Hauptverdienst dafür zusprechen zu können, dass die Pläne der Partei, die Sportvereine aufzulösen und auf die Ortsgruppen der Partei zu verteilen, nicht verwirklicht wurden."

Für Pläne der NSDAP, im Frühjahr 1933 die Vereine aufzulösen, ließen sich bis auf die Äußerung von Ernst Werner zwar keine Belege finden, aber Linnemanns Selbstbeurteilung deckt sich mit dem Ergebnis der hier durchgeführten Untersuchung. Die Rolle des Fahnenträgers an der Spitze der bürgerlichen Sportbewegung auf dem Marsch ins Dritte Reich, die Linnemann angelastet wurde, lässt sich nicht aufrechterhalten. Hier ist eine Revision angezeigt.

Linnemann zeigt auch auf, in welche Schwierigkeiten von Tschammer und Osten 1937 geriet: Linnemann schreibt: „So setzte dann 1937 die Gestapo mit einem Druck auf den Reichssportführer ein, dem sie bedeutete, dass im Führerstab des Reichsbundes noch eine Anzahl alter Sportführer seien, die nicht der Partei angehörten. Das erschien der Gestapo untragbar. Um alle diese Männer, die sich großen Ansehens und Vertrauens bei den deutschen Sportlern erfreuten, nicht zu verlieren, stellte der Reichssportführer bei der Partei den erfolgreichen Antrag, diese Männer in die Partei aufzunehmen und übernahm für sie die Bürgschaft."

Dr. Wilhelm Schmidt aus Hannover, Linnemanns Stellvertreter im Fachamt Fußball bzw. des DFB bis 1938, wurde von der Spruchkammer in die Kategorie V als unbelastet eingestuft, ebenso Dr. Wilhelm Erbach, Reichsjugendfachwart im Fachamt Fußball, und Wilhelm Knehe, Mitglied des Spielausschusses. In der Entnazifizierungsakte von Dr. Georg Xandry fand sich nur seine schriftliche Einlassung. Zu seinem Eintritt 1933 in die NSDAP erklärte er: „An und für sich war sie nur nomineller Natur, denn ich hatte von vornherein zur Bedingung gemacht und den Reichssportführer entsprechend veranlasst, meine Befreiung von allen parteipolitischen Obliegenheiten zu erwirken. Dies ist auch erfolgt, und ich brauchte deshalb auch an keinerlei Veranstaltungen oder parteipolitischen Vorrichtungen teilzunehmen." Von der etwas eigenartigen Wortwahl abgesehen, gibt es in der Erklärung Xandrys nichts Auffälliges. Auch wenn der Spruchkammer-Beschluss selbst, aus welchen Gründen auch immer, nicht vorliegt, darf wohl davon ausgegangen werden, dass Xandrys politische Selbsteinschätzung zutreffend ist. Als entlastet eingestuft wurde auch Dr. Josef Glaser, bis 1936 Spielauschussvorsitzender, ebenso Constanz Jersch, der langjährige Verbandsvorsitzende des Westdeutschen Spielverbandes. Sein Nachfolger, Dr. Josef Klein, der ihn im Frühjahr 1933 in dieser Position ablöste, seit 1930 Mitglied der NSDAP und seit 1932 Reichstagsabgeordneter der Nazi-Partei, muss in der Literatur stets als „Kronzeuge" für eine pränationalsozialistische Disposition der oberen Funktionärsetagen im deutschen Fußball herhalten. Natürlich zielen die Kritiker dabei eigentlich auf den DFB.

Nur bei Klein, und das fällt ins Auge, hören die Nachforschungen mit dem Jahre 1933 auf, wird der zweite Teil der Biographie unterschlagen. Klein hatte sich schon 1934 vom Nationalsozialismus losgesagt und nachweislich dem Widerstand angeschlossen. 1935 verlor er sein Reichstagsmandat, 1942 wurde Klein von der Gestapo festgenommen. Es wurde gegen ihn ein Verfahren wegen Wehrkraftzersetzung eingeleitet, und 1943 wurde er aus der NSDAP ausgeschlossen. Dr. Hensel, Oberstadtdirektor in Duisburg, Besitzer des Sonderausweises für politische Verfolgte mit der Nummer 1418, teilte der Spruchkammer mit: „Dr. Klein wurde sehr aktiver Gegner der NSDAP, verbreitete Flugschriften und trat durch mich in eine enge Verbindung zur westdeutschen Gruppe, die später als die Gruppe des 20. Juli bekannt geworden ist." Die Spruchkammer stufte Klein deshalb trotz seiner Mitgliedschaft in der NSDAP in Kategorie V ein.

Auch die beiden Reichstrainer Herberger und Nerz wurden einem Entnazifizierungsverfahren unterzogen, wobei das Verfahren im Falle Otto Nerz erst nach dessen Tod im Jahre 1949 im Zusammenhang mit den Pensionsansprüchen seiner Frau Elli durchgeführt wurde. Aus Herbergers schriftlicher Einlassung im Entnazifizierungsverfahren wird der Leser zunächst nicht so recht klug. Aber einer wie Herberger wusste immer genau, was er tat und auch, welche Form zu wählen war. Was er da auf sechs Seiten zu Papier gebracht hat, dürfte deshalb auch wohl durchdacht gewesen sein. Es fällt auf, dass Herberger zunächst überhaupt nicht zur eigentlichen Sache kommt. Der Text liest sich Zeile um Zeile wie ein Lebenslauf, und zwar wie der eines zeitlebens braven und strebsamen Mannes. Erst auf Seite drei kommt er zur Sache. In aller Unschuld schreibt er: „Als Hitler 1933 an die Macht gekommen war, redete man aus meiner Umgebung auf mich ein, mich doch nicht abseits zu halten, machte man mich glauben, dass es sich um eine gute Sache handle, die von anständigen Männern geführt würde, und - in meiner politischen Unerfahrenheit gab ich schließlich dem Drängen nach und wurde Mitglied der Partei, wie man zuweilen Mitglied in einem Verein wird." Das war allerdings dreist. Herberger war, als er sich um die Mitgliedschaft in der NSDAP bewarb, 36 Jahre alt, hatte sechs Semester an der Deutschen Hochschule für Leibesübungen studiert, und eine Zeitung wird er wohl auch gelegentlich zur Hand genommen haben. Dass die SA eine Gliederung der NSDAP war, dürfte er auch gewusst haben. Und das es sich dabei um keine Organisation „anständiger Männer" handelte, war gerade im Frühjahr 1933 bei dem gewaltsamen Vorgehen der SA gegen politische Gegner kaum zu übersehen. Sich so naiv zu geben, muss deshalb als berechnendes Verhalten angesehen werden. Was Herberger damit erreichen wollte enthüllt sich erst, wenn man den gesamten Text noch einmal rückwärts im Zusammenhang betrachtet. Da geht einer trotz schlechter Ausgangsbedingungen seinen Weg, arbeitet sich hoch, nimmt dabei das, was sich um ihn herum bewegt kaum noch wahr, und wird dann in der Zeit der Wirren von Freunden politisch verführt. So kam er dann folgerichtig zur Mitgliedskarte der NSDAP wie die Jungfrau zum Kind. Und weil die Geschichte von Anfang auf ein gutes Ende angelegt war, folgt dem schlechten Gewissen die Erleuchtung auf dem Fuße und am Ende steht der Geläuterte fast als Widerstandskämpfer vor uns. Tatsächlich schreibt Herberger am Schluss seiner Einlassung im Spruchkammerverfahren: „Ich habe aus meiner Einstellung keinen Hehl gemacht, und ich war bereit, mich jedem und allen anzuschließen, die entschlossen waren, gegen Hitler vorzugehen. Ich habe es bedauert, dass ich keinen Anschluss an die Widerstandsbewegung fand, weil ich mich, unter dem Deckmantel meiner beruflichen Tätigkeit, als Verbindungsmann äußerst nützlich hätte machen können." Dann folgt noch ein Bekenntnis zur Demokratie. Die Spruchkammer stufte Herberger in Kategorie IV ein, mehr war nicht drin.

Aber mehr als ein Mitläufer war Herberger auch nicht. Er hatte persönlich profitiert von diesem System, mehr als alle anderen aus der DFB-Spitze. In einer demokratisch verfassten Gesellschaft wäre es Herberger mit Sicherheit nicht möglich gewesen, Otto Nerz auszumanövrieren. Ohne die Machtübernahme durch die Nationalsozialisten hätte es den Reichstrainer Herberger nicht gegeben. Es darf dabei nicht vergessen werden, durch die spektakuläre Berufsspieleraffäre aus dem Jahr 1921 war Herberger ein Gezeichneter. Er hatte eklatant gegen die Statuten des DFB verstoßen, und zwar in fast allen Punkten der sogenannten Amateurbestimmungen. Und wie kein anderer Fußballspieler vor ihm wurde Herberger dafür an den Pranger gestellt.

Die DFB-Führung, zumal sich an ihrer ablehnenden Haltung gegenüber der Einführung des bezahlten Fußballs in Deutschland in den Jahren danach nichts geändert hatte, hätte Herberger schon aus Gründen der eigenen Glaubwürdigkeit nicht zum Trainer der Fußball-Nationalmannschaft berufen können. Das war schlicht nicht vorstellbar. Die Presse hätte das nicht durchgehen lassen. Vor 1933 wäre es auch Felix Linnemann nie in den Sinn gekommen, in Herberger den Nachfolger von Otto Nerz zu sehen. Und der Vorschlag, Herberger an der Seite von Otto Nerz als Referenten im Fachamt Fußball 1936 zum Trainer der Nationalmannschaft zu machen, kam ja von Otto Nerz, der sich Herberger fürs Praktische an seine Seite holen wollte.

Das es dann anders lief, ist eine andere Geschichte. Herberger selbst schreibt ja in seinen Aufzeichnungen, dass Nerz im Frühjahr 1936 mit diesem Vorschlag auf ihn zugekommen sei. Von Linnemann war dabei nicht ein einziges Mal die Rede. Das Nerz sich damit selbst ein Bein gestellt hatte, wusste er erst hinterher. Nerz hat das dann später auf Herberger bezogen mit folgendem Satz kommentiert: „Ich habe eine Schlange an meinen Busen gezogen." Herberger schon vor 1933 in der Nachfolge von Nerz zu sehen, ist nackte Spekulation und Teil der falschen Herberger-Legende. Es ist auffällig, dass in der Zeit des Dritten Reichs, wann immer etwas zur Person des Reichstrainers geschrieben wurde, die Berufsspieleraffäre aus dem Jahr 1921 unerwähnt bleibt. In totalitären Staaten geht das.

Es ist auffällig, dass sich unter Herbergers Entlastungszeugen im Entnazifizierungsverfahren kein einziger DFB-Funktionär befindet - und Herberger seinerseits auch keinen einzigen benannte. Bei Linnemann traten sie in Erscheinung, und Linnemann nannte alle seine Mitarbeiter im Fachamt Fußball als mögliche Zeugen. Von alledem nichts bei Herberger. Aber einen hochkarätigen Entlastungszeugen kann Herberger doch präsentieren: Carl Diem.

Diem selbst landete auch bei dieser politischen Wende letztlich wieder auf der Sonnenseite. Zwar geriet auch er zunächst ins Visier der sowjetischen Besatzungsmacht. Aber daraus wurde dann das Angebot, den Aufbau des Sportinstituts an der Universität im sowjetisch besetzten Sektor zu übernehmen. 1947 setzte er sich dann in den Westen ab. Der Fortsetzung ist bekannt. Nerz soll im übrigen von den Sowjets im Lager Sachsenhausen das Angebot unterbreitet worden sein, in der Sowjetunion am Aufbau der Nationalmannschaft mitzuarbeiten. Nerz soll das abgelehnt haben.

Dann lag die Akte Otto Nerz auf dem Tisch. Die Entnazifizierungsakte und seine Personenakte aus dem Dritten Reich. Dazu kamen Auszüge aus dem Totenbuch des Lagers Sachsenhausen und aus Akten in Moskau, bei denen es sich vermutlich um Schriftstücke handelt, die vom NKWD angelegt wurden. Dem Blick in die Akte Otto Nerz durfte mit besonderer Spannung entgegengesehen werden. Mehr noch als Felix Linnemann gehört Otto Nerz aus politischen Gründen zu den Sorgenkindern des DFB nach 1945. Das gilt bis in die Gegenwart. Mit Felix Linnemann und der Art, wie er als Fachamtsleiter in der Literatur nach 1945 behandelt wurde, hatte man gerade genug zu tun. Otto Nerz zusätzlich zu thematisieren, dafür bestand kein Bedarf. So wurde Otto Nerz beim DFB von der Personenliste gestrichen. Das, was im Buch zum 100. Geburtstag des DFB zur Person Otto Nerz' steht, stimmt nicht einmal bei den simpelsten Lebensdaten. Hier rächt sich, dass man die Verantwortung für den Inhalt des Buches keinem Historiker anvertraut hat.

Bei der Entstehung des Nerz-Bildes nach 1945 spielt seine Festsetzung durch den sowjetischen Geheimdienst NKWD im Sommer 1945 eine erhebliche Rolle. Da wurden ja „Politische" eingesperrt, solche, die Dreck am Stecken hatten. Und auch wenn man der Sowjetunion Stalins bald mit viel Ablehnung und Misstrauen begegnete, denkbar wär's ja trotzdem, das da was dran war. Nur Unschuldige werden sie ja nicht aus dem Verkehr gezogen haben. Dazu kamen dann noch ein paar Vermutungen und Gerüchte, und fertig war das Nerz-Bild. Auch Herberger arbeitete an diesem Bild fleißig mit, genau genommen ist er sogar der Urheber. So mutmaßt er, Nerz sei wegen der von ihm verfassten antijüdischen Artikel inhaftiert worden, die im Sommer 1943 im in Berlin erscheinenden und stramm rechts ausgerichteten „12-

Uhr-Blatt" unter seinem Namen erschienen waren. Als wenn die Sowjetunion unter Stalin nicht selbst antisemitisch gewesen wäre. Das hat sie gar nicht interessiert. Die Artikel selbst, die als dreiteilige Folge im Sommer 1943 erschienen, schrieb Nerz nicht freiwillig, sie wurden ihm nachweislich abverlangt. Die Redaktion kündigte die Artikelserie folgendermaßen an: „Wir haben deshalb Professor Dr. Otto Nerz, eine anerkannte Autorität im internationalen Sport, gebeten, das Treiben der Juden auf dem Sektor Sport zu beleuchten." Für eine solche Arbeit kamen intellektuelle Leichtgewichte nicht in Frage. Einer wie Nerz war für dieses Thema gefragt, einen wie Herberger aufzufordern, etwas zu Papier zu bringen, wäre erfahrenen Journalisten gar nicht in den Sinn gekommen. Diese Artikelserie ist Teil einer antisemitischen Hetzkampagne, die Goebbels nachweislich kurz zuvor angeordnet hatte. Die massenhafte Deportation der Juden ließ sich der eigenen Bevölkerung gegenüber nicht mehr verheimlichen und in den Lagern im Osten hatte die Massentötung der Juden begonnen. Das deutsche Volk sollte mit den Ergebnissen der Endlösung der Judenfrage vertraut gemacht und darauf mit propagandistischen Mitteln positiv eingestimmt werden. Deshalb befahl Goebbels diese Kampagne. Unter dem 3. Mai 1943 findet sich als Tagesparole aus dem Propagandaministerium folgender Text: „Die Zeitungen erhalten jetzt täglich ein Judenthema... Es gibt eigentlich überhaupt keine Sparte in der Presse, wo dies nicht möglich wäre..." Und am Schluss der Tagesparole heißt es dann: „Es ist die Pflicht der ganzen deutschen Presse, in die hier aufgezeigte antisemitische Aktion einzusteigen."

Im Sommer 1943 nahmen die Nazis angesichts der Wende des zweiten Weltkriegs zu ihrem Nachteil auf niemanden und nichts mehr Rücksicht. Wer einer solchen Aufforderung, wie der des „12-Uhr-Blattes" an Otto Nerz nicht nachkam, musste mit einem Besuch der Gestapo rechnen. Zum Neinsagen gehörte viel Mut, im übrigen vielmehr Mut als z.B. noch 1936, und es gehörte die Bereitschaft dazu, gegebenenfalls dafür auch den Preis zu zahlen. Und der erhöhte sich mit jeder neuen militärischen Niederlage des nationalsozialistischen Deutschland. Leider fand sich in Nerz' schriftlichem Nachlass kein Manuskript oder eine Vorarbeit zu diese Artikelserie, so dass sich nicht sagen lässt, inwieweit es sich um einen authentischen Nerz-Artikel handelt oder um einen redaktionell bearbeiteten Artikel. Dies gilt insbesondere für die Wertungen sowie die Überschriften und die Zwischenüberschriften. Bei einer Manipulation am Text hätte sich Nerz kaum zur Wehr setzen können. Und wer 1943 wagte, eine Gegendarstellung bei solch einem brisanten Thema einzufordern, durfte sich gleich auf die Suche nach einem geeigneten Baum machen, an dem er sich aufhängen konnte. Zweifel daran, dass es sich um einen authentischen Nerz-Text handelt, sind auf jeden Fall berechtigt.

Im Zentrum der Argumentation in dem dreiteiligen Artikel steht der Vorwurf an das jüdische Besitzbürgertum, in den zwanziger Jahren ganz wesentlich zum Einzug des Kommerzes in den Fußballsport beigetragen zu haben. Wörtlich heißt es: „Auch im Sport betätigt sich der Jude als Kapitalist." Dies wird den Idealen der Pioniere des Fußballs, die vor dem „Materialismus" im Sports von Anfang an gewarnt und ihn auch bekämpft haben, gegenübergestellt. Sollte der aus dem Artikel zitierte Satz tatsächlich die Meinung von Otto Nerz wiedergeben, dann wäre das unter Berücksichtigung Nerz' sozialdemokratischer Vergangenheit unter linkem Antisemitismus zusammenzufassen. Interessant ist hierbei auch, dass alle Autoren, die die Sache nach dem Krieg behandelt haben, den Artikel eines nationalsozialistischen Hetzblattes, und das war das „12-Uhr-Blatt", ohne Wenn und Aber, als bare Münze nahmen. Woher nehmen sie eigentlich die Gewissheit, dass es sich hierbei überhaupt um einen Artikel von Nerz handelt? Im Frühjahr 1943 gingen im Konzentrationslager Auschwitz die Krematorien I und II in Betrieb. Glaubt jemand im ernst, dass sich die Nationalsozialisten angesichts dieses in seiner Unmenschlichkeit in der Geschichte einmaligen Vorgangs, wie der fabrikmäßigen Vernichtung von Juden, auch nur einen Deut um den Ruf eines Sportlehrers und um seine moralische Integrität geschert haben? Nicht einmal Bedenken in diese Richtung sind den Autoren gekommen, die Nerz für diese Artikel ohne Wenn und Aber verantwortlich machen.

Dafür, dass Nerz überhaupt kein Antisemit war, lassen sich mindestens ebensoviele Argumente vorbringen wie für das Gegenteil. Bis zum Zeitpunkt des Erscheinens der Artikelserie ließen sich weder in Artikeln noch in Aufsätzen von Otto Nerz antisemitische Äußerungen feststellen. Dasselbe gilt auch für seine

Bücher bzw. Broschüren. Außerdem gehörten zu den Förderern des jungen Nerz zwei Juden. Der Unternehmer Max Rath in Mannheim, Mitglied des VfR Mannheim, und der Herausgeber des Kikker, Walter Bensemann. Im Haus von Max Rath ging Otto Nerz, bevor er 1924 nach Berlin umzog, aus und ein. Das haben die beiden Söhne übereinstimmend berichtet. Der jüngere der beiden Rath-Söhne lebt heute noch in Mannheim. Seine Eltern kamen in einem Konzentrationslager um. Und Walter Bensemann schickte den jungen Otto Nerz Anfang der zwanziger Jahre nach England, damit er sich dort über den englischen Fußball informieren und darüber im Kicker berichten konnte. Es sind auch zwei Briefe von Otto Nerz an Walter Bensemann aus den zwanziger Jahren erhalten geblieben, die beide in einem sehr persönlichen Ton gehalten sind. Sie erlauben den Schluss, dass zwischen Nerz und Bensemann ein freundschaftliches Verhältnis bestand. In der Entnazifizierungsakte von Otto Nerz findet sich ein Schreiben des jüdischen Bankiers Georg Michaelis. Er schreibt über sein Verhältnis zu Otto Nerz: „Ich habe ihn als warmherzigen und gütigen Menschen kennengelernt, der in keiner Weise, als später die Nazis an die Macht kamen, mir gegenüber als Rassenverfolgtem sein Verhalten veränderte, sondern im Gegenteil weiterhin seine alte Freundschaft aufrechterhielt."

Warum die Russen Otto Nerz in einem Sonderlager festhielten hatte andere Gründe. H. Rehberg, Abteilungsleiter beim Suchdienst des Deutschen Roten Kreuzes in München, teilte auf eine schriftliche Anfrage des Autors in einem Schreiben vom 10. Juli 1997 mit: „Haftgrund lt. Datei Moskau: Oberführer SA; der Haftgrund wurde bei vielen Häftlingen in den Sonderlagern angegeben. Hier wurden die langjährige Parteizugehörigkeit und der Ehrenrang in der SA zugrunde gelegt. Ein Urteil eines sowjetischen Militärgerichts liegt nach unseren Kenntnissen nicht vor." Gegen Otto Nerz gab es kein Urteil. Jenseits aller Betrachtungen über die sowjetische Justiz muss Nerz deshalb im rechtlichen Sinne zunächst einmal als unschuldig angesehen werden. Die Mitgliedschaft in der NSDAP und in der SA allein führte in den Westzonen zudem zu keiner Verurteilung. Es musste ein konkreter Grund vorliegen. In den Unterlagen aus Moskau gibt es nicht den geringsten Hinweis auf ein konkretes Vergehen von Otto Nerz als Mitglied der NSDAP oder der SA. Das festzuhalten ist zunächst wichtig. Wenn kein Urteil gegen Nerz ergangen ist, das ihn schuldig sprach, dann scheint den sowjetischen Behörden die Mitgliedschaft in der SA und in der NSDAP ohne Schuldüberprüfung für eine Inhaftierung ausgereicht zu haben. Das ist Ausdruck staatlicher Willkür und entspricht auch Praktiken, die in der Sowjetunion angewandt wurden und Millionen von Menschen in den Gulags das Leben gekostet haben. Langjähriges Mitglied der NSDAP war Nerz im übrigen nicht. Wie Otto Nerz 1937 Mitglied der NSDAP geworden ist, darauf wurde bereits an anderer Stelle eingegangen. Nerz wurde nicht freiwillig Mitglied der NSDAP, im Gegensatz etwa zu Seppl Herberger. In die SA trat Nerz am 16. Juni 1933 ein, also zu einem Zeitpunkt, als die heiße Phase der Machtergreifung noch nicht abgeschlossen war. Nerz war zumindest formal noch Mitglied der SPD. Das Verbot der SPD erfolgte am 22. Juni 1933. Nerz unterrichtete an der Deutschen Hochschule für Leibesübungen. Auf ihn fand das Gesetz zur Wiederherstellung des Berufsbeamtentums vom 7. April 1933 volle Anwendung. Politisch unzuverlässige Staatsdiener konnten jetzt ohne weitere Angabe von Gründen entlassen werden. Das galt vor allem für die Mitgliedschaft in der KPD und der SPD. Kommunistische Beamte gab es in der Weimarer Republik so gut wie keine. Auf die private Wirtschaft wurde dieses Gesetz nicht übertragen. Wer Mitglied der SPD war, musste als Beamter, wenn er seine Anstellung nicht verlieren wollte, seine Loyalität zum neuen Staat unter Beweis stellen. Herberger und Xandry, der Stellvertreter Linnemanns, Dr. Wilhelm Schmidt, und andere waren bereits im Frühjahr aus vergleichbaren Gründen in die NSDAP beigetreten. Nerz und Linnemann nicht. Als es für Nerz opportun gewesen wäre in die NSDAP einzutreten, um seinen Arbeitsplatz zu sichern, war es zu spät. Die NSDAP-Führung hatte einen Aufnahmestopp verfügt, damit die Partei nicht durch zuviele Pseudo-Nationalsozialisten verwässert wurde.

Was Nerz blieb, war der Eintritt in die SA. Ein leichter Schritt wird das für ihn nach 14 Jahren Mitgliedschaft in der Sozialdemokratischen Partei Deutschlands nicht gewesen sein.

Otto Nerz stand im 41. Lebensjahr, als die Nationalsozialisten die Macht übernahmen, mithin in einem Alter, in dem radikale Umbrüche im Weltbild eines Menschen eher die Ausnahme sind. Nerz dürfte im Frühjahr von allen führenden DFB-Leuten,

Felix Linnemann eingeschlossen, in der schwierigsten Situation gestanden haben. Linnemann war Beamter wie Nerz, aber er gehörte keiner Partei an, Koppehel wiederum gehörte zwar der SPD an, aber er war kein Beamter. Nerz war beides. Dazu kam die Situation an der Deutschen Hochschule für Leibesübungen. Hier mischte sich gleich nach der Machtübernahme der nationalsozialistische Studentenführer Buschmann massiv in die Angelegenheiten der Hochschule ein.

Noch vor Ende des Wintersemesters 1932/33 im Februar 1933 musste die Studentenschaft der Deutschen Hochschule für Leibesübung zu einer einwöchigen Reise nach Wernigerode zu einer Wehrübung unter Leitung der SA antreten. Buschmann soll sich mit folgenden Worten an die versammelten Studenten gewandt haben: „Wer nicht in den Bus einsteigt, dem kann ich garantieren, dass er keine Anstellung bekommt." Ganz offensichtlich stand die ganze Aktion ausschließlich unter der Leitung der SA bzw. des nationalsozialistischen Studentenführers Buschmann. Von den Lehrern bzw. der Hochschulleitung nahm niemand an der Reise teil. Der ganze Vorgang wird von Werner Sottong aus Bonn und Carl Sommer aus Mannheim bezeugt, die zu diesem Zeitpunkt beide an der Deutschen Hochschule für Leibesübungen als Studenten eingeschrieben waren. Werner Sottong erinnert sich, dass die Drohung von Buschmann ernst genommen wurde. Alle Studenten seien in den wartenden Bus eingestiegen.

Anfang Mai begann das Sommersemester. Carl Diem wurde vom Dienst suspendiert. Auch das jüdische Lehrpersonal wurde entfernt. Nerz als Sozialdemokrat musste ebenfalls mit seiner Entlassung rechnen. So trat er, offensichtlich nach einigem Zögern, sechs Wochen nach Semesterbeginn der SA bei. Nerz hätte sich dem durch eine Aufgabe seiner Lehrtätigkeit an der Deutschen Hochschule für Leibesübungen entziehen können. Allerdings hätte er dann auch seinen Posten als Reichstrainer verloren. Er hätte sich zurückziehen und sein Medizinstudium abschließen können. Dabei bleibt die Frage offen, wie er das ohne Einkünfte hätte finanzieren sollen. Ganz davon abgesehen, dass Otto Nerz in der Zeit vor 1933 seine Eltern und nach dem Tod des Vaters 1930 die Mutter unterstützte. Nerz' Vater war schon wenige Jahre nach der Geburt seines Sohnes Otto erblindet.

Nerz gehörte auf jeden Fall zum persönlichen Stab des Reichssportführers. Dieser Tatsache dürfte auch sein hoher Rang in der SA zuzuschreiben sein. Allerdings trat dieser persönliche Stab des Reichssportführers öffentlich nie in Erscheinung. Auch Dieter Steinhöfer wusste von ihm nichts. Aber dass er existierte, kann als sicher angenommen werden. Tschammer selbst erwähnte diesen Stab in einer Rundfunkrede im Mai 1933, allerdings ohne näher darauf einzugehen. Möglicherweise war dieser SA-Stab nur ein Alibi, um dem revolutionären Drängen der SA formal etwas entgegensetzen zu können. Nerz' Aktivitäten beschränkten sich nach eigenen Angaben auf die Mitarbeit bei der Vorbereitung und Durchführung der Kampfspiele. Ansonsten scheint sich Nerz vom politischen Leben fern gehalten zu haben. Bis auf den Nationalsozialistischen Dozentenbund gehörte Nerz keiner nationalsozialistischen Organisation an. Nerz erhielt auch keine Auszeichnungen. Das geht aus seiner Personenakte aus dem Dritten Reich hervor.

Nach seinem Ausscheiden aus dem Amt des Referenten der Fußball-Nationalmannschaft konzentrierte sich Nerz ganz auf seine Tätigkeit als Direktor des Sportpraktischen Instituts der Reichsakademie für Leibesübungen. Gleich zu Kriegsbeginn 1939 wurde Otto Nerz als Arzt zur Wehrmacht eingezogen. Im Zusammenhang mit den Pensionsansprüchen seiner Ehefrau Elli wurde dann von der Spruchkammer in Berlin unter dem Aktenzeichen 2692 Abtei ein Entnazifizierungsverfahren eingeleitet. Im Beschluss der Kammer heißt es : „Da keine weiteren zusätzlichen Belastungen vorliegen, ist das Verfahren aufgrund des Abschlussgesetzes vom 14.6.1951 einzustellen." Die Witwe von Otto Nerz erhielt die höchstmögliche Pension. Das kam einer Einstufung in „nicht belastet" gleich. Es kann deshalb als gesichert angenommen werden, dass Nerz wie Felix Linnemann und Seppl Herberger als Mitläufer eingestuft worden wäre. In russischer Kriegsgefangenschaft im Lager Herzberge verfasste Otto Nerz einen mit dem Datum vom 28. Juni 1946 versehenen Lebenslauf. Darin schreibt Nerz u.a.: „Meine beruflichen Wünsche gehen dahin, meine Tätigkeit an der Reichsakademie und im Sport wieder aufzunehmen, sobald es die Umstände erlauben." So wäre es wohl auch gekommen. Zwar nicht an der Reichsakademie, aber an der neugegründeten Sportschule in Köln wären wir Otto Nerz mit

Sicherheit wieder als Dozenten begegnet, so wie wir Carl Diem und Herberger dort wieder begegnet sind.

Trotzdem, und das soll auch nicht verschwiegen werden, gibt es öffentliche politische Äußerungen von Otto Nerz aus dem Zeitraum zwischen 1933 und 1945. 1935 begrüßte Nerz die Einführung der Wehrpflicht. Er stellte diesen Vorgang in Zusammenhang mit dem Versailler Vertrag. Eine politische Äußerung findet sich auch 1937 im Fußball-Jahrbuch: „Am 30. Januar 1933 übernahm Adolf Hitler die Regierung des Deutschen Reichs, und damit beginnt auch für den deutschen Fußballsport ein neuer Abschnitt. Schlag auf Schlag wurde nun alles hinweggefegt, was bisher einem Aufbau im Weg stand. Es konnte nun schöpferische Arbeit geleistet werden." Dem sachlichen Teil der Ausführung werden die meisten bürgerlichen Sportführer - auch Felix Linnemann - zugestimmt haben. Nerz dürfte um 1937 wie die meisten Deutschen von Hitlers Wirken bis zu diesem Zeitpunkt beeindruckt gewesen sein. Aber mehr sollte auch hier nicht hineininterpretiert werden. Nerz war kein Nationalsozialist.

Keiner der führenden DFB-Funktionäre bzw. -Mitarbeiter wurde in den Spruchkammerverfahren als belastet eingestuft, auch Otto Nerz nicht. Das Nerz in sowjetische Kriegsgefangenschaft kam, war sein Schicksal. Im Osten wäre Linnemann auch als politischer Verbrecher behandelt worden und ebenso Seppl Herberger, wenn dem NKWD die Berichte des Reichstrainers aus seiner Tätigkeit als Truppenbetreuer in die Hände gefallen wären.

Nach dem Krieg tat sich dann Erstaunliches. Noch ehe die Trümmerfrauen so recht mit ihren Aufräumungsarbeiten in Gang gekommen waren, schickten die ersten Vereine wieder Fußballmannschaften aufs Feld, das sich oftmals als ein notdürftig abgeräumtes Trümmerfeld erwies. Aber es wurde gespielt. Die Vereine hatten das Dritte Reich letztlich auch durch das geschickte Taktieren solcher Männer wie Felix Linnemann mehr oder weniger intakt überstanden. Was den Eiferern unter den Nationalsozialisten nicht gelungen war, daran sollten sich auch die Besatzungsmächte die Zähne ausbeißen. Denn sie verboten zunächst die Vereine und beschlagnahmten ihr Vermögen. Doch die Fußballer ließen sich das Spiel nicht verderben, stellten Anträge auf Erteilung einer Spielgenehmigung, auch wenn das am Anfang ein mühseliges Geschäft war. Bereits im November 1945 wurde in einer

neugeschaffenen Süddeutschen Oberliga wieder um Punkte gespielt. Bis zur Austragung eines Endspiels um die deutsche Fuß-
ballmeisterschaft sollte es noch eine Weile dauern. 1948 war es
dann soweit. Allerdings musste die Austragung dieses Endspiels
von den Besatzungsmächten genehmigt werden. Das galt auch
noch für das Endspiel der Saison 1948/49, das den Heimatverein
von Otto Nerz, den VfR Mannheim, als Meister sah. Nerz blieb
es versagt, dieses Ereignis noch zu erleben. Er war zum Zeitpunkt
des Endspiels zwischen dem VfR Mannheim und Borussia Dort-
mund seit vier Monaten tot. Erst mit der Gründung der Bundesrepublik Deutschland im Herbst 1949 war auch die Bildung von
Organisationen mit gesamtstaatlichem Charakter wieder möglich.
Bis es soweit war, behalf man sich mit Ausschüssen. Zuletzt trug
dieses Gremium den Namen „Deutscher Fußball-Ausschuss". Zu
seinem Vorsitzenden war am 10. April 1948 Dr. Peco Bauwens
bestimmt worden. Am 1. Juli 1949 wurde auf einer Tagung des
„Deutschen Fußball-Ausschuss" die Wiedergründung des DFB
beschlossen.

Als Nachfolger von Felix Linnemann, der die Wiedererstehung
des Verbandes, dem er fast drei Jahrzehnte mit Geist und Herz
gedient hatte, nicht mehr erlebte, wurde Dr. Peco Bauwens gewählt, jahrelang mit Felix Linnemann freundschaftlich verbunden. Der neue DFB-Präsident umgab sich, sofern sie noch lebten
und „diensttauglich" waren, mit den bewährten Mitarbeitern seines Vorgängers Felix Linnemann. Gründe, die dagegen sprachen,
gab es nicht. Mit Georg Xandry, Carl Koppehel und Seppl Herberger nahmen drei Männer Schlüsselpositionen beim DFB ein,
die sie auch schon unter Felix Linnemann im Dritten Reich bekleidet hatten.

Literatur- und Quellenverzeichnis

Adam, Uwe Dietrich: Judenpolitik im Dritten Reich. Düsseldorf 1972.

Antoni, Ernst: KZ von Dachau bis Auschwitz. Frankfurt a.M 1979.

Bartel, Horst (Hrsg.): Sachwörterbuch der Geschichte, 2 Bde. Berlin (DDR) 1969.

Becher, Josef und Ruth: Hitlers Machtergreifung. München (2. Aufig.) 1992.

Berger, Peter: König Fußball. Wuppertal o.J.

Bernett, Hajo: Der Weg des Sports in die nationalsozialistische Diktatur. Schorndorf 1983.

Bernett, Hajo: Sportpolitik im Dritten Reich. Schorndorf, 1971

Bernett, Hajo: Nationalsozialistische Leibeserziehungen. Schorndorf 1966

Bernett, Hajo: Die nationalsozialistische Sportführung und der Berufssport. In: Sozial- und Zeitgeschichte des Sports, Heft 1/1990.

Bernett, Hajo: Der deutsche Sport im Jahr 1933. Sonderdruck, o.J.

Bernett, Hajo: Die innenpolitische Taktik des nationalsozialistischen Reichssportführers. In: Stadion 1975, Heft 1.

Bernett, Hajo: Carl Diem und sein Werk als Gegenstand der Sportgeschichtlichen Forschung. In: Sozial-und Zeitgeschichte des Sports Heft 1, 1987.

Bernett, Hajo: Die nationalsozialistische Sportführung und der Berufssport. In: Sozial- und Zeitgeschichte des Sports, Heft 1, 1990.

Bernsdorf, Wilhelm (Hrsg.): Wörterbuch der Soziologie, in 3 Bänden. Frankfurt a.M., 1975

Beyer, Erich: Die Anfänge des Fußballsports in Karlsruhe. In: Schriftenreihe des Niedersächsischen Instituts für Sportgeschichte Hoya e.V., Band 2.

Beyer, Erich: Sport in der Weimarer Republik. In: Ueberhorst, Horst (Hrsg.): Geschichte der Leibesübungen. Berlin (West) 1982.

Beyer, Herbert: Hofmann vor - noch ein Tor. Berlin (Ost) 1958.

Bitter, Jürgen: Deutschlands Fussball-Nationalspieler. Das Lexikon. Berlin 1997.

Blickensdörfer, Hans: Rund sind Ball und Baskenmütze. Stuttgart 1997.

Bödeker, Hans-Erich: Die „gebildeten Stände" im späten 18. und frühen 19. Jahrhundert. In: Jürgen Kocka (Hrsg.): Bildungsbürgertum im 19. Jahrhundert. Stuttgart 1989.

Bracher/Gauer/Schulz: Die nationalsozialistische Machtergreifung. Köln und Opladen 1960.

Broszat, Martin: Der Staat Hitlers. Grundlagen und Entwicklung seiner inneren Verfassung. München 1969.

Broszat, Martin: Nationalsozialistische Polenpolitik 1939-1945. Frankfurt a.M. 1965.

Bruch, Rüdiger von: Gesellschaftliche Funktion und politische Rolle des Bildungsbürgertums im Wilhelminischen Reich. In Bildungsbürgertum im 19. Jahrhundert. Stuttgart 1989.

Brüning, Heinrich: Memoiren 1918-1934. Stuttgart 1970.

Bullock, Alan: Hitler. Eine Studie über Tyrannei. Düsseldorf 1969.

Cartier, Raymond: Der zweite Weltkrieg. 2 Bde. München 1967.

Chamier J., Daniel: Als Deutschland mächtig schien. Berlin (West) 1954.

Das goldene Buch des Schweizer Fussballs. Basel 1953.

Der Sport-Brockhaus. Wiesbaden 1971.

Deutscher Fußball-Bund (Hrsg.): 100 Jahre DFB. Berlin 1999

Diem, Carl: Der deutsche Sport in der Zeit des Nationalsozialismus. (Bearb. v. L. Peiffer). Köln 1980.

Diem, Carl: Ein Leben für den Sport. Ratingen 1974.

Diem, Carl: Weltgeschichte des Sports und der Leibesübungen. Stuttgart 1960.

Diem-Institut (Hrsg.): Dokumente zum Aufbau des deutschen Sports. Das Wirken von Carl Diem (1882-1962). Sankt Augustin 1984

Dörschel, Alfred: Geschichte der Erziehung im Wandel von Wirtschaft und Gesellschaft. Berlin (West) 1992.

Ebersbächer, Hans (Hrsg.): Handlexikon Sportwissenschaften. Hamburg 1987.

Eisenberg, Christian: Vom „Arbeiter"- zum Angestelltenfußball? Zur Sozialstruktur des deutschen Fußballsports 1890-1950. In: Sozial- und Zeitgeschichte des Sports, H. 3, 1990.

Eglers, Ludwig: Chronik der Stadt Hechingen. Hechingen 1980.

Elias, Norbert/Dunning, Eric: Sport und Zivilisationsprozeß. Studien zur Figurationssoziologie. Münster 1984.

Elias, Norbert: Über den Prozeß der Zivilisation. Band 1. Bern 1969.

Engels, Friedrich: Lage der arbeitenden Klasse in England. In: Marx/Engels Werke Bd. 5. Berlin (Ost) 1962.

Eschenburg, Theodor: Die improvisierte Demokratie. Gesammelte Aufsätze zur Weimarer Republik. München 1963.

Fechner, Max: Wie konnte das geschehen? Berlin (Ost) o.J.

Feder, Gottfried: Die Juden. In: Nationalsozialistische Bibliothek, Heft 45, München 1933.

Fest, C. Joachim: Hitler. Frankfurt a.M. 1973.

Feuermann, M.: Der deutsche Fußballsport. Basel 1954.

Fischer, Gerhard/Lindner, Ulrich: Stürmer für Hitler. Vom Zusammenspiel zwischen Fußball und Nationalsozialismus. Göttingen 1999.

Friedrich, Wilhelm: Die Polizei im NS-Staat. Paderborn 1997.

Fromm, Erich: Anatomie der menschlichen Destruktivität. Stuttgart 1974.

Fürstenau, Justus: Entnazifizierung. Ein Kapitel deutscher Nachkriegsgeschichte. Neuwied 1969.

Fuld, Werner/Raabe, Wilhelm: Eine Biographie. München und Wien 1993.

Gehrmann, Siegfried: Fußball - Vereine - Politik. Zur Geschichte des Reviers 1900-1940. Essen 1988.

Geschichte der Körperkultur in Deutschland. Bd. 3. Berlin (Ost) 1969.

Gidal, Nachum T.: Die Juden in Deutschland von der Römerzeit bis zur Weimarer Republik. Köln 1997

Goebbels, Joseph (Hrsg. Fröhlich, Elke): Tagebücher 1931-1936. 2 Bde. München 1987.

Goldhagen, Daniel Jonah: Hitlers willige Vollstrecker. (6. Auflg.) Berlin 1996.

Haffner, Sebastian: Anmerkungen zu Hitler. Frankfurt a.M. 1981.

Haffner, Sebastian: Von Bismarck bis zu Hitler. München 1987.

Hamer, Erke U.: Die Anfänge der „Spielbewegung" in Deutschland. London 1989.

Harenberg, Bodo: Das große Sport+Sportler ABC. München 1971.

Hentschel, Volker: So kam Hitler. Schicksalsjahre 1932-1933. Düsseldorf 1980.

Herberger, Sepp (Hrsg.): Fußball-WM. Heft 1 und 2. Stuttgart 1973.

Heuss, Theodor: Hitlers Weg. Stuttgart 1968.

Heydecker, Joe/Leeb, Johannes: Der Nürnberger Prozeß. Köln 1979.

Hitler, Adolf: Mein Kampf. Ausgabe München 1940.

Hoffmann P. (Hrsg.): Sport und Staat. 2 Bde.B. Berlin 1934/37.

Höhne, Heinz: Der Orden unter dem Totenkopf. Die Geschichte der SS. München 1984.

Hopf, Wilhelm: Fußball oder: Die schwere Kunst, sich selbst zu bestimmen und sich doch der Gesamtheit willig unterzuordnen. In: päd extra, Heft 6/1978.

Hopf, Wilhelm: Fußball. Soziologie und Sozialgeschichte einer populären Sportart. Bensheim 1977.

Huba, Karl-Heinz (Hrsg.): Fußball-Weltgeschichte von 1846 bis heute. München 1989.

Hübbenet, Anatol von: Die NS-Gemeinschaft „Kraft durch Freude". Berlin 1939.

Janes, Paul, Ein Leben für den Fußball. Offenbach 1947.

Jarauch, H. Konrad: Die Krise des deutschen Bildungsbürgertums im ersten Drittel des 20. Jahrhunderts. In: Bildungsbürgertum im 19. Jahrhundert. Stuttgart 1989.

Jauch, Thomas (Bearb.): Beurener Geschichte(n). Hechingen 1996.

Kallenberg, Fritz (Hrsg.): Hohenzollern. Stuttgart 1996.

Kaufmann, Hans (Autorenkollektiv): Geschichte der deutschen Literatur, Bd. 9. Berlin (DDR) 1974.

Kehl, Anton: Ich war ein Besessener. Sepp Herberger in Bildern und Dokumenten. München 1997.

Kilian, Achim: Einweisung zur völligen Isolierung. NKWD-Speziallager Mühlberg/Elbe 1945-1948, 2. Auflg. Leipzig 1993.

Kirn, Richard: Das unsterbliche Spiel. Nürnberg 1949.

Klein, Fritz: Deutschland 1897/98-1917. Berlin (Ost) 1969.

Klier, Freya: Die Kaninchen von Ravensbrück. Medizinische Versuche an Frauen in der NS-Zeit. München 1994.

Klöss, Erhard (Hrsg): Reden des Führers. Politik und Propaganda Adolf Hitlers 1922-1945. München 1975.

Koenen, Bernhard. Gegen Lohnraub und Faschismus. In: 1000 Jahre Eisleben (Festschrift). Eisleben 1960.

Köster-Hetzendorf, Maren: Ich hab dich so gesucht. Der Krieg und seine verlorenen Kinder. Augsburg, 1995.

Koch, Konrad: Die Erziehung zum Mute durch Turnen, Spiel und Sport. Berlin 1900.

Koch, Konrad: Die Geschichte des Fußballs im Altertum und in der Neuzeit. Berlin 1895.

Koch, Lutz: Hinein...Tor, Tor. Deutschlands Nationalelf in 135 Fußball-Schlachten. Berlin 1937.

Kocka, Jürgen: Bildungsbürgertum - Gesellschaftliche Formation oder Historikerkonstrukt? In: Bildungsbürgertum im 19. Jahrhundert. (Hrsg. ders.) Stuttgart 1989.

Kogon, Eugen: Der SS-Staat. Frankfurt a.M 1964.

Koppehel, Carl: Geschichte des Deutschen Fußballbundes. Frankfurt a.M. 1954.

Krämer, Gerd: Im Dress der elf Besten. München 1961.

Krockow, Christian Graf von: Bismarck. Stuttgart 1997.

Krockow, Christian Graf von: Sport und Industriegesellschaft. München 1972.

Krüger, Arnold: Die Olympischen Spiele 1936 und die Weltmeinung. Berlin 1972.

Krüger, Arnold: Theodor Lewald, Sportführer im Dritten Reich. Berlin 1975.

Langewiesche, Dieter: Bildungsbürgertum und Liberalismus im 19. Jahrhundert. In: Bildungsbürgertum im 19. Jahrhundert, Stuttgart 1989.

Lave, Paul: Fußballmelodie. Bad Kreuznach 1953.

Leinemann, Jürgen: Sepp Herberger. Ein Leben, eine Legende. Berlin 1997.

Lissinna, Hartmut: Vom individuellen Freizeitvergnügen zur organisierten Volksertüchtigung. In: Jörg Schadt/ Michael Caroli (Hg.): Mannheim unter der Diktatur 1933 - 1939. Mannheim 1997.

Löbsack, Wilhelm (Hrsg.): Das nationalsozialistische Gewissen in Danzig. Aus sechs Jahren Kampf für Hitler. Nach Reden und Niederschriften des Gauleiters von Danzig, Albert Forster. Danzig 1936.

Löbsack, Wilhelm: Albert Forster. Gauleiter und Reichsstatthalter im Reichsgau Danzig-Westpreußen. Berlin 1940.

Locherer, August (Bearb. Klaus Dagenbach): Einsatz für die Interessen der „kleinen Leute". Mannheim 1989.

Lohmann, Heinz: SA räumt auf. Hamburg 1933.

Longerich, Peter: Die braunen Bataillone. Geschichte der SA. München 1989.

Mai, Günther: Das Ende des Kaiserreichs. 2. Aufl. München 1993.

Maibohm, Ludwig/Maegerlein, Heinz: Sepp Herberger: Fußball - sein Leben. Frankfurt a.M. 1973.

Malitz, Bruno: Die Leibesübungen in der nationalsozialistischen Idee. In: Nationalsozialistische Bibliothek, Heft 46. München 1933.

Mandel, Richard: Hitlers Olympiade 1936. München 1980.

Mann, Golo: Deutsche Geschichte des 19. und 20. Jahrhunderts. Frankfurt a.M. 1958.

Marx, Karl: Zur Judenfrage. Marx Engels Werke Bd. 1, S. 347 - 377. Berlin (DDR) 1964.

Meisel, Willy: Der Sport am Scheideweg. Heidelberg 1928.

Mengden, Guido von: Umgang mit der Geschichte und mit Menschen. Ein Beitrag zur Geschichte der Machtübernahme im deutschen Sport durch die NSDAP. Berlin 1980.

Mengden, Guido von: Vom Deutschen Reichsausschuß zum NS-Reichsbund für Leibesübungen. In: Jahrbuch des Sports (Hrsg. DFB) 1955/56.

Mengden, Guido von: Umgang mit der Geschichte und Menschen. Ein Beitrag zur Geschichte der Machtergreifung im deutschen Sport durch die NSDAP. Berlin 1980.

Michel, Rudi (Hrsg.): Fritz Walter. Die Legende des deutschen Fußballs. 1995.

Mildner, Friedrich (Hrsg): Olympia 1936 und die Leibesübungen im nationalsozialistischen Staat. Berlin 1934.

Mitscherlich, Alexander und Margarete: Die Unfähigkeit zu trauern. München 1967.

Mommsen, Hans: Beamte im Dritten Reich. Stuttgart 1966.

Morris, Desmond: Das Spiel. Faszination und Ritual des Fußballs. München/ Zürich 1981.

Mosse, L. Georg: Ein Volk - ein Reich - ein Führer. Königstein 1979.

Mosse, L. Georg: Die völkische Revolution. Frankfurt a.M. 1991.

Muchow, Reinhard: Nationalsozialismus und freie Gewerkschaften. In: Nationalsozialistische Bibliothek, Heft 44. München 1932.

Nerz, Otto: Fussball. Teil 1-8. Taschenbuch der Leibesübungen. Hg. von Carl Diem. Berlin 1926/1928.

Nerz, Otto/Koppehel, Carl: Kampf um den Ball. Berlin 1933.

Nerz, Otto: Unfallschäden des Kniegelenks unter Belastung durch Arbeit und Sport. Diss. Berlin 1936.

Nerz, Otto: Fussball-Wintertraining. Diplomarbeit Berlin 1925.

Nerz, Otto: Fussball der Jugend. Berlin 1939.

Nerz, Otto: Fussball-Jahr 1939. Handschriftl. Ms. Berlin 1939.

Neumann, Otto: Der unvollendete Champion. Masch. Ms. o.J. Sportinstitut Heidelberg

Noll, Franz Norbert: Konrad Koch, seine Bedeutung für die Entwicklung des Fußballspiels in Deutschland. Bonn 1978.

Oelkers, Jürgen: Die Reformpädagogik. In: Winkel, Reiner (Hrsg.): Pädagogische Epochen. Düsseldorf 1982.

Paterna, Erich (Autorenkollektiv): Deutschland von 1933 bis 1939. Berlin (DDR) 1969.

Peiffer, Lorenz: Carl Diem und der Sport in der Zeit des Nationalsozialismus. In: Sozial- und Zeitgeschichte des Sports. Heft 1, 1987.

Peiffer, Lorenz: Die Deutsche Turnerschaft. Ahrensberg 1976.

Petermann, Alfred: Sport-Lexikon. Köln 1969.

Peuschel, Harald: Die Männer um Hitler. Düsseldorf 1982.

Poche, Ernst-Günther: Sportlerschicksale mahnen. Zittau 1991.

Pulzer, Peter: Die Entstehung des politischen Antisemitismus in Deutschland und Österreich 1867 bis 1914. Gütersloh 1966.

Rauch-Kühne, Cornelia: Katholisches Milieu und Kleinstadtgesellschaft. Ettlingen 1918-1939. Sigmaringen 1991.

Reich, Wilhelm: Massenpsychologie des Faschismus. Köln - Berlin 1971.

Renn, Ludwig: Adel im Untergang. Berlin 1992.

Riess, Curt: Joseph Goebbels. Eine Biographie. Baden-Baden 1956.

Ritter, A. Gerhard (Hrsg): Das Deutsche Kaiserreich 1871-1914. Göttingen 1975.

Rosenberg, Arthur: Geschichte der Weimarer Republik. Frankfurt a.M. 1974.

Rüdiger, Jutta: Die Hitler-Jugend und ihr Selbstverständnis im Spiegel ihrer Aufgabengebiete. Lindhorst 1987.

Ruge, Wolfgang: Deutschland 1917 bis 1933. Berlin (DDR) 1967.

Sauerbier, Bruno: Geschichte der Leibesübungen. 4. Aufl. Frankfurt a.M. 1963.

Schacht: Brennende deutsche Bevölkerungsfragen. In: Nationalsozialistische Bibliothek Heft 44, München 1932.

Scheer, Karl Adolf: 75 Olympische Jahre. NOK für Deutschland. München 1970.

Schickel, Alfred: Deutsche und Polen. Bergisch Gladbach 1984.

Schilde, K.: Jüdischer Sport im „Deutschen Walde". in: Sozial-und Zeitschichte des Sports, Heft 2 1988.

Schmeling, Max, Erinnerungen. Frankfurt a.M. 1977.

Schoenbaum, David: Die braune Revolution. Eine Sozialgeschichte des Dritten Reichs. München 1980.

Schön, Helmut: Fußball. Frankfurt a.M. 1978.

Schulze, Ludger: Die Geschichte der deutschen Fußball-Nationalmannschaft. München 1986.

Schulzebeer, Herbert: Standarte „X", Leipzig 1934.

Schulze-Marmeling, Dietrich: Der gezähmte Fußball. Zur Geschichte eines subversiven Sports. Göttingen 1992.

Schwarz-Pich, Karl-Heinz: Seppl Herberger. Kindheit und Jugend in Mannheim. In: Mannheimer Geschichtsblätter Neue Folge 2/1995.

Schwarz-Pich, Karl-Heinz: Der Ball ist rund. Eine Seppl Herberger-Biographie. Ubstadt-Weiher 1996.

Schwarz-Pich, Karl-Heinz: Die Spiegelkolonie im Mannheimer Stadtteil Waldhof. In: Badische Heimat (Sonderheft Mannheim) 1999.

Schwarz-Pich, Karl-Heinz: Otto Siffling. Der SV Waldhof und die deutsche Fußball-Nationalmannschaft im Dritten Reich. Kassel 1999.

Schwarz-Pich, Karl-Heinz: Seppl Herberger. In: Mannheim Archiv. Braunschweig 1999.

Schwarz-Pich, Karl-Heinz: Otto Nerz. In: Baden-Württembergische Biographien. Hrsg. Bernd Ottnad (Erscheint 2000.)

Schweickert, Alexander (Hrsg.): Kurpfalz. Stuttgart 1997.

Skorning, Lothar: Fußball in Vergangenheit und Gegenwart. Berlin (DDR) 1976.

Skrentny, Werner (Hrsg.): Als Morlock noch den Mondschein traf. Die Geschichte der Oberliga Süd 1945-1963. Essen 1993.

Sonnet, Andre: Bolschewismus nackt. Ein Kommunist erlebt sowjetisches KZ. Offenbach 1951.

Sontheimer, Kurt: Antidemokratisches Denken in der Weimarer Republik. München 1992.

Sporthistorische Ausstellung (Begleitheft). Staatsbibliothek Preußischer Kulturbesitz Berlin.

Stacke, L.: Deutsche Geschichte. Bd. 2, Leipzig 1896.

Stein, Georg H.: Geschichte der Waffen-SS. Düsseldorf 1967.

Steinhöfer, Dieter: Hans von Tschammer und Osten, Reichssportführer im Dritten Reich. Berlin 1973.

Teichler, Hans Joachim: Internationale Sportpolitik im Dritten Reich. Schorndorf 1991.

Teichler, Hans Joachim (Hrsg.): Illustrierte Geschichte des Arbeitersports. Berlin 1999.

Thee, Oswald: Auf welche Gründe sind in letzter Zeit beobachtete Ausartungen des Fussballspiels zurückzuführen? Dipl.-Arbeit an der Deutschen Hochschule für Leibesübungen Berlin 1930.

Ueberhorst, Horst: Carl Krümmel und die nationalsozialistischen Leibesübungen. Berlin 1976.

Ueberhorst, Horst: Edmund Neuendorff. Turnführer im Dritten Reich. Berlin 1970.

Ueberjahn, Dieter: Fußball-WM 1930-1978. Balve/Sauerland 1978.

Ulbricht, Walter (Autorenkollektiv): Geschichte der Deutschen Arbeiterbewegung. Bd. 4 u. 5, Berlin 1966.

Weder, Horst: Der Deutsche Reichsausschuß für Leibesübungen (1917-1933) und die Bestrebungen des deutschen Imperialismus und Militarismus auf dem Gebiet des Sports. Diss. Leipzig 1963.

Wehler, Hans-Ulrich: Deutsches Bildungsbürgertum in vergleichender Perspektive.

Wehler, Hans-Ulrich: Sozialdemokratie und Nationalstaat. 2. Auflg. Göttingen 1971.

Wehler, Hans-Ulrich: Bismarck und der Imperialismus. Köln 1969.

Wendt, Joachim: Grundzüge der Geschichte des Deutschen Fußball-Bundes und des bürgerlichen deutschen Fußballsports im Zeitraum von 1918 bis 1933. Diss. Halle/Saale 1975.

Werner, Ernst (Bearb.): Die Welt des Fußballs. Berlin 1949.

Wucher, Albert: Die Fahne hoch. Das Ende der Republik und Hitlers Machtergreifung. München 1963.

Zech, Heinrich: Das große Lexikon des Sports. Frankfurt a.M 1971.

Zeilinger, Gerhard: Die Pionierzeit des Fußballs in Mannheim 1894 bis 1919. Mannheim 1992.

Zeilinger, Gerhard: Die Fußball-Hochburg Mannheim 1920 bis 1945. Mannheim 1994.

Zeilinger, Gerhard: Triumph und Niedergang in Mannheims Fußballsport 1945 bis 1970. Mannheim 1995.

Zentner Christian (Hrsg.): Das große Lexikon des Dritten Reichs. München 1985.

Verzeichnis der Zeitungen und Zeitschriften

Allgemeine Sportzeitung (ASZ), 1920-1943 (ohne 1921).

Blätter für Volksgesundheit und Volkskraft 1932, 1933.

Deutscher Fußball-Sport. Berlin 1933-1936.

Deutsche Sportzeitung 1919-1922.

Deutsche Sport-Illustrierte Nr. 4, 1935.

Deutscher Fußball-Sport 1933-1936.

Deutsche Turnerzeitung 1870-1933.

Der Angriff 1933-1936.

Der Fußball 1920-1925.

Fußball-Woche 1923-1943.

Hakenkreuzbanner 1933-1939.

Jüdische Rundschau 1934 und 1935.

Kicker 1920-1943, 1950 ff.

Leibesübungen und körperliche Erziehung 1935.

Mannheimer Generalanzeiger 1920-1933.

Reichsgesetzblätter Bd. 1, 1933.

Reichssportblatt 1934-1942.

12-Uhr-Blatt, Berlin 1933-1939.

Völkischer Beobachter. Berliner Ausgabe 1933-1938.

Munzinger-Archiv/Internationales Biographisches Archiv o.O. 1977.

Jahrbuch für Volks-und Jugendspiele 1913, 1914

Jahrbücher bzw. Jahresberichte des DFB 1912-1933, 1937, 1938

25 Jahre DFB, 1925

50 Jahre DFB, 1950

60 Jahre DFB, 1960

75 Jahre DFB, 1975

60 Jahre Süddeutscher Fußball Verband

Archive und Bibliotheken

Berliner Fussball-Verband Bibliothek

DFB Frankfurt, Archiv und Bibliothek

Deutsche Turnerschaft, Frankfurt am Mai

Carl-Diem-Institut, Köln

Kicker, Nürnberg, Bibliothek und Archiv

Südwestdeutscher Fußballverband, Ludwigshafen

Sportinstitut der Universität Heidelberg, Bibliothek

Sportinstitut der Universität Mannheim, Bibliothek

Nachlässe und Personenakten

Nachlass Josef Herberger, Hohensachsen, später Frankfurt a.M.

Nachlass Prof. Dr. Otto Nerz, Berlin

Josef Herberger:

Akte, Documente Center, Berlin

Entnazifizierungsverfahren, Generallandesarchiv Karlsruhe

Stadtarchiv Berlin

Stadtarchiv Duisburg

Stadtarchiv Mannheim

Stadtarchiv Weinheim

Felix Linnemann:

Akte, Documente Center, Berlin

Entnazifizierungsverfahren, Landesarchiv Niedersachsen, Hannover

Stadtarchiv Steinhorst.

Otto Nerz:

Akte, Documente Center, Berlin,

Entnazifizierungs-Akte, Landesarchiv Berlin

Stadtarchiv Ettlingen

Stadtarchiv Hechingen

Generallandesarchiv Karlsruhe

Stadtarchiv Mannheim